MIANDUIZHONGGUOZHUANXING
MINSHENG LICAI

面对中国转型
——民生·理财

董志龙 ◎ 编著

当代世界出版社

图书在版编目（CIP）数据

面对中国转型——民生·理财 / 董志龙编著．—北京：当代世界出版社，2011.8

ISBN 978 - 7 - 5090 - 0753 - 2

Ⅰ. ①面… Ⅱ. ①董… Ⅲ. ①私人投资—基本知识 Ⅳ. ①F830.59

中国版本图书馆 CIP 数据核字（2011）第 146183 号

书　　名：	面对中国转型——民生·理财
出版发行：	当代世界出版社
地　　址：	北京市复兴路4号（100860）
网　　址：	http://www.worldpress.com.cn
编务电话：	（010）83907332
发行电话：	（010）83908410（传真）
	（010）83908408
	（010）83908409
经　　销：	新华书店
印　　刷：	北京中创彩色印刷有限公司
开　　本：	710毫米×1000毫米　1/16
印　　张：	19
字　　数：	194千字
版　　次：	2011年10月第1版
印　　次：	2011年10月第1次
印　　数：	1～6000册
书　　号：	ISBN 978 - 7 - 5090 - 0753 - 2
定　　价：	37.00元

如发现印装质量问题，请与承印厂联系调换。

版权所有，翻印必究；未经许可，不得转载！

前言

财富是什么？对于每个人来说，财富几乎是你所渴望拥有的一切——思想、知识、金钱、技能包括你所拥有的无形资产、社会关系都可以称为你的财富。

单纯地从经济生活的角度来说，财富是你生活的资本，是你能够支配一定数量的货币与不可流通的物质财富。对于许多人来说，最基本的获得财富的方式只有工作或劳动，很少有人去思考投资与理财。假如你以为投资与理财只是资本阶层的专利那你就错了。事实上，投资与理财也是每个人都应该思考的问题。关键是你是否具有这方面的能力与这方面的系统知识即"知本"。

可以说，理财能力是生活中很重要的一种能力，如何理财的问题不完全属于"资本阶层"，也是"知本阶层"需要了解与把握的问题。对于现代社会生活来说，"资本"与"知本"本是一对孪生兄弟，两者是相辅相承的关系。充足的"资本"可以造就一个实业家，而充足的"知本"则可以造就令人瞠目的财富神话。

《面对中国转型——民生·理财》从人的一生所拥有的时间为基本出发点，针对普遍存在的理财困惑，详细阐述了如何打理自己拥有的财富；如何让财富保值增值；如何投资；如何令收入得到更合理地使用与分配等日常生活中常见的问题。为个人投资理财做了一次深度分析与讲解，并深

Preface 前言

入浅出地解读了投资理财的许多方法与技巧，以及正确遵循相关规则来谋求财富增值的策略。所以，本书也是一部全面，系统，知识性较强的投资理财类通俗读物，更是生活中必备的理财助手与理财宝典。

目　录

第一章　理财智商——改变你的财务人生

理财需要财商 …………………………………………… 1
找到适合自己的理财方式 ……………………………… 2
理财将使人终身受益 …………………………………… 5
把理财当作一个生活习惯 ……………………………… 7

第二章　个人理财的基本知识

人生三个重要的理财时期 ……………………………… 10
正确的理财步骤 ………………………………………… 12
神奇的货币时间价值 …………………………………… 14
评估自己能承担的风险 ………………………………… 17
选择合适的投资组合 …………………………………… 20
规避理财的 10 大错误 ………………………………… 24
警惕中国家庭理财三大"疏忽" ……………………… 25
如何制定个人理财计划 ………………………………… 27
制定完备的家庭理财计划 ……………………………… 29
建立家庭资产档案 ……………………………………… 30
双薪家庭的理财形式 …………………………………… 32
低收入家庭投资理财方略 ……………………………… 34
"月光"一族的理财计划 ……………………………… 36

适合上班人的理财法则 …… 38
白领的理财规划 …… 41
月收入过万者的经济规划 …… 43
成为百万富翁的战略 …… 45
挣足1000万的理财方略 …… 47
新婚夫妇的理财规划 …… 49
丁克家庭的理财规划 …… 52
"421"家庭积极理财养老扶幼 …… 55

第三章　财务管理——理财的基本功

家庭理财步骤 …… 59
婚后夫妻理财法则 …… 62
协调夫妻双方薪水的使用 …… 64
夫妻财产透明明晰 …… 65
适合一般中国家庭的投资方式 …… 67
规避家庭财务风险 …… 70

第四章　存储理财计划的方法

计算利息的方法 …… 72
存储的规划与方法 …… 76
如何存款最合算 …… 78
信用卡透支技巧 …… 81

第五章　国债投资理财

国债投资入门 …… 86
如何购买国债 …… 88
如何计算债券转让的价格 …… 92

了解债券投资的风险 ·············· 95
债券投资受益的方法 ·············· 96
计算债券受益的方法 ·············· 98
选择债券要注意的关键词 ············ 99
债券投资的策略与技巧 ············· 101
国债购买三注意 ················ 102

第六章　股票投资理财

我国股市的基本特点 ·············· 104
股票入市的方法 ················ 105
股票如何买卖 ················· 107
用全局观来炒股 ················ 109
助你股市安全行 ················ 110
网上炒股必须的安全措施 ············ 111

第七章　基金投资理财

基金的必知常识 ················ 114
基金的含义 ·················· 116
分清开放式基金和封闭式基金 ·········· 118
投资基金必知的四个价值点 ··········· 119
选择基金要考虑的因素 ············· 120
用最好的方法投资基金 ············· 123
判断基金的赚钱能力 ·············· 124
走近基金定投 ················· 126
年轻人的基金投资法 ·············· 127
基金投资五大误区 ··············· 130

第八章　外汇投资理财

外汇的基本认识 …………………………………………… 134
外汇投资入门 ……………………………………………… 137
个人外汇买卖指南 ………………………………………… 139
如何获得合法外汇 ………………………………………… 141
如何打理外汇资产 ………………………………………… 143
用理财产品巧避人民币升值损失 ………………………… 144

第九章　期货投资理财

期货市场的产生与发展 …………………………………… 146
如何选择期货公司 ………………………………………… 147
期货交易的基本操作程序 ………………………………… 149
期货交易容易犯的错误 …………………………………… 149
期货交易业务流程 ………………………………………… 150
期货市场的风险及其防范 ………………………………… 151

第十章　信托投资理财

什么是信托 ………………………………………………… 155
信托理财的优势 …………………………………………… 156
大众投资信托的方法 ……………………………………… 158
信托产品的选择 …………………………………………… 160
如何规避信托投资风险 …………………………………… 161

第十一章　黄金投资理财

对黄金的基本认识 ………………………………………… 164

黄金投资三种类型 …………………………………… 166

如何进行黄金投资 …………………………………… 169

家庭黄金理财不宜投资首饰 ………………………… 172

第十二章　个人理财

投资房地产的技巧与方法 …………………………… 175

以房养房的投资方式 ………………………………… 179

购房时必须注意的问题 ……………………………… 181

精打细算付房款 ……………………………………… 184

提前还贷先算账 ……………………………………… 187

贷款买房方式细比较 ………………………………… 189

让二手房卖个好价钱 ………………………………… 193

巧用住房公积金 ……………………………………… 195

第十三章　教育投资理财

做好教育理财的规划 ………………………………… 199

教育理财方式的选择 ………………………………… 202

教育理财的特点 ……………………………………… 204

估测教育经费 ………………………………………… 206

学费来源教育储蓄 …………………………………… 208

分担学费之忧的教育保险 …………………………… 210

避免家庭教育投资的误区 …………………………… 212

教育投资工具比较 …………………………………… 215

不同收入情况下的教育理财计划 …………………… 218

申请国家助学贷款的流程 …………………………… 222

第十四章　创业投资理财

做好创业前期规划 ······ 225
创业第一步要学会理财 ······ 226
你适合创业吗 ······ 228
请把你的职业当成事业 ······ 231

第十五章　保险投资理财

人身保险投资的基本常识 ······ 234
财产保险投资的基本常识 ······ 235
最需要买保险的人群 ······ 237
保险的品种选择 ······ 238
保费支出的合理范围 ······ 240
年龄和顺序对保险的影响 ······ 242
节省保费的技巧 ······ 245
选择更好的买保途径 ······ 248
适时调整保险组合 ······ 251
关于买车的保险 ······ 253
关于买房的保险 ······ 256

第十六章　退休规划

养老保险制度常识 ······ 258
退休金的存投规划 ······ 261
及早规划退休后的收入来源 ······ 263
购买养老保险的方法 ······ 267
退休金的管理方法 ······ 270

减轻医疗负担的搭配 …………………………………… 272

退休理财小技巧 ………………………………………… 274

第十七章　税务理财筹划

税收的基本知识 ………………………………………… 277

节税就是增收 …………………………………………… 279

用最好的方法合理避税 ………………………………… 282

第十八章　遗产管理

遗产的相关知识 ………………………………………… 285

遗产规划咨询 …………………………………………… 288

遗产规划的步骤 ………………………………………… 290

第一章　理财智商——改变你的财务人生

导读：理财需要财商。财商是什么？财商即是"知本"。有了"知本"就会找到适合自己的理财方式，形成财富增值模式。而"知本"的形成则在于理财习惯＋理财技巧的培养。

理财需要财商

人最宝贵的资源是什么？不是强壮的身体，也不是银行里有限的存款，而是大脑，也就是我们所说的智慧。以前总说思想是一笔宝贵的精神财富，其实在我们这个从"资本"到"知本"的时代，思想不仅是精神财富，还是可以转化的有形物质财富，很多时候它是可以标价出售的。因为，一个开拓的思想可以催生一个产业，也可以让一种经营活动刮起前所未有的风暴。穷人之所以穷，是因为他不懂得理财；富翁之所以富，是因为他懂得利用手中有限的金钱为自己赚钱。所以说，会理财的都是聪明人。

一般人在智力和体力上的差异并不大，可同样一件事不同的人做，为什么做出的效果和质量却大相径庭？就好像运动选手参加同一项目，有人摘得金牌，有人却没有名次。

一般较贫穷的人认为富人之所以能够致富，较正面的想法是认为他们比别人更加努力工作，或者更加勤俭节约；较负面的想法是认为他们仅凭运气好，甚至是从事不正当的行业。但这些人万万没有想到的是，真正的原因在于他们的理财习惯不同。

投资致富的先决条件是将资产投资于高回报率的理财产品上，比如股票、基金或房地产。有的人赚很高的薪水，但这并不意味着他的财商高，只是他的工作能力强。有的人在理财过程中，敢于冒险，可能会有很大的收获，例如100万元的房子卖110万元，转手就赚10万元，这也不能算是财商高，只是他的投机能力强，加上运气好一些。所谓"财商"，是运用自有资金，赚取稳定收益的能力。比如花100万元买了套房子，拿来出租，租金就是稳定的收益。而收益越高，就意味着你的理财能力越强。贫穷者理财，缺的不仅仅是钱，而是行动的勇气、思想的智慧与财商的动机。

上天赐予我们每个人两样伟大的礼物——思想和时间。现在，轮到我们用这两样东西去决定自己的前途了。如果把钱毫无计划、不加节制地花掉，即使你满足了一时的欲望，却终会贫穷；如果你多花点心思，把钱投资在可长期得到回报的项目上，恭喜你，你已经站在富人的身旁了；如果你有更宏伟的目标，把钱投资于你的头脑，学习如何获取资产，那么财富将装点你的未来并陪伴你终生。

决定你贫穷还是富有，正是你装着经营知识、理财性格与资本思想的大脑。

找到适合自己的理财方式

随着人们收入来源越来越广泛，很多人都开始把理财当作赚钱的"第二职业"，传统的渠道比如储蓄理财、投资股票、基金理财、投资收藏品、买房子等等。那么，怎样选择真正适合自己的理财方式，避免盲目地投资和理财，造成很多不必要的资金损失呢？

面对众多的理财方式，我们选择唯一标准就是它是否适合自己，以量体裁衣的方法来选择适合自己的理财方式。

我们可以从家庭、年龄、性格、职业以及收入等五个方面来具体分析怎样选择理财方式。

1. 根据家庭情况决定理财方式

我们怎样选择自己的理财品种、理财方式，要结合经济的走势，也要结合自己家庭的具体情况。每个家庭的收和支是结伴而行的，家庭理财的重心在于立下一个详尽的财物规划，因为家庭理财关系到一家人的安康以及这个家庭的和谐。我们根据家庭组合方式进行分析。

（1）两口之家

年轻人刚建立家庭，理财的中心在于广开财源，不断增加家庭的经济收入。这个时期如果不买房买车的话，负担是比较轻的，如果两个人的工作稳定，收入比较高，可以考虑购买股票和基金，选择高回报的理财方式。

（2）三口之家

夫妻两个加一个小孩，开支加大了，风险的承受力变小了。这种情况下，我们的投资就要向稳健型转变，可以选择银行储蓄理财和基金投资理财，理财的中心是为孩子储备成长、教育资金。

（3）五口、七口之家

现在的家庭结构大多是 4—2—1 的类型，在父母年老体迈、孩子嗷嗷待哺同时出现的情况下，我们丝毫不能疏忽，理财务必稳中求进，稳妥的理财方式是购买国债、医疗保险等，平时消费得周密计算，合理支出，把钱花在刀刃上。

2. 根据年龄决定理财方式

人在不同年龄阶段有不同的需求，也承担着不同的责任，所以我们将人生分为三个理财阶段。

（1）青年时期（18 至 35 岁）

青年时期的社会阅历日渐增多，收入来源逐渐广泛起来，负担却不重。因此这个时期可以选择积极的投资方式，将自己的闲置资金用于追求高回报的理财品种，譬如基金、期货、股票等。

（2）中年时期（35 到 55 岁）

人到中年，生活开始稳定下来，在自己的领域成了中坚力量，经济收入也明显增加了。这一阶段理财投资可以选择稳健型的方式，重点投资中低风险或自己较有把握的理财品种。

（3）老年时期（55岁以上）

老年阶段属于个人收入的衰退期，主要收入是退休金和子女的回馈，可以进一步加大养老保险的投入。对于资产较多者，则可采取合法节税手段。到55岁的时候，我们的"保命钱"应该够未来20年的生活费。股票型基金尽可能少买，因为老年人无论从生理、心理还是财务安全，都不适宜进行高风险的组合投资。

3. 根据性格决定理财方式

人的性格决定其兴趣爱好，也决定其是保守型还是开朗型的，是稳健型还是冒险型的。我们这里讲的性格，主要指一个人的抗风险能力。如果一个对本金损失15%以上仍能坦然承受的话，那么他适合做一些风险系数比较大的投资，而对于那些承受能力偏弱的人群，则可以投资国债和一些保本的基金或保险品种。

4. 根据职业决定理财方式

投资理财首先是时间的投入，个人职业决定了其用于理财的时间和精力，一定程度上也决定了你的理财信息来源是否充分，由此决定了你的理财方式的取舍。假定你的职业要求你经常奔波于各地，甚至十天半月都难以安静地看一回报纸或电视，那么你选择涉足股市是不合适的。你从事的职业必然影响你的投资组合；对于一个从事高风险性作业的人而言，将收入的一部分购买保险，是为最明智的选择。

5. 根据收入决定理财方式

收入决定理财的力度。理财首先必须有财可理，如果你的收入不多，刚够支出，你理财的第一步就是增加收入，当然可以稍做节余，用于投入资金不大，但有可观升值潜力的纪念币和邮票等，也可以进银行储蓄投资，零存整取积累投资资金；如果你有了比较充裕的资金，能够承担较大的风险，则可以尝试基金理财和投资股票；资金非常充足了，则可以选择收藏珍贵古玩、投资固定资产。

怎样选择自己的理财方式，必须结合经济的走势，也应结合自己的家庭情况、年龄、性格、职业、收入等等方面综合考虑，切勿盲从。

理财将使人终身受益

说到理财，有些人可能认为，理财无非就是精打细算，勤俭节约，一点一滴的攒钱。还有些人更不以为然，认为如果我有100万元，每年都有10万元的投资收入不就是理财吗？

以上的想法其实都只讲到理财的某一方面。理财所追求的目标，只有三句话：掌握今天的快乐，躲避明天的风险，使未来的生活更加快乐。如加以概括，就是四个字：快乐、自由。

个人理财应满足以下三个条件：

首先，根据自己的年龄、职业、收入、家庭状况，建立对应的日常消费模式。所谓对应就是消费时既不能像"守财奴"那样视钱如命，一毛不拔，也不能像败家子似的大手大脚，铺张浪费。

中国人讲求"轻财尚义"、"仗义疏财"，像"守财奴"锱铢必较，只进不出的消费观和生活方式，不仅感受不到生活的乐趣，更交不到朋友，连家人都会疏远。

另一方面，挣多少花多少，月月见底的消费方式也不可取。家无余粮，一遇到紧急状况就四处借债，最后朋友也会避之唯恐不及，对个人的金钱信用也是极大的伤害。更何况无论哪种投资，都要以资本作为前提。一个人、一个家庭，如果没有一定的资本，那么他就无法规划将来，只能过一天算一天，只是在混日子罢了。

作为个人和家庭，我们提倡努力赚钱，合理消费。理财讲究的是量入为出，既不可太俭，亦不可太奢。要合理运用我们手中的金钱，逐步提高我们的生活水平，让我们的生活滋润起来，快乐幸福地享受每一天。

其次，根据个人和家庭的不同生活背景，建立与之相匹配的避险措施。就是以较少的成本，选择合适的时机切入，来应对未来生活中可能出现的风险。这些风险包括失业、疾病或意外伤害、子女教育、养老等，保证自己在任何风险面前都能应付自如。

最后，在满足上述两方面的基础上，将多余的资本用来投资，以追求资本的效益最大化，用头脑的所得增加财富，创造更加和谐、舒适的生活环境。个人财富的增加也等于社会财富的增加，这也是为国家作贡献。

个人理财的这三方面是一个整体。日常消费和避险是理财的基础，是确保个人和家庭生活安全稳定、井然有序的前提条件。这就和建造大厦一样，地基必须打扎实，大厦才牢固。如果地基不稳，那么大厦建得越高，倒塌的风险也越大，损失也会越惨重。

但这只是初级阶段，理财不是单纯地追求资产的保值，而是要在目前的收入情况下，科学地投资，让我们未来的生活更富有、更有品质。就像建楼，如果我们只打地基，而不继续建造，那么前期的基础投入就全部浪费了。因此个人理财要双管齐下，消费与投资并进，只有这样，我们才能始终保有稳定的收入，才能获取真正意义上的财富自由，走上快乐的理财之路。

理财是要认真规划自己的财务，合理地安排收支。理财方法不同，财富增长的速度也会不同。理财是不可能攫取暴利的，有的只是合理的收益。其实，只要每个人根据自己的现实情况做出合理的规划和投资后，获利甚至发财就都是必然的了。

"看大势者赚大钱"，这是股票投资中流传的一句话。其实，这句话也可用在其他投资领域。整天泡在电脑前或营业大厅里，只关注股票、基金的涨势跌幅是赚不了钱的。真正赚大钱的人，有一个共同点——大势看得准。这个"势"指的是投资的宏观环境和形势。因此，一个聪明的投资理财者，首先要成为一个关注并熟悉国际国内宏观形势的人。

聪明的投资人要思考国际形势的趋向，考虑国际形势的变化将会怎样影响国内形势。有些敏感的投资者已经学会了这种连续性思维的方式。例如，有人听到美国发现新油田的消息后，分析出石油价格会下跌，股市会有哪几个板块受益，然后在这些板块中选择跌得差不多的、基本面还可以的股票买入，仅这一项投资，不到两个月就收益20%。这就是必然的"发财"。

其次，还要把握好国内投资的热点。对国内宏观形势的判断，直接影响着我们投资决策的走向。中国很多金融改革和发展是由政策推动的。因此，聪明的投资者要随时关注国内的宏观政策导向，把握国家发展的重点。这样投资时才会做到心里有数，有的放矢。

古语有云"兵无常势、水无常形"，"势"的变化是迅速而复杂的。如何准确判断"势"的变化，关键在于投资者是否具有预见性，在各种相关因素综合作用下，分析判断整个宏观形势，这可以在赚钱的同时锻炼头脑，让人的思维变得更灵敏。

把理财当作一个生活习惯

细节决定成败，习惯就是由一些细节组成的，把理财当作一个习惯，可以真正地得到自己的幸运"金币"，其实生活的主动权就在我们平常的一些举手之劳上。

将理财的思维贯彻到生活的各个细微之处，我们将在理财之路上走得更顺、走得更远。

1. 将记账进行到底

或许有人会对记账嗤之以鼻，认为它无足轻重，还浪费时间。殊不知，即使鲁迅这样的大文豪都在百忙之中抽出时间坚持每天记账，我们又何乐而不为呢？记账可是件知易行难的事情，我们必须首先明确记账的好处和道理，然后才能坚持不懈地做下去。

很多人都会说："记账实在是太麻烦了，虽然刚开始记账的时候总是雄心勃勃，兴致盎然，可是工作这么忙，每天还要记下琐碎的开支，钱反正都用了，还记下来有什么用呢？"

那么，当你想到这是一种理财行为，可以增加财富的时候，就变得有意义了。记账可以清楚钱是怎么来的，又花到哪里去了，我们可以拿着账单对照、比较、清算，这是规范自己消费行为的最有效方法。

2. 用"加薪"来投资

不少公司的薪金制度上都有规定，随着员工在公司服务的时间增加，会给予不同幅度的加薪、福利补贴等等。

对于挣的多就花的多的人来说，与其越花越多，不如用每年增加的薪水做自己强制储蓄的第一步。最简单有效的办法就是直接把加薪纳进自己的储蓄，"被动"地建立自己的第一笔储蓄。

如果老板不那么慷慨，那你也可以靠自己来"加薪"。从现在的薪水里省出一部分，每个月定期地投入一些基金或者银行的"零存整取"储蓄投资中，每月固定存一笔钱后，花钱自然就会节约许多，你的资产账户也会日益丰硕起来。

3. 少带现金和零钱

欲望是无限的，要想控制自己的消费冲动，客观上创造一些阻挠消费的条件，也能够起到一些积极的作用。

比方说我们在钱包里放一张一百元的钞票和一张银行卡，带上必需的零钱，如坐公车的钱。因为人们对零钱的使用容易缺乏控制，往往不把10块、20块的开销放在心上，每笔支出虽然不大，无形之中却增加了很多不必要的开支，一天多花二三十元也许并不觉得，但一个月下来，就有近千元被消费掉了。

4. 养成计划消费的习惯

有计划的消费可以帮助我们克制冲动消费，我们在固定的时间内，制定一份消费计划，然后坚定地执行下去，是实现理性消费最有效的方法。

比如在年初，我们可以根据个人情况列出今年的大件消费计划，比方说买房子、买车子、生孩子等，然后筹集资金来实现目标。月初，我们可以制定出这个月的细致消费计划，例如服装支出、伙食支出、人情往来支出等等。每个星期我们也可以根据月消费计划列出具体的日消费计划，这样下来，就可以省下很多不必要花的钱。

5. 时常关注理财知识

理财不光是省钱。我们平常多关注理财知识，有利于增加自己管理的财富，知识不断更新，也可以丰富自己的头脑。更新了理财的知识，我们就不容易受一些投资陷阱的蒙蔽，因此，不断地学习理财知识也是非常必要的，正所谓知识就是财富，理财知识可以让我们擦亮眼睛，更好地理财。

　　将理财当作一个生活习惯，不仅可以让我们增加财富，还能让我们的生活朝着自己理想的方向顺利前进。

第二章　个人理财的基本知识

导读：财富人生至少需要三项修炼：1. 掌握人生不同阶段的基本需求，并依此制定相应的财富战略；2. 准确把握时间的价值与自身承受风险的能力；3. 在正确的时间、正确的投资方向上做出正确的投资计划。

人生三个重要的理财时期

要圆一个美满的人生梦，不仅要有一个好的人生规划，也要懂得如何应对人生各个阶段的生活所需，而将财务做适当计划及管理就更显其必要。众多理财专家都认为：理财要趁早，且贯彻一生。

我们可以把人生分为三个时期。18岁至35岁为青年时期，35岁至55岁为中年时期，55岁以上为老年时期。根据这三个人生分期，我们可分析人生各阶段的责任及需求，制定符合自己生涯的理财规划。

青年时期可分为求学成长、初入社会两个阶段。

1. 求学成长阶段

这一时期的阶段目标是求学、完成学业，这个时期经济收入很少，主要是依靠父母提供生活费用，因此我们需要贯彻的是省钱即赚钱，知识即财富。我们可以尽量多充实有关投资理财方面的知识，逐渐建立起正确的消费观念，养成良好的消费习惯，切勿"追赶时尚"，"死要面子，活受罪"。

2. 初入社会阶段

这一时期的阶段目标是工作、升职或者创业，初入社会的第一份薪水是经济独立的开始，这时我们可以开始实务理财操作，此时攒钱是理财的重点。初入社会，可能收入还不算丰厚，支出的负担却不轻，要谈恋爱，要讲面子，孝敬父母，甚至结婚生子，因此，我们应从开源节流、资金有效运用上双管齐下，从自己的工资中拿出一部分钱，尝试进行投资，为中年以后的投资积累资金和经验，为以后加大投资力度打好基础，切勿急躁冒进，量入为出最为要紧。

中年时期可分为成家立业、子女成长两个阶段。

1. 成家立业阶段

结婚以后是人生转型调适期，事业开始慢慢走向成功，此时的理财目标因条件、环境以及需求不同而各异，随着社会地位的提高，收入的增加，我们可以试着从事高获利性及低风险的组合投资，理财宜采取稳健及寻求高获利性的投资策略。比如买股票、不动产等，大力加强投资力度，为日后自己的生活以及子女的成长和教育积累资金。

2. 子女成长阶段

处于这个人生阶段，生活、工作和经济压力相对于前面几个阶段都要来得重，此阶段的理财重点在于子女的教育储备金上，如果有赡养父母的责任，那么医疗费、保险费的负担亦须衡量。正是"上有老，下有小"的关键时期，但是由于赚钱的渠道增多了，收入的增加速度也相应快起来，这个年龄阶段的很多人都成为社会的栋梁，理财投资宜采取组合方式，稳中求进。此阶段尤其要关注对自己身体方面的投资，因为很多疾病开始在这个年龄阶段侵袭人体。

老年时期可分为空巢、退休两个阶段。

1. 空巢阶段

子女到另外一个城市读书或工作，可以算作空巢的萌芽，所以我们说，空巢早于退休。正式的空巢阶段应该在子女多半已成家，教育费、生活费已经减少，资金亦已累积一定数目，这个时期不适宜去做股票和基金，空巢阶段和更年期差不多是同一个年龄段，工作比较繁忙，因生理方面的原因，情绪波动也可能比较大，投资可以朝安全性高的保守路线靠拢，这样有利于身心健康和家庭和谐。

2. 退休阶段

此时该是财务最为宽裕的时期，但休闲、保健以及医疗的负担增加了，理财应采取"守势"，以"保本"为目的，可以少量地进行股票和基金的投资，因为退休后，自己有了足够的时间和精力，投资理财不仅可以赚点儿小钱，还可取点儿乐子，让自己劳逸结合。这个时期不宜从事高风险的投资，应该适当地减少投资的比重，以免影响健康及生活。

人生是一个漫长的过程，我们根据各个年龄段的不同需求，将其系统地分为三个时期，这样既便于我们更明确地做好一生的理财规划，也便于我们有序地开展理财行动。

正确的理财步骤

知晓了理财的重要性，那我们究竟怎样开始理财呢？理财有怎样的步骤呢？

1. 树立积极的理财态度和思维方式

首先我们必须明白，理财不是一夜暴富，它是一个长期坚持的过程，需要时间和耐心。理财不在于手上有多少钱，而在于如何让手中的钱获得收益；理财也不是要我们省吃俭用，努力存钱，而是在保证正常的开支基础上，进行投资或储蓄。理财就是要树立一种乐观向上、着眼于未来的消费态度和投资的思维方式。

2. 确立恰当的生活目标

目标即方向，拥有什么样的生活目标，将决定拥有什么样的生活。理财就是要树立恰当的生活目标，从而导致美满的生活结果。

要确立恰当的生活目标，我们首先要明确自己想要的到底是什么，希望自己什么时候结婚，什么时候生孩子，什么时候买房子，直至什么时候告别打工生涯，自己创业。目标一旦确定，就有了明确的前进方向，储蓄或者投资也有了强大的动力。生活需要目标，理财则是生活的重要部分。

3. 把握理财的三个环节

理财的目的是自由花费我们自己的钱，它的第一个环节是积累资金，第二个环节是怎样"生钱"，第三个环节是怎样守护辛苦赚来的钱。

要积累资金，必须要养成量入为出的习惯，每个月不论收入多少，都将其中的一部分存起来，不然，赚来的钱只会在你兜里打个圈，转眼就跑别人兜里了，因为决定财富的不仅是收入，还有支出。积累资金要从年轻的时候就开始，积累越早，收获越多。

生钱的途径很多，在学校里老师会说，知识就是财富，我们可以通过自身综合素质的提高，获得职业上的成功，也可以进行有效的投资，获取可观的收入，总之，就是通过一切合法、合理的途径，努力使钱源源不断地往自己口袋里流。

守护财产不是说把钱存到银行的金库里就安全了，首先，我们要远离各种投资陷阱，不要被高回报所诱惑；其次要慎重地选择伴侣，娶个天生购物狂可是守护财产的大敌，轻易结婚离婚亦会破财；最后，就是要合适地选择保险，当发生意外的时候，保险会提供补偿性的资金，帮我们度过因意外事故造成的财务危机。

4. 合理配置资产

建立合理的理财方式，就应该合理地配置资产，既不要把鸡蛋放在一个篮子里，也不要把鸡蛋到处散放。

资产配置是影响长期投资盈亏的关键因素。我们可以根据自己的情况，把自己的钱分作三部分，一部分为应急钱，用于突然的疾病或失业；一部分为保命钱，即三至五年的生活开支，这部分钱要保证只能赚不能赔；一部分为风险投资资金，用于追求高回报的投资。譬如，可以把应急钱存在银行里；把保命钱投资在风险最低的定期存款、国债或者货币市场基金；而风险投资资金可以投放在风险高、报酬也高的股票或者基金上。

这样的资产配置，相对于将投资全部放在高报酬也高风险的股票上，更稳妥，也更持久，就算在股市惨败，还有其他收益，不至于对生活和家庭产生太大的影响。尤其要警惕的是，在风险市场取得短暂的胜利，将应急钱和保命钱盲目投入进去，钱是赚不尽的，但可以输得倾家荡产。

明确了理财的步骤，我们则可以按照自己的规划，一步一个脚印地开展理财行动。

神奇的货币时间价值

货币时间价值是指货币随着时间的推移而发生的增值，也称为资金时间价值。有专家给出货币时间价值的定义是：货币的时间价值就是指当前所持有的一定量货币比未来获得的等量货币具有更高的价值。从经济学的角度而言，要节省现在的一单位货币不消费而放在未来消费，则在未来消费时必须有大于一单位的货币可供消费，这种货币才有时间价值。

在理解货币时间价值时要注意把握以下的要点：

（1）货币时间价值是指"增量"，一般以增值率表示。

（2）必须投入生产经营过程才会增值。

（3）需要持续或多或少的时间才会增值。

（4）货币总量在循环和周转中按几何级数增长，即需按复利计算。

1. 货币时间价值产生的原因

（1）货币时间价值是资源稀缺性的体现。经济和社会的发展要消耗社会资源，现有的社会资源构成现存社会财富，利用这些社会资源创造出来的物质和文化产品构成了将来的社会财富，由于社会资源具有稀缺性特征，又能够带来更多社会产品，所以现在物品的效用要高于未来物品的效用。在货币经济条件下，货币是商品的价值体现，现在的货币用于支配现在的商品，将来的货币用于支配将来的商品，所以现在货币的价值自然高于未来货币的价值。市场利息率是对平均经济增长和社会资源稀缺性的反映，也是衡量货币时间价值的标准。

（2）货币时间价值是信用货币制度下，流通中货币的固有特征。在目前的信用货币制度下，流通中的货币是由中央银行基础货币和商业银行体系派生存款共同构成，由于信用货币有增加的趋势，所以货币贬值、通货膨胀成为一种普遍现象，现有货币也总是在价值上高于未来货币。市场利息率是可贷资金状况和通货膨胀水平的反映，反映了货币价值随时间的推移而不断降低的程度。

（3）货币时间价值是人们认知心理的反映。由于人在认识上的局限性，人们总是对现存事物的感知能力较强，而对未来事物的认识较模糊，结果人们存在一种普遍的心理就是比较重视现在而忽视未来，现在的货币能够支配现在商品，满足人们现实需要，而将来货币只能支配将来商品，满足人们将来不确定需要，所以现在单位货币价值要高于未来单位货币的价值，为使人们放弃现在货币及其价值，必须付出一定代价，利息率便是这一代价。

2. 货币时间价值的处置

由于货币随时间的增长过程与利息的增值过程在数学上相似，因此，在换算时广泛使用计算利息的方法，即按复利的方法进行折算。

众所周知，今天1元钱的价值大于一年后1元钱的价值，首先是因为现在的一笔钱存到银行或者买成国债，一年后起码可以有利息收入。其次是通货膨胀的因素。当人们进行投资或者借出资金时，肯定要考虑物价因素，通货膨胀率越高，人们要求的回报就应该越高，以抵补物价上涨的风险。例如，银行的年利率是5%，若通货膨胀率是10%，那么你将钱存在银行的实际收益率是负5%。因此你的收益不仅取决于银行利率，还取决于通货膨胀率。通货膨胀率越高，人们对回报率的要求也越高，这样才能得到补偿。再次，投资总有各种不同的风险，投资的风险越大，回报率就必须越高才能吸引投资者。若购买国债的收益率是5%，购买股票的预期收益率也是5%，那么人们就不会去买股票，因为股票的风险大于国债。除非股票能够提供高于国债的回报率，比如可能会得到20%的回报，人们才有可能去购买股票。

3. 货币的时间价值的形式

(1) 相对数。没有风险和没有通货膨胀条件下的社会平均资金利润率。

(2) 绝对数。时间价值额是资金在生产经营过程中带来的真实增值额,即一定数额的资金与时间价值率的乘积。

4. 货币时间价值的计算

(1) 单利的计算。单利指本金在贷款期限中获得利息,不管时间多长,所生利息均不加入本金重复计算利息。

单利利息按下式计算:

$$I = P \times i \times t$$

式中:P——本金,又称期初额或现值;

i——利率,通常指每年利息与本金之比;

I——利息;

t——时间(年)。

例:某企业有一张带息期票,面额为1200元,票面利率为4%,出票日期6月15日,8月14日到期(共60天),则到期时利息为:

$$I = 1200 \times 4\% \times 60/360 = 8 \text{ 元}$$

终值S计算:

$$S = P + P \times i \times t$$

现值计算:

$$P = S - I$$

S——本金与利息之和,又称本利和或终值。

(2) 复利的计算。复利指每经过一个计息期,要将所生利息加入本金再计利息,逐期滚算,俗称"利滚利"。

$$S = P(1+i)^t$$

其中$(1+i)^t$被称为复利终值系数或1元的复利终值。

评估自己能承担的风险

理财是一项专业性很强的职业，它涉及银行、证券、保险、信托、基金、房产等众多领域。理财不但需要具备广泛、系统、专业的金融知识，而且还需要通晓各种金融商品和投资工具，具备随时掌握国际国内金融形势变化的条件和综合素质。任何投资都会有风险，正视并预测风险，做出科学分析，对金融产品透彻了解，对投资举动量力而为，是我们在理财过程中应该做到的。

总之，老百姓在进行家庭金融投资时，一定要绷紧风险防范这根弦，面对陷阱与诱惑，切不可盲目轻信，谨慎投资，同时要从合法性、安全性、收益性等方面对投资项目进行认真的分析研究，掌握一定的金融知识，多多关注金融市场动态。最关键的是，一家人别忘了多商量，三思而后行，使家庭金融风险得以有效防范。

为了帮助大家在投资理财的过程中降低风险，接下来就为大家介绍关于投资风险的知识。

1. 投资理财中投资者面临的各种风险

（1）市场风险。市场风险是通过一系列市场参数的波动性反映的，这些市场参数包括利率、股票指数、汇率等。这种不稳定性以市场波动性计量。为反映市场工具的市值变动情况，需要把波动性与灵敏度结合起来考虑。灵敏度反映市场参数的一定变化对该工具市值的影响程度。同时使用市场参数的波动性和市场工具的灵敏度，便可量化市场价值的变动情况。控制市场风险，是指把给定的资产负债组合的价值波动控制在指定的范围内。

（2）利率风险。利率变化会直接影响金融资产的价格。如果利率上升会产生以下效果：一是资金流向变化。利率提高，会吸引社会资金进入间接融资渠道，由于风险较大等原因，进入直接融资市场的资金会减少，股票市场需求减少，股价也随之下跌，基金价格也往往下跌。二是公司利润减少。利率提高，使公司贷款成本提高，利息负担加重，利润减少使股票价格下降，引起基金价格下跌。三是投资者评估股票和其他有价证券的折现率会上升，从而使股票价格与基金价格一起下跌。利率下降，则会产生相反效果，使股票价格和基金价格一起上升。

（3）汇率风险。由于国际分工的存在，国与国之间贸易和金融往来便成为必然，并且成为促进本国经济发展的重要推动力。外汇汇率的波动，会给从事国际贸易者和投资者带来巨大的风险。在国际贸易活动中，商品和劳务的价格一般是用外汇或国际货币来计价。目前大约70%的国家用美元来计价。但在实行浮动汇率制的今天，由于汇率的频繁波动，生产者和经营者在进行国际贸易活动时，就难以估算费用和盈利。这就是汇率波动带来的风险。

（4）信用风险。信用风险指以信用关系规定的交易过程中，交易的一方不能履行给付承诺而给另一方造成损失的可能性。比如购买企业发行的债券等，就需要承担相应的信用风险，如果这个企业发生违约、破产等情况，您的投资就会蒙受损失。

（5）流动性风险。流动性即在不受损失的情况下将您的投资转变为现金的能力，变现损失越少，变现所需时间越短，产品的流动性越强。如果在市场价格等条件不利的时候不得不变现您的投资，那么损失也将是巨大的。

（6）通货膨胀风险。在现实生活中，每个人都会遇到这样的问题，由于物价的上涨，同样金额的资金，未必能买到过去同样的商品。这种物价的变化导致了资金实际购买力的不确定性，称为通货膨胀风险，或购买力风险。由于投资的回报是以货币的形式来支付的，在通货膨胀时期，货币的购买力下降，也就是投资的实际收益下降，将给投资者带来损失的可能，损失的大小与投资期内通货膨胀的程度有关。

2. 不同风险承受能力的投资者的分类

在进行个人理财规划时发现，不同的人由于家庭财力、学识、投资时机、个人投资取向等因素的不同，其投资风险承受能力不同；同一个人也可能在不同的时期、不同的年龄阶段及其他因素的变化而表现出对投资风险承受能力的不同。为此我们根据投资者承受风险的能力将其分为保守型投资者、中庸保守型投资者、中庸型投资者、中庸进取型投资者、进取型投资者。其各自具有的特点是：

（1）保守型投资者。此类型的投资者以保护投资本金不受到损失为主要目的。他们对投资的态度是保持投资收益安全稳定，对于通过高风险来换取收益的投机行为，保守型投资者一般都不会考虑。因为他们投资的重点不是为获得资金的较大增值。

保守型投资者特点：本能地抗拒冒险，不抱碰运气的侥幸心理，通常不愿意承受投资波动对心理的煎熬，追求稳定。

（2）中庸保守型投资者。此类型投资者在投资时比较注重稳定，他们希望投资在保证本金安全的基础上获得一定的收益。但由于中庸保守型投资者通常要考虑回避风险，导致最终不能果断采取行动。

中庸保守型投资者的特点：害怕冒险，承受风险的能力有限。

（3）中庸型投资者。此类型投资者都渴望获得较高的投资收益，但又不愿承受较大的风险。他们可以承受一定的投资波动，但是希望自己的投资风险小于市场的整体风险，因此希望投资收益长期、稳步地增长。

中庸型投资者的特点：有较高的追求目标，而且对风险有清醒的认识，但通常不会采取激进的办法去达到目标，而总是在事情的两极之间找到相对妥协、均衡的方法，因而通常能缓慢但稳定地取得收益。

（4）中庸进取型投资者。此类型投资者的投资重点在于使投资收益长期增值。他们常常会为提高投资收益而采取积极的行动，有承受较大风险的能力。

中庸进取型投资者的特点：他们通常都很有信心，而且具有很强的商业创造技能，知道自己为什么愿意冒风险去追求，但是通常也不会忘记给自己留条后路。

（5）进取型投资者。此类型的投资者高追求投资成本最大化增值，他们有能力承受大幅波动带来的风险，并希望以此来换取资金高成长的可能性。进取型投资者为了最大限度地获得资金增值，常常将大部分资金投入风险较高的品种。

进取型投资者的特点：非常自信，追求极度的成功，常常不留后路以激励自己向前，不惜冒失败的风险。

通过以上的分析，你可以很好地分析自己的风险承受能力，然后再根据自己的承受能力来选择适合自己的投资产品。在此要提醒大家的是，一定要做一个理性的投资者，不能无视自己承受风险的能力大小，盲目投资。

选择合适的投资组合

随着我国经济的发展，适合个人投资者的投资渠道也越来越多。最常见的有银行存款、股票、房地产、期货、债券、黄金、基金、外汇等，不仅种类繁多，名目亦分得很细，每种投资渠道下还有不同的操作方式。因此，一般投资者无论如何对基本的投资工具都要稍有了解。在投资前，首先要认清自己的性格类型，是倾向于保守，还是具有冒险精神。然后，再衡量自己的财务状况，量力而为，选择自己感兴趣或较精通的几种投资方式，搭配组合，以小搏大。

投资组合的分配比例主要依据个人能力、投资工具的特性及环境时局而灵活配置。个性保守或闲钱不多者，组合不宜过于多样复杂，短期获利的投资比例要少；若个性积极，财力又可以，且不怕冒险，则可视能力增加高获利性的投资比例。

1. 各种投资工具的特性

（1）储备型。银行存款、国债都归入此类。银行存款和国债的风险低，流动性大，收益也有一定的保障。储蓄，被大多数投资者认为是最保险、最稳健的投资工具，方便、灵活、安全，主要是通过本息的累积，来实现财富的增加。国债，被大多数投资者认为是最重要的投资方式。国债是财政部代表政府发行的国家公债，由国家财政信誉作担保，历来有"金边债券"之称。许多稳健型投资者，尤其是中老年投资者对它情有独钟。

国债的风险小、信誉高、收益稳健，但相对其他产品而言，投资的收益率仍然很低，尤其是长期固定利率国债投资期限较长，因而抗通货膨胀的能力差。

（2）稳健型。开放式基金、投资性质的保险、房地产，收益和风险都是中等的。

开放式基金，全世界的平均回报率是7%，虽然不是绝对不亏，但风险较小，被大多数投资者认为是最新潮的投资方式。它具有专家理财、组合投资、风险分散、回报优厚、套现便利的特点，还有专业投资团队进行分析操作，不需要投资者投入太多的精力。在存款利率低、股市风险大的情况下，基金成为许多投资者一往情深的对象。值得注意的是基金的风险对冲机制尚未建立，个别基金公司重投机轻投资，缺乏基本的诚信。在投资基金以前一定要弄清楚基金的类型，此外还应比较基金管理公司、基金经理的管理水平和不同基金的历史业绩。从长远看，开放式基金不失为一个中长期投资的好渠道。

房地产，被大多数投资者认为是最实惠的投资方式。虽说现在的房价涨得惊人，很多人包括经济学家都在说其中有泡沫，但是很多人也说现在是投资的好时机。房地产投资已逐渐成为规避通货膨胀、利用房产的时间价值和使用价值获利的投资工具，房地产投资已逐渐成为一种低风险、有一定升值潜力的理财方式。其缺点是流动性差，适合有相当多资金可以做中长期投资的人。但同时也需要面临投资风险、政策风险和经营风险。

（3）进取型。包括外汇买卖、股票、期货和收藏品等，这一类理财工具的特点是高风险、高收益。

股票，被大多数投资者认为是高风险高收益的投资方式。股市风险的不可预测性毕竟存在，高收益应对的是高风险，需面对投资失败风险、政策风险、信息不对称风险，而且投资股票对心理因素和逻辑思维判断能力的要求较高。因此最好不要进行单一股票投资，一般的资产组合应有十余种不同行业的股票为宜，这样你的资产组合才具有调整的弹性。

炒汇，被大多数投资者认为是辅助性投资方式。它可以避免单一货币的贬值和规避汇率波动的贬值风险，从交易中获利。不少炒外汇的投资者认为，炒外汇风险比股市小，不过收益也比股市低。但是炒汇要求投资者能够洞悉国际金融形势，其所消耗的时间和精力都超过了普通投资者可以承受的范围。目前在国内市场人民币尚未实现自由兑换，一般人还暂时无法将其作为一种风险对冲工具或风险投资工具来运用。

了解了投资工具的特性以后，还要搭配投资组合，才是降低风险的最佳做法。目前，大多数投资者在进行投资时，仍非常喜欢专注于某一项目的投资。但投资专家指出，不要把所有资金都投入到高风险的投资里去。正确的投资组合是将资金分散至各种投资项目中，而非在同一种投资领域中进行组合。例如，目前许多投资者都将目光聚焦在股票上，认为高风险必然带来高收益。这种投资方式所带来的最大风险，就是投资品种本身的系统风险。而建立投资组合的最大好处，就是将系统风险降到最低。如果你是一个保守型的投资者，那么可以选择国债和信托的投资组合。如果是一个进取型的投资者，那么股票和债券型基金的投资组合无疑是最适合的。

2. 根据投资者收入状况建立适合自己风险偏好的投资组合

（1）每月收入 3000 元家庭的投资组合。何先生在一家小公司任职员，每月有 2000 元收入。何太太在超市从事收银工作，一个月下来能有 1000 元的工资。由于平时何先生和何太太都比较节俭，他们已经有 6 万元的存款。现在他们住在家里留下来的房子里，近期没有购房计划。但将来孩子上学和赡养父母都是一笔不小的费用。所以他们选择收益还不错、比较保险的投资方式。

此类家庭理财属于求稳型，由于承受风险的能力较差，所以最好采用储蓄占 40%、国债占 30%、银行理财产品占 20%、保险 10% 这种投资组合，也就是俗称的"四三二一"法则。

储蓄特有的稳定性支持着家庭资产的稳妥增值；国债和银行理财产品的稳定性相对来说比较好，收益也比储蓄高，放在中间比较合适；保险的比率虽然只占到 10%，但它所起的保障作用对于收入低的家庭来说却是非同一般。由于这类家庭的抗风险能力较低，万一遇到意外，10% 的保险所起的作用是相当大的,它可以帮家庭渡过难关。

(2) 每月收入 6000 元家庭的投资组合。代女士是保险公司的售后服务人员,由于从事保险行业时间比较长,所以代女士有一些固定的客户资源,所以每月她都能有 3000 元左右的收入。代女士的先生是一名工厂的技工,虽然工作比较辛苦,但每月收入也有 3000 元左右。代女士夫妻二人的银行存款有 8 万元,他们的女儿今年已经上初三了,所以如今他们面临的最大的问题就是孩子的教育问题。

对于这样的家庭而言,最大限度地实现财产增值是关键。对于他们而言,由于夫妻双方工作都较为稳定,同时也有一定的储蓄,能够承受一定风险。所以可以采用储蓄占 40%、债券占 20%、人民币理财产品占 20%、基金或股票投资占 20% 的投资组合。这样的投资组合储蓄比例较大,而其他投资的比例相同,在结构上呈现一把锤子的形状。40% 的储蓄就是"锤头",债券、人民币理财、开放式基金或股票加起来就是一个"锤柄","锤头"是最有力量的部分,而"锤柄"又可以通过三四种产品的组合,来增加整个锤子的力量。特别是这个组合中有 20% 的开放式基金或股票,这部分投资如果收益高了,会增加整个组合的投资收益,万一出现了风险,对家庭整体投资的影响也不是太大。

(3) 每月收入 9000 元家庭的投资组合。陶先生是研究院的研究员,每月收入在 5000 元左右。他的妻子是一名公务员,每月能有 4000 元的工资。他们住在以前单位分的房子里,今年才新买的私家车。由于陶先生和陶太太单位的待遇比较全面,所以他们没有太大的开销,家里的存款有 20 万元。因为现在工作比较忙,陶太太希望退休以后可以好好享受生活。他们面临的最大问题是储备退休金,所以要加大投资力度,提高资产的投资回报率。

这样的家庭属于高收入家庭,由于他们抵抗风险的能力较强,所以可以采取开放式的基金占 50%、房产投资占 50% 的投资组合。这种组合虽然比较单一,但它是以实现家庭资产的快速增值为目的的。而且开放式基金相对于比较稳妥,会使资产稳中有升,房产投资虽然波动性大,但如果善于经营,收益将非常可观。

规避理财的 10 大错误

理财无疑是目前全社会最为关注的话题之一。可是刚刚富裕起来的中国人理财方面的经验和传统实在是少得可怜，而国内理财行业受历史和体制影响尚不能提供科学完善的理财服务，所以几乎所有的中国家庭都存在着这样那样的理财错误，最常见的有以下 10 类：

错误 1. 拥有 30 年的按揭

30 年按揭可能是家庭理财中最普遍的形式，在作者看来，也是一个最大的错误和阴谋。如果你已经有了 30 年按揭，那么计算一下你的上一笔偿付款是多少，在这个数字的基础上再加 10%，就是你下个月给银行的金额，如此类推。如果你坚持这么做，就可以用 22 年还清这笔 30 年的按揭，你可以轻松地节省下数万元的利息支出。

错误 2. 不严肃对待信用卡债务

信用卡债务可以摧毁一桩婚姻。如果夫妻一方经常把两人拖入债务堆中，夫妻感情会受到很大影响，如果双方都债务成堆，那只会让夫妻关系结束得更早。

错误 3. 试图一夜暴富

让我们面对现实吧：积累实际财富所需的时间远远超过数月数年，它需要数十年。

错误 4. 凭保证金购买股票

在你从经纪人公司借钱购买股票的时候，你就放弃了对自己账产的控制。因此决不购买你无法支付现金的股票。

错误 5. 不及早地为孩子设立大学储蓄计划

上大学的费用非常昂贵，而且逐年提高。未雨绸缪非常重要。仔细研究大学储蓄计划的几种类型，找到适合你的。

错误 6. 不教授孩子管理钱财的方法

财商越早开发效果越好,向孩子们解释每月一小笔储蓄如何能发挥巨大的作用,并为他们寻找一些适合孩子浏览的优秀理财网站。

错误 7. 忽视签订婚前协议

很多婚姻会以离婚告终,这让人难过,却是事实。婚姻协议会首先解决了"什么是你的和什么是我的"的争论,会使离婚过程容易些。如果你觉得跟亲密爱人无法启齿,建议你在订婚时(甚至在订婚之前)就及早解决它。

错误 8. 没有一个超越你们两人的更高目标

更高的目标才会让人更有动力。建议你和伴侣在未来的 12 个月里,共同选择一个更高目标,花点时间持之以恒地追求下去。

错误 9. 分不清各自的责任

每一对伴侣都应该拥有"我们的钱"账户,去支付所有的家庭账单。每一个人也应该保留自己的支票账户和信用卡账户,它能给我们一种必要的个人空间感。

错误 10. 不听取职业理财建议

理财是一个长达一生的旅行,最好给自己雇一个向导。理财顾问就像职业的教练或向导,会与你们夫妻携手走完生活之路并发财致富。

警惕中国家庭理财三大"疏忽"

中国家庭理财讲究保守,许多人只知道银行这种理财方向。对于大多数中国家庭来说,他们最需要补充自己的理财知识。下面这些问题经常被许多中国家庭忽视。

疏忽之一:不提折旧

按照企业的会计准则,固定资产是要提折旧的。这一点看起来是很简单的，可真正想到这一点的人并不多。譬如说，我们买了一台彩电，价格是3000元，预期的使用寿命是10年，那么它每年的折旧就是300元，而这300元要算成主营业务成本。换句话说，我们所说的家庭主营业务成本除了日常开销外，还要包括折旧。

实际上，家庭固定资产包括的东西相当多，除了家具、家电外，还包括房产（必须有所有权）和装修。我们知道，一套房屋装修的成本也是很高的，刚装修好时，样子很不错，可随着时间的流逝，房屋的装修也会变得陈旧起来。通常，宾馆的装修是按照10年折旧的，作为家庭，我们也可以此作为参考。如果一套房屋的装修费用是10万元的话，每年的折旧费就是1万元，这笔开销虽然不牵扯到现金流出，可也不是一笔小开支。同样的道理，房产本身也是要提折旧的，只不过折旧的年限长一点，通常是50年，一套50万元的产权房一年的折旧费也是1万元。对于自住房，提不提折旧似乎影响并不大，反正是自己住。但如果是投资性房产，靠出租赚钱情况就不同了，不提折旧会使账面的利润很高，实际的收益却很低，许多开发商就是利用大家不注意折旧这一点，在广告上算出年收益率接近20%，吸引投资者购房。如果不具备一定的财务知识，是很容易上当受骗的。真有这么高的利润率，开发商就不会卖房了。

疏忽之二：月还款当成本

对于多数购房者来说，还是需要银行贷款作支持的，这样每月就会有一笔按揭还款。通常这笔钱被记入了成本，每月的收入中很大一块都是还按揭的钱。但这样处理是不够科学的，我们可以这样来分析，开发商在收到首付款和银行贷款后，已经全额收到了房款，这和我们一次性付款没有什么区别。房产到手后，就变成了固定资产，而固定资产是要提取折旧的，上面已经说过了。在我们的按揭还款中，包含两部分，一部分是本金，另一部分是利息。本金已经体现在固定资产中了，因此，不能再作为成本了，而利息则应该算作财务费用。由于利息是按月递减的，折旧是每个月相同的，因此，在开始几年，费用和成本是比较高的，到后期会相对减少。

疏忽之三：房价上涨，差价入账

我们经常听到周围的人在说，去年买了一套房。今年升值了多少多少。实际上，只要房子没出手，升得再多也是不能入账的。既然房屋要提折旧，为什么升值的部分不考虑呢？难道买了房子就只有贬值的份？

这也是人们最容易产生误解的地方。近两年北京的房价涨势喜人，给人的一种感觉是房价只会升，不会降。其实，得出这样的结论是不正确的，香港的房价能够拦腰一刀，北京的房价难道就不会出现波动吗？因此，根据会计学审慎性原则，我们是不能把房价的上涨算到收益里面去的。相反，如果遇到房价下跌，市价低于我们的成本价，我们还必须提取固定资产减值准备。香港明星钟镇涛不就是因为房产的大幅贬值而破产的吗？这样的教训够深刻了吧。

我们再换一个角度来看这个问题，如果房产升值了，绝不会只是一套、两套升值了，肯定是周边的房产都升值了。如果将手里的房产变现，是可以取得一定的利润的，但如果要在同样的地区再买一套房，同样要付出更多的资金，房产即使升值一倍，也不可能让你的一套房变成两套房，除非是搬到更偏远的地方去。

当然，有一种情况下，房价上涨的部分是可以入账的。那就是，用房产作为公司出资，这时候可以将房产的评估值作为出资额，房产增值的部分就可以计算进去了。这样做的好处是固定资产价值提高了，折旧也跟着提高了，公司实现的利润相应减少，可以少缴所得税。

如何制定个人理财计划

很多人都习惯了随心所欲地花钱直到囊中羞涩，然后伸长脖子等待着发工资的那一天。他们虽然也会考虑将来，但却从来没有好好地为将来的生活计划过。要把握自己未来的生活，你必须有一个好的个人理财计划。以下的步骤相信会对你大有裨益。

所需步骤：

1. 确定目标

定出你的短期财务目标（1个月、半年、1年、2年）和长期财务目标

(5年、10年、20年)。抛开那些不切实际的幻想。如果你认为某些目标太大了，就把它分割成小的具体目标。

2. 排出次序

确定各种目标的实现顺序。和你的家人一起讨论，哪些目标对你们来说最重要？

3. 所需的金钱

计算出要实现这些目标，你需要每个月省出多少钱。

4. 个人净资产

计算出自己的净资产。

5. 了解自己的支出

回顾自己过去三个月的所有账单和费用，按照不同的类别，列出所有费用项目。对自己的每月平均支出心中有数。

6. 控制支出

比较每月的收入和费用支出。哪些项目是可以节省一点的（例如下馆子吃饭）？哪些项目是应该增加的（例如保险）？

7. 坚持储蓄

计算出每个月应该存多少钱，在发工资的那一天，就把这笔钱直接存入你的银行账户。这是实现个人理财目标的关键一环。

8. 控制透支

控制自己的购买性购买。每次你想买东西之前，问一次自己：真的需要这件东西吗？没有了它就不行吗？

9. 投资生财

投资总是伴随着风险。如果你还没有足够的知识来防范风险，可以考虑购买保本的银行理财产品或购买国债和投资基金。

10. 保险

保险会未雨绸缪，保护你和家人的将来。

健康险非常重要，如果你失去工作能力，就无法赚钱。财产保险对家庭财产占个人资产比重较大的人也很重要。试想一下，如果遭受火灾，重新购置服装、家具、电视等等，总共需要多少钱？

11. 安家置业

拥有自己的房子可以节省你的租金费用。现在就开始为买房子的首期作准备吧。

制定完备的家庭理财计划

计划是家庭理财成功的关键，没有计划你就会像一艘飘荡在大海上的没有帆的船，不知将会漂向何方。一般来说，一个完备的家庭理财计划包括八个方面：

1. 职业计划

选择职业是人生中第一次较重大的抉择，特别是对那些刚毕业的大学生来说更是如此。

2. 消费和储蓄计划

你必须决定一年的收入里多少用于当前消费，多少用于储蓄。与此计划有关的任务是编制资产负债表、年度收支表和预算表。

3. 债务计划

很少有人在他的一生中都能避免债务。债务能帮助我们在长长的一生中均衡消费，还能给我们带来购物便利。但我们对债务必须加以管理，使其控制在一个适当的水平上，并且债务成本要尽可能降低。

4. 保险计划

当你年轻没有负担时，你必须保证自己不会丧失这种能力，为此需要有残疾收入补偿保险。随着你事业的成功，你拥有越来越多的固定资产，汽车、住房、家具、电器等等，这时你需要更多的财产保险和个人信用保险。为了你的子女在你离开后仍能生活幸福，你需要人寿保险。更重要的是，为了应付疾病和其他意外伤害，你需要医疗保险。

5. 投资计划

当我们的储蓄一天天增加的时候，最迫切的就是寻找一种投资组合，能够把收益性、安全性和流动性三者兼得。

6. 退休计划

退休计划主要包括退休后的消费和其他需求及如何在不工作的情况下满足这些需求。要想退休后生活得舒适、独立，必须在有工作能力时积累一笔退休基金作为补充，因为社会养老保险只能满足人们的基本生活需要。

7. 遗产计划

遗产计划的主要目的是使人们在将财产留给继承人时缴税最合理。这个问题在国外比较突出。遗产计划的主要内容是一份适当的遗嘱和一整套税务措施。

8. 所得税计划

个人所得税是政府对个人成功的分享。在合法的基础上，你完全可以通过调整自己的行为达到合法避让的效果。

建立家庭资产档案

家庭是社会的组成细胞，家庭理财也是社会财富规划的重要组成部分，无论对于个人还是家庭甚至整个社会来说都是至关重要的。因此，我国百姓历来都非常重视家庭理财，这里将为大家推荐家庭理财第一招：建立家庭资产档案。

家庭资产档案，将便于我们设定目标。如果对现在或者往后的资产不能做到心中有数，我们极有可能会错过许多应该得到的东西。对家庭资产有了整体的了解和把握，我们就可以设定一些目标并为它努力，这样也便于我们督促自己掌握好财政开支。

家庭资产档案可以分为以下五类：

（1）贵重资产。譬如房屋、金银首饰、车辆、高档电器设备等，价值在1000元以上的都可以明细列出，可以按购买价格计算，也可以按照重置价或折旧后的价进行净值统计。

（2）生意资产。工具、产业、存货等都是资产，借贷以及应付款是负债。

（3）有价证券。包括股票、债券等，我们可以按照市价进行计算，净值即资产减去借贷。

（4）古玩字画。名人真迹字画，可以说是家庭财富中颇具潜力的增值品。家庭收藏的古董字画等，可以请相关的专家为我们估值。

（5）日常用品。凡价格在1000元以下的物品都可以归为此类，譬如电灯、电话、餐具等。这些物品繁多而且杂乱，且低值易耗，我们难以逐一罗列，可以进行大致的估算。

建立了详细的家庭资产档案，便于我们随时统计家庭财务的净值。我们可以根据需要每半年或者一年结算一次，这样的统计可以告诉我们，万一有需要时，可能筹集到的资金有多少，这对增强投资理念，加强今后资产管理以及挖掘盘活家庭资产均有较大帮助。并可以根据资产净值来制订家庭财务计划，并设定净值的增长目标，譬如计划每年增长多少等。也可以修正各类保险，净值越大，我们的寿险、意外险保障的绝对金额也相应加大。

建立理财档案便于让家庭的女主人花钱有度，不会再频繁地用自己的信用卡透支来购买名贵的衣服、到高级餐厅就餐或者无计划地出国旅行。因为家庭资产档案在纸上排列着，自己浪费一点儿少一点儿，省下一点儿是一点儿，非常的直观、明了。我们将每个月的支出尽量保持得比较低，或者每个月按时还清全额信用卡欠款，以后的日子就不用为付利息而吃苦了。

建立好家庭资产档案，我们一点儿一点儿地省钱，随着时间的流逝，就会看到一个大数目的节余。每个星期省百来块，一年可以省下五六千元，十年的话就有五六万，还有利息。有了资产档案并经常更新，我们也可以为每个月的开支做出预算。没有实际的行动，长远的目标只能是空想。每个月有计划地花钱可以帮助我们清楚自己究竟花了多少，剩下多少。这样的花费规划合理还是浪费，都一目了然。

将自己的财产进行分类，建立一个详尽的理财档案，对于我们摸清家底、正确理财、合理投资，都具有十分重要的作用。

双薪家庭的理财形式

在现代都市中，双薪家庭为绝大多数。夫妻共同来负担家庭的开销，其理财形式也由双薪来决定。总的说来，如今常见的双薪家庭理财形式可以分为如下三种。

1. 全部汇总型

夫妻将双方收入汇总，用来支付家庭以及个人的支出。这个方式好在双方不论收入高低，一律平等，收入较低的一方不会因此减低其可支配收入；而缺点是，容易使双方因支出的意见各异造成分歧甚至争论。

2. 按比率进行分担

双方按收入的比率提取生活必须费用支出。若一方收入占家庭总收入的60%，则提供其收入的六成为家庭开支，剩余部分自由支配。优点是夫妻基于个人的收入能力一起分担家庭生计；缺点是随着收入或者支出的变化，其中一方可能会不满。

3. 平均分担型

双方各自从收入中提取等额的钱存入家庭账户，以支付日常各项费用。剩下的收入可以自行处理使用。此方式优点在于夫妻共同负担生活支出后，有完全供个人支配的部分；缺点是其中一方的收入若高于另一方，收入较少的一方可能会为了较少的可支配收入而感到不满。

综合分析，双薪家庭具有两份收入，先前可能会造成一些假象，即总觉得一人的薪水花完后还有另一人的，却不知组成家庭不仅多了一个人的支出，还有家庭的集体支出。遇到这种情况，夫妻双方都要注意控制不良的消费习惯。最好开立两个银行账户来处理收支。一个是家庭账户，即夫妻两人协商提领的账户；二是夫妻各自的独立账户，由开户者自己使用。开立独立账户可以使自己的账务更清楚，若有特殊财务负担，譬如赡养费或者父母生活费等，独立账户也较为方便。

总之，对工薪家庭来说，夫妻双方一生的总收入基本上是可以估算出来的。要做到"少有所依，老有所养"，不仅须规划好双方各自的财务收支，还得规划好家庭的财务收支，提早进行财富的累积。如下的理财四步希望能给大家提供帮助。

（1）独立家庭支出。我们这里所说的"家庭支出独立"是指消除家庭的"偶然支出"，控制家庭良性支出。家庭"偶然支出"是指人力不能控制的支出，譬如生病、意外伤害等，这些事件引起的支出都属于"偶然支出"。而家庭良性支出就是指我们自己可控制的支出，譬如生活支出、房屋及汽车贷款等。

（2）学习理财知识。专家理财，只能根据我们的收支情况、资产负债状况、风险偏好等，提出相应投资规划，真正的整体规划还得由我们自己来定。所以，我们有必要学点理财方面的专业知识，来保证自己决策的合理性。

（3）端正理财理念。投资不一定都能赚钱，着手投资前必须树立理财的理念：不要负债投资；用于投资的钱短期内不去动用；投资要明确方向，切勿盲目跟风，对已选定的投资产品组合要有相宜的心理预期。

（4）设定理财目标。结合家庭的收入和个人不同生命阶段来拟定恰当的理财目标。设定理财目标应注意：目标必须切合实际，投资回报要与自己的风险承受能力相匹配；达到目标所需的时间不能过长，一步一个脚印实现目标；投资的工具要考虑到产品的组合、货币的配置、期限的结构以及地域范围等因素，从而达到分散投资，降低风险的目的。

经济是基础，合理的家庭理财就是家庭幸福的基石。家庭理财不管使用什么形式，最重要的一点是夫妻双方保持意见一致，对钱的问题有分歧时，夫妻双方一定要坦诚且实事求是地好好分析讨论，共同协商，来制订长远的理财计划，迈出建造幸福家园的第一步。

低收入家庭投资理财方略

玲玲今年 24 岁，参加工作只有两年，在事业单位工作，月收入大概在 1800 元左右，为了改变职业，准备辞职专门学两年外语。由于刚结婚，花费了不少钱办婚礼，所以父母已经答应赞助她学习费用。她的丈夫在部队工作，开销比较小，但是收入也不高，1500 元左右。他们现有资产都是银行存款，约有 5 万元钱。他们的计划是买一套小产型，先租出去几年，等收入提高了可以要孩子的时候再简单装修一下自用。她的问题是：什么时候买房子，贷款利息和收回来的租金比哪个更合算一些。另外，像他们这样中低收入的年轻人，什么样的投资会有比较保险一些的收益。玲玲的希望是"不求利润最大化，只是希望能安全一些。"

理财师给出如下建议：

1. 逃避风险不如适当承担风险

家庭理财可依据自身风险承担能力，适当主动承担风险，以取得较高收益。例如医疗等项费用的涨价速度远高于存款的增值速度。要想将来获得完备的医疗服务，现在就必须追求更高的投资收益，因而也必须承担更大的投资风险。一味地回避风险，将使自己的资产大大贬值，根本实现不了稳健保值的初衷。一段时间以来，借股市行情不好的机会，很多债券基金都热炒自己的"安全"概念。可近期债市和债券基金的大跌，说明了安全的投资其实是不存在的。相反，重点通过股票基金长期系统投资中国股市，将是普通百姓积累财富的好机会。

2. 房宜暂缓，即使买二手房是首选

从玲玲实际情况看也是这样，一方面积蓄不多，又要辞职读书，虽然租金很有可能弥补月供款，但打光了弹药，实在是风险太大。"财不入急门"，投资的机会今后还很多。如欲购房，对于玲玲这类积蓄不多的新白领，小产型二手房是惠而不贵的好选择。买二手房建议玲玲使用最高成数

和最长期限，即二十年七成组合贷款。留下资金可以消费以提高生活品质，或投资以赚取更多利润。

3. 多种投资都可尝试

如果想几年后买房，可转换债券是个好的投资方向。这种债券平时有利息收入，在有差价的时候还可以通过转换为股票来赚大钱。投资于这种债券，既不会因为损失本金而影响家庭购房的重大安排，又有赚取高额回报的可能，是一种"进可攻，退可守"的投资方式。另外，玲玲不妨也在股市中投些钱。虽然短期炒作股票的风险很大，但各国百姓投资的历史却证明，股市长期科学投资是积累财富的最好方式，是普通人分享国民经济增长的方便渠道。特别是股市行情不好的时候，正是"人弃我取"捡便宜货的好机会。当然，像玲玲这样的非专业投资者最宜通过基金来参与股票市场了。

4. 青年人也需要保障类保险

考虑到玲玲的老公在部队工作，保障很好，故只建议玲玲自己买些意外伤害和健康保险。"人有旦夕祸福"，保险既是幸福生活的保障，又是一切理财的基础。

另外，对于一般人而言，收入低也要有自己的理财方法。不能因为钱少而忽视理财，而是更应该找到适合自己的理财方法，选择最优的投资方略，让自己手中的资本发挥最大化的效应，从而为自己以后的生活提供优厚的保障。如果手头只有1万元钱，如何理财？能不能理财？回答是肯定的。那么，具体应该如何操作？

1. 瞄准基金

与股票相比，基金价位低，1万元钱就能吃进1万股。何况，炒基金成本低，如果在0.90元的价位吃进，那么，在0.92元的价位就可以抛出。这样除去交易成本，每股就能赚1分多。以1万股计，就有一百多元的收入，一个月进出2~3次，也就有300~400元的收入。何况如今的基本大多在1元以下。

2. 投资股市，瞄准低价股

如果觉得基金价位上下波幅不大，不想炒基金的话，那么，就可以挑价位低的股票来炒。1万元钱也可以吃进2000股5元以下的低价股。如今，沪深两市经过三年的持续熊市，多只股票是5元以下的低价股，手头有1万元钱完全可以从容选择。如果有0.20～0.30元的差价，每进出一次也能赚上300～400元钱。当然，炒基金也好，炒低价股也好，要有被套的心理准备。一旦被套，须耐心持股待涨，不要理会旁人的七嘴八舌，而动摇自己的信心。在通常的情况下都有解套和获利的机会。本小，钱就显得越发宝贵，万不可斩仓割肉。再说如今中国股市的基本面已发生了根本性的变化，国务院已充分肯定了证券市场的作用、地位。

3. 小本经营，不贪为好

拿1万元钱来炒股，无疑是小本经营。既然是小本经营，当力戒贪心，涨了还想涨。而应该把握薄利为上的原则。唯有多炒几把，方能积少成多。如果每次都能赚上一、二百元，已属极佳成绩。这样一年积累下来，也就有30%～40%的收益，变薄利为厚利。

4. 买低不买高

小本经营，尤当注意风险，避免风险。因为，在每一次进货时，都应该避免追高。而应该伺机在每一次下调时建仓。当然，买低不买高的尺度很难把握。那么，不妨采取一个笨办法，即在通常的情况下，看准一只股票在其下调10%时建仓，上升10%时就出局。这样，风险就会小一些。当然，有时候，个别股票会连续下调30%～40%，甚至更多。但这毕竟是个别现象，属"矣诏股"。小本经营，还是避免接触这类股票为妙。

"月光"一族的理财计划

"月光族"薪水节流八大妙招：

1. 计划经济

对每月的薪水应该好好计划，哪些地方需要支出，哪些地方需要节省，每月做到把工资的1/3或1/4固定纳入个人储蓄计划，最好办理零存整取。储额虽占工资的小部分，但从长远来算，一年下来就有不小的一笔资金。储金不但可以用来添置一些大件物品如电脑等，也可作为个人"充电"学习及旅游等支出。另外每月可给自己做一份"个人财务明细表"，对于大额支出，超支的部分看看是否合理，如不合理，在下月的支出中可作调整。

2. 尝试投资

在消费的同时，也要形成良好的投资意识，因为投资才是增值的最佳途径。不妨根据个人的特点和具体情况做出相应的投资计划，如股票、基金、收藏等。这样的资金"分流"可以帮助你克制大手大脚的消费习惯。当然要提醒的是，不妨在开始经验不足时进行小额投资，以降低投资风险。

3. 择友而交

你的交际圈在很大程度上影响着你的消费。多交些平时不乱花钱，有良好消费习惯的朋友，不要只交那些以消费为时尚，以追逐名牌为面子的朋友。不顾自己的实际消费能力而盲目攀比只会导致"财政赤字"，应根据自己的收入和实际需要进行合理消费。

同朋友交往时，不要为面子在朋友中一味树立"大方"的形象，如在请客吃饭、娱乐活动中争着买单，这样往往会使自己陷入窘迫之中。最好的方式还是大家轮流坐庄，或者实行"AA"制。

4. 自我克制

年轻人大都喜欢逛街购物，往往一逛街便很难控制自己的消费欲望。因此在逛街前要先想好这次主要购买什么和大概的花费，现金不要多带，也不要随意用卡消费。做到心中有数，不要盲目购物，买些不实用或暂时用不上的东西，造成闲置。

5. 提高购物艺术

购物时，要学会讨价还价，货比三家，做到尽量以最低的价格买到所需物品。这并非"小气"，而是一种成熟的消费经验。商家换季打折时是不错的购物良机，但要注意一点，应选购些大方、易搭配的服装，千万别造成闲置。

6. 少参与抽奖活动

有奖促销、彩票、抽奖等活动容易刺激人的侥幸心理，使人产生"赌博"心态，从而难以控制自己的花钱欲望。

7. 务实恋爱

在青春期中，恋爱是很大的一笔开支。处于热恋中的男女总想以鲜花、礼物或出入酒店、咖啡厅等场所来进一步稳固情感，尤其是男性，在女友面前特别在意"面子"，即使囊中羞涩也不惜"打肿脸充胖子"。但不要认为钱花得越多越能代表对恋人的感情，把恋情建立在金钱基础上，长远下去会令自己经济紧张，同时也会令对方无形中感到压力，影响对爱情的判断。倘若一旦分手，即便没产生经济方面的纠葛，也会使"投资"多的一方蒙受较大经济损失。送恋人的礼物不求名贵，应考虑对方的喜好、需要与自己的经济承受能力相称。

8. 不贪玩乐

年轻的朋友大都爱玩，爱交际，适当地玩和交际是必要的，但一定要有度，工作之余不要在麻将桌上、电影院、歌舞厅里虚度时光。玩乐不但丧志，而且易耗金钱。应该培养和发掘自己多方面的特长、情趣，努力创业，在消费的同时更多地积累赚钱的能力与资本。

适合上班人的理财法则

一个平凡的上班族，若想在有限的收入中存下更多的钱，就必须培养正确而良好的消费行为，仔细地规划每个月的收入与支出，否则，赚再多的钱恐怕也不够用。

以下是提供给现代上班族家庭的理财法则，不妨一试：

1. 准备3~6个月的急用金

就一般理财规划来说，最好以相当于一个月生活所需费用的3~6倍金额，作为失业、事故等意外或突发状况的应急资金。

2. 减少负债，提升净值

小两口的家庭财务应变的实力尤其重要，也就是净值（等于资产减负债）必须进一步提升。而提升净值最直接的方法就是减少负债，国内负债形态包括房屋贷款、汽车贷款、信用卡与消费性贷款等。基本上，个人或家庭可承担的负债水准，应该是先扣除每月固定支出及储蓄所需后，剩下的可支配所得部分。至于偿债的原则，则应优先偿还利息较高的贷款。

3. 把钱花得更聪明

如果"开源"的工作有困难，那么应有计划的消费、从"节流"做起。选对时节购物、货比三家不吃亏、克制购物欲望，以及避免滥刷信用卡、举债度日等，都是可以掌握的原则。在方法上可针对每月、每季、每年可能的花费编列预算，据此再决定收入分配在各项支出的比例，避免将手边现金漫无目的地消费。最好养成记账的习惯，定期检查自己的收支情况，并适时调整。

4. 养成强迫储蓄的习惯

"万丈高楼平地起"，所有人理财的第一步就是储蓄，要先存下一笔钱，作为投资的本钱，接下来才谈加速资产累积。若想要强迫自己储蓄，最好是一领到薪水，就先抽出20%存起来。无论是选择保守的零存整付银行定存，或是积极的定期定额共同基金，长期下来，都可以发挥积少成多的复利效果。

5. 加强保值性投资

股、汇市表现不佳，银行定存利率也频频往下调降，现阶段理财除谨守只用闲钱投资的原则以外，资产保值相当重要，可透过增加固定收益工具如银行定存、债券和债券基金的投资比重来达到目的。其中，债券基金因为具有投资金额较低、专业经理人管理操作及节税等好处，较于直接从事债券投资，门槛降低许多，加上目前实质收益率也可维持在银行定存之上，所以成为目前最热门的投资工具之一。不过由于国内外债券基金种类繁多，应先了解其投资范围、特性与适合的用途，配合自己的期望报酬与承担风险来选择。至于银行定存，在利率持续调降的趋势下，最好选择固定利率进行存款。

另外还有一种工薪理财法可以学习。看看自己更适合哪一个。

工薪理财法是一种有机组合投资，将个人余钱的35%存于银行，30%买国债，20%投资基金，5%买保险，还有10%用于艺术品及邮票、钱币等其他方面的投资。

其一，35%存于银行。虽然央行一再降低存款利率，但作为一种保本的保值手段，储蓄仍是普通百姓的首选目标。储蓄有不同的种类，我们可以按照不同的比例进行储蓄的分配。50%存一年期，35%存三年期，15%存活期，这样储蓄就可以实现滚动发展，既灵活方便，又便于随时调整最佳投资方向。

其二，30%买国债。投资国债，不仅利率高于同期储蓄，而且还有提前支取按实际持有天数的利率计息的好处。

其三，20%投资基金。1997年底，国家已正式出台了《证券投资基金管理暂行办法》，这标志着投资基金这一世界性的投资工具将在我国进入一个迅速发展的新时期。它具有专家理财、组合投资、风险分散、回报丰厚等优点，一般年收益可在20%左右。

其四，5%购买保险。保险的基本职能是分担风险、补偿风险，在目前银行利率较低的情况下，购买保险更有防范风险和投资增值的双重意义。如今在京城，花钱买平安、买保障已成为一种时尚。购买保险也是一种对"风险"的投资。比如养老性质的保险，不仅对人生意外有保障作用，而且也是长期投资增值的过程，可以买一些，5%足矣。

最后，10%投资于艺术品及邮票、钱币等其他方面。艺术品投资属安全性投资，风险最小，而且由于艺术品有极强的升值功能，所以长期投入，回报率极高。但千万注意要懂行，否则买了赝品悔之晚矣。至于其他投资，一是收藏类，主要包括邮票、磁卡、钱币等，这不仅有投资性质，还融入了个人的兴趣和爱好，做好了可谓是一举两得的事。

白领的理财规划

陈伟今年33岁，供职于一家寿险公司任营销部经理。妻子32岁，银行职员。他们有一女儿，3岁。一家人家庭年收入12万元左右，家庭金融资产50多万元。对于如何理财，陈伟颇为感慨。陈伟很惋惜错过了一些积累财富的良机，没有攒下多少财产。好在人过30岁了，有了投资理财的紧迫感，开始注重管理和经营财富。

在经过了一番理财知识"充电"后，陈伟制订出一个颇为得意的理财计划。

1. 合理消费

对于我们大多数人来说，30岁之前，也没想攒钱，反而是怕没那么多钱花。人过30岁，娶了老婆，生了孩子，既是丈夫，又是父亲，还有双方父母，情况就大不一样了。自己不仅需要钱，而且需要有一个稳定的收入来源，这是责任。人过三十，虽然工作和收入渐趋稳定，积累明显增加，但花销却也多集中在一些较为昂贵的购房、家庭装修等项目上，这时你不算计都不行。

几年前，陈伟和其他白领们一样，认为钱来得快，花得也痛快。所以总是去追求洒脱的生活，在消费上讲求品位、追求名牌，经常光顾大商场、西式快餐店、品牌专卖店，同时也注重精神消费，书店、音像店也是最喜欢去的地方。然而高消费带来的结果却是自己可支配的资产相对缩小，很长一段时间自己就是"新贫族"一员。

现在，陈伟认识到自己的行为和观念非常不可取。所以他开始注重合理科学消费。为了实现"零存整取"式的积累，陈伟很快接受了消费信贷，这样强迫自己按期还款付息，腾出了许多闲钱来用于投资。

2000年陈伟以按揭的方式购买了一套价值28万元的商品房，除交付首期8万元外，以后20年内每月还款1275元。这使他一下子有了"豪宅"。

2. 勇于投资

有句话叫"吃不穷，穿不穷，算计不到才受穷"。"你不理财、财不理你"，只有善于投资才能扩大家庭资金入口，保证生活支出。陈伟认为，由于自己受时间、精力、专业、兴趣、信息等因素的限制，如果轻易涉足风险投资领域，无疑加大自身理财机会成本。所以十分需要专业人士来辅助个人理财。

陈伟总结出一套自己的投资理论，投资回报是一个非常明晰的概念。如果你把现金存入银行账户，你能够得到的回报只是按照一定利率计算的利息；如果你投资房地产，你得到的回报可能稍高一点，但你有可能在售出时亏本；如果你投资股票，你期望得到的回报会更高，可它的风险更大。作为个人理财，有效管理投资回报的方法是采取组合方式：把一部分资金放在回报率低、安全性高的投资目标，把一部分放在回报率高、安全性低的投资目标。

目前，各银行都推出了理财服务，有些还是针对白领的，这为个人投资提供了很好的条件。在接触了一些理财师后，陈伟选择一家自己非常信任的银行理财中心，把自己的资产、收入及生活状况，风险承担能力、投资偏好、未来的人生目标告诉理财经理，通过"一对一"的客户经理，获得"量身定做"的理财建议。经过几次修改，他已按照规划的投资比例组合严谨地进行投资。

3. 为老有所养做准备

对于保险，陈伟也计划的很充分。

首先，陈伟购买了投资型保险。除了购买医疗、意外伤害类保险外，陈伟着重加大了投资连接险的投资。2000年，夫妻二人各自购买了人寿保险的"99鸿福"险10份，每三年就有2万元的收益，平均每年6666元，每月平均555元，而且人身保障还在增长。

同时陈伟还购买了10年期储蓄分红险种40份，共缴费4万元，10年后可领取45760元，外加若干红利。

三是用积累追加投资。为实现20年后养老目标。陈伟目前投入本金

10万元，他计划以后每年再从结余中拿出2万元追加投资，按每年5%收益率，退休时的本利总额将达到100万元，加上其他投资和保险收益，夫妻二人完全可以实现预期的养老目的。

上述方案是陈伟根据他们夫妻当前的收支状况设计的，如果考虑其收入增长等因素，即使其他条件有变化，他也完全可以通过改变投资来实现既定理财目标。这套方案得到了朋友们的一致称赞。

根据国内外权威机构的普通预测，我国未来二三十年的时间里，经济有望维持7%～8%的增长速度，对于白领来说，通过合理规划、组合投资，完全有把握通过分享国民经济的增长来实现较高的投资收益。

月收入过万者的经济规划

素素今年27岁，卫校毕业后她一直在一家大医院做护士。在好友的动员下，去年她辞去了这份固定工作，专门做起了某知名日化品牌的直销业务。由于她善于交际，并具有一定的客产资源，她的业务越做越好，每月提成收入也从2000元、5000元、8000元，一直到目前的万元以上。她的丈夫朱先生是政府机关的公务员，在她的鼓动下，也被"拉下了水"做了直销业务。现在，朱先生的月收入达到了5000多元。

目前，两人的家庭收入为1.5万元，除了日常开销、按月偿还银行住房贷款以外（尚欠银行贷款本息合计为4万元），每月还有1万元的结余。不过，由于夫妻两人均不善理财，面对不断增加的收入，他们还是只认银行储蓄一条路，渠道单一，收益低下。

于是，夫妻二人来到一家银行进行了一番咨询。

银行的理财师首先给他们分析道：目前素素一家把精力都放在赚钱上，对收入的打理缺乏长远的规划，比如，其收入较高，却没有考虑减少家庭债务；习惯有钱存银行，没有积极涉足其他收益高、保障能力强的投资渠道。总之，他们需要一条非常清晰、容易操作的理财思路。

然后，这位理财师给出了具体的理财建议：

建议素素做好后续收入的打理。为实现家庭积蓄的稳妥增值，以应付将来生儿育女，以及换房、扩大经营等开支，根据素素的实际情况，他设计了一套完整的理财方案：

1. 可以考虑提前偿还住房贷款

按目前素素的收入，积攒4万元可谓轻而易举，所以积蓄达到4万元后，可以考虑提前偿还住房贷款。因为目前一年期存款税后利率仅为1.58%，而银行贷款的年利率却高达5%以上。有理财专家说，最好的存款方式就是还贷款，所以，提前还贷是素素减少家庭支出、优化资产结构的有效措施。

2. 建议购买私家车

从事销售工作，主要工作是跑市场，访客户，时间就是金钱，如果拥有一辆属于自己的私家车，不但可以提高工作效率，还可以体现身份和经济实力，进而增强经济往来中的信用指数。根据素素夫妇的收入状况，建议在一年内购买10万元左右的经济型轿车，比如富康、飞度、赛欧、凯悦等等。

3. 20%的后续收入进行储蓄

还清住房贷款和购买私家车以后，素素就可以一心一意打理后续收入了。大家都说现在储蓄利率低，负利率情况下存钱会"亏本"，但再"亏本"也不能全面放弃储蓄，因为储蓄是中国人的传统，也是最稳妥的投资渠道之一。另外，储蓄的变现能力最强，可以作为经营的准备金。所以，将20%的后续收入存成储蓄，不但是家庭稳健理财的需要，也是素素打理生意的需要。

4. 30%的后续收入购买国债

国债是以国家信誉做担保的金边债券，具有收益稳妥、利率高于储蓄、免征利息税等优势，素素可以用后续收入购买适量的凭证式国债。根据当前加息压力增大的实际情况，建议购买短期的一年期国债。这样如果遇到加息，素素既可确保加息之前最大限度的享受较高利率，又可以在国债到期后，及时转入收益更高的储蓄或其他国债品种。

5. 30%的后续收入用于购买开放式基金

开放式基金可以说是一种介于炒股和储蓄之间的投资方式，适合素素追求稳健又考虑收益的投资需求。根据当前股市相对低迷的实际情况，素素可以选择一家运作稳健、回报率高的基金公司，购买他们发行的新基金，因为新基金成立后正赶上"炒底"，所以其赢利能力也就相对较高。

6. 15%的后续收入进行股票投资

中国股市的中长期前景是非常乐观的。因为素素从事直销工作，时间相对自由，可以用15%的后续收入购买一些能源、通信等潜力股票，这样可以在做业务时顺便了解股票市场行情，或在家里通过网络看看大盘，适时调整持股结构，进行中长期投资。

7. 5%的后续收入购买保险

从事直销工作，养老保障一般是靠自己多挣钱、用积蓄来应付生老病死。但在医疗开支不断涨价的今天和未来，万一遇到意外伤害或重大疾病，自己的积蓄有可能是杯水车薪，难以应付。所以，建议素素和先生用自己5%的后续收入购买适量的主险和附加险，以对两人的重大疾病、人身意外伤害提供有力保障。同时，还可以购买集保障、储蓄、投资三种功能于一身的分红保险或分红型养老保险。

这位理财师的规划建议，对你也是否有所启示呢？

分散投资能有效地规避风险，对于投资人来说能平衡收入，更好的规避风险。

成为百万富翁的战略

你的财富梦是什么？大多数年轻人的目标是100万元，而且是愈早实现愈好。但是根据网络调查显示，有七成人认为，30岁时至少应该先拥有10万元存款，但却只有一成七的人能够办到。这就表示有相当多的年轻人，连10万元的目标都还没能达成，百万财富更是一个遥远的梦想。

我们有没有机会靠着自己的努力，提早赚到百万财富？答案当然是"有"，这里有短、中、长期三套战略，供你参考。

1. 两年战略：高杠杆工具才能小兵立大功

如果想两年就赚到百万财富，最可能实现梦想的途径就是利用高杠杆投资工具。虽然风险超高，但是报酬也高，想要以小搏大、倍数获利，就要正确运用这种工具。只要你对趋势敏感，行情不论走多或是走空，都有获利机会。

高杠杆投资凭借的不是运气，而是精准判断盘势，冷静面对大盘起落，情绪绝不随着输赢起舞。但所谓"高收益高风险"，想要两年就得到暴利，等于是走着钢索赚钱。选择这条战略要注意，我们要先模拟练功并严格控制投资金额，是激进主义者最重要的自保之道。

2. 五年战略：做老板、当 top sales

如果自认为用期指或是选择权赚大钱，心脏不够强、武艺不够高的话，年限不妨放宽一点，定五年战略，也就是努力创业当老板、甚至是加盟总部的老板、或是努力成为业务高手。

什么样的创业能够五年就净赚 100 万元，当然是要能引领潮流或是抓住特殊机遇的创业。

程度更高段的赚钱方法则是当一群老板的老板，也就是成立加盟连锁总部，只要能够研发出独特口味、独特经营模式，而且能够复制标准化程序，稳定收取加盟店上缴的权利金。

当然创业的成本高，学问也很大。如果不愿意当老板，只想继续当伙计赚大钱，不妨选择产品单价高、抽佣也高、制度完善的业务体系，只要用对方法，就可以成为高手。

3. 10 年战略：运用多种工具保守理财

如果自认投资手段不佳，也不适合创业当老板，或是不擅与人打交道，无法成为业务高手的话，那么就回归正统的理财管道，将累积财富的时间拉长至 10 年，积极开源、努力储蓄，透过定期储蓄，或是投资定存概念股，每年赚取股利，或是把钱交给专家理财，透过定期定额基金投资，逐步累积资产。

更传统的方式是投资房地产，虽然国内房地产价格还有向下修正的空间，但只要选对地段，还是可以找到极具增值潜力的房子，不管是自住或投资，都是一种稳健的资产累积方式。

看看自己是属于急功近利型的兔子？还是稳扎稳打型的乌龟？其实都有适合自己的致富计划，但是要再次提醒大家的是，不管选择哪一种计划，想要提前致富，一定要做足功课，懂得深入领受实践，百万财富将不是遥远梦想。

挣足1000万的理财方略

10年挣足1000万身家？这对于理财高手来说，只要做好规划，就不是梦想。32岁的张先生有一个幸福的家庭，自己办一家小型进出口贸易公司，太太在一家合资企业做高级职员，儿子刚刚学会走路，孩子的外公外婆都还健在，一家人生活得其乐融融。

张先生的公司虽然小，但一年大概能有20万~40万元的收入，因为是做外贸，所以不是特别稳定。太太每个月收入6000元，年终还有2万元奖金。

张先生是专一的生意人，除了做贸易对其他业务似乎都不怎么感兴趣，所以家里积累的闲钱也不少。前几年银行利率高时都是放在银行里长期吃利息。但现在银行利率实在太低了，于是张先生就不知道该拿出这些钱做点什么事了。

本来太太的父亲做过几年股票投资，收益也还不错，但退休后他也就没再做了。张先生自己也想过买基金，经银行的朋友介绍已买了两只开放式基金，一共5万元。但父亲认为证券市场还是别去碰了，所以也就没再买。国债到目前为止还没买过。房子买来都是自己用的，没做过投资。

张先生家庭资产的另一大特征就是外币尤其是美元的比例较高，因为生意上的往来，经常会收到外汇。但直到今年3月份，才拿出2万美元做了一个中国银行的个人外汇宝。

所以，如何处置家庭的人民币存款和比例不低的外汇资产，一直困扰着张先生。

张先生的目标是10年后可以挣够1000万元的身价富足退休，但朋友们似乎有些不以为然，觉得那"1"后面跟着的7个"0"太遥远。幸福的家庭生活和富足的老年生活保障是每个人都梦寐以求的，但不知张先生这个长远目标如何实现呢？

专家首先给出的建议是：合理配置家庭投资。

张先生的投资计划的制定，应着眼长期投资的策略。因此，应随着整个经济市场的发展变化而随时调整家庭投资的方案和各投资品种间的比例。

1. 适量贷款投资商铺

随着经济的发展，商铺市场的投资已被愈来愈多的投资者所重视。商铺是固定资产，投资风险小且收益可观。投资商铺的目的一般是用于出租或待其升值出售。由于商铺投资的资金量大，建议张先生可适量贷款投资，避免将现有资金全部投入，降低单一投资风险。

2. 用一成资金做股票

从长期来看，股票是平均收益率最高的一种投资，但也是风险最大的一种投资。张先生要选择股票进行投资最好具备下列条件：用不影响生活的10%余钱进行投资，对证券市场有比较深的了解，有比较充裕的业余时间对证券市场进行分析。

3. 适量介入基金

基金是收益和风险比较均衡的一种金融理财工具，适合有资金且敢于承受一些风险，但又没有空余时间进行分析或者没有证券投资经验的投资者。由于基金的收益和风险比较均衡，因此成为个人投资者的首选工具，从最近几年来看，基金已经成为个人投资者最重要的投资工具，建议张先生可适量介入。

4. 增加保险额度

保险产品的功能主要是为投保者提供保障，鉴于张先生家庭状况，应再增加一定额度的健康保险，尤其是投保意外险和医疗险种的额度应多一些。至于投资和保险相结合的险种（如分红险等），不是张先生家庭的理想选择。

对于如何扩大自己的财产规模，亚洲首富李嘉诚有一番独到的心得。李嘉诚说，理财，要的是耐心。如果一个人从现在开始，每年存1.4万元，如果他每年所存下的钱都能投资到股票或房地产，因而获得每年平均20%的投资回报率，40年后财富会成长为1亿零281万元。理财必须花费长久的时间，短时间是看不出效果的，一个人想要利用理财而快速致富，可以说是一点指望也没有。

但李嘉诚也坦言，赚第二个1000万要比第一个100万简单容易得多。

理财者必须了解理财活动是"马拉松竞赛"，而非"百米冲刺"，比的是耐力而不是爆发力。要想投资理财致富，必须经过一段非常漫长时期的等待，才可以看出结果。要想让自己以后的生活有一定的保障，我们应该尽早规划自己的财富。

新婚夫妇的理财规划

新婚夫妇在婚后要合理分配自己的财产，合理投资，给自己以后的生活有一个好的开端。在理财过程中夫妻双方要多交流，勤沟通，找到夫妻双方都能认可的理财方法。

晶晶准备跨出人生重要一步，结婚。然而，二人世界和单身贵族的生活是完全不同的，婚后该怎么处理有关财务的种种问题呢？

晶晶是位标准的办公室白领，在一家外贸公司做行政助理，收入还算不错，大概每月6000元左右。晶晶的男朋友大华也在同一家公司工作，任职部门经理，月薪大概万元左右。晶晶花钱比较注意节省，目前有10万左右的存款；而男朋友虽然收入要多一些，但从不算计，所以目前只有一辆车，存款不到5万。两人都没有买房子，准备婚后再买。

两人相恋5年，准备在今年结婚。一方面，两人都当了长时间的"单身贵族"，对婚后生活或多或少都感到有些心里没底；另一方面，两人都没什么理财经验。那么，婚后晶晶该如何打理小家庭的财产，怎样根据双方经济收入的实际情况，建立起合理的家庭理财制度呢？

精于理财的老爸为她们提供了几招，以供借鉴。

1. 婚前个人财产公证

这种方式在西方早已盛行，在我国，随着市场经济的深入，正逐步被一些人接受。实行婚前个人财产公证者，通常有固定的职业和稳定的收入，操作办法是先建立个人收支账目表，对个人拥有的金银首饰、房产、字画、古玩、债券、股票等较大的自有财产进行登记，记录购买时的价格。到结婚时，把这些个人财产进行公证，同时约定，婚后谁出钱购买（带有固定资产性质）的财物归谁。有人指责婚前财产公证"冷酷"，实际上，现代社会崇尚法制化、规范化，作为具有独立意识的现代人，此举很可能是相互尊重、予人予己两方便的好办法。

2. 量入为出，掌握资金状况

作为家庭主妇的晶晶首先应建立理财档案，对一个月的家庭收入和支出情况进行记录，然后对开销情况进行分析，哪些是必不可少的开支，哪些是可有可无的开支，哪些是不该有的开支，特别要注意减少盲目购物、下馆子等消费。另外，晶晶也可以用两人的工资存折开通网上银行，随时查询余额，对家庭资金了如指掌，并根据存折余额随时调整自己的消费行为。

3. 强制储蓄，逐渐积累

老爸建议晶晶先到银行开立一个零存整取账户，每月发了工资，首先要考虑去银行存钱；如果存储金额较大，也可以每月存入一张一年期的定期存单，这样既便于资金的使用，又能确保相对较好的利息收益。另外，现在许多银行开办了"一本通"业务，可以授权给银行，只要工资存折的金额达到一定数额，银行便可自动将一定数额转为定期存款，这种"强制储蓄"的办法，可以使晶晶及大华改掉乱花钱的不良习惯，从而不断积累个人资产。

4. 尽快买房，主动投资

老爸计划到，经过一段时间的储蓄，他们夫妻应该可以达到购房的首付目标，这时就应尽快办理按揭购房。作为一个白领，居者有其屋是一个起码的生活标准。同时，近年来房产呈现了稳定增值的趋势，他们夫妻俩可以买一套30万元以上的商品房，这样每月发了薪水首先要偿还贷款本息，减少了可支配资金，从源头上遏制了过度消费，同时还能享受房产升值带来的收益，可谓一举三得。

5. 建立投资资金

为保证家庭应急和发展所需，家庭财力往往需要滚动增值。老爸又建议，结婚后，夫妻二人可共同出资建立一笔投资基金，然后由一方掌管，进行债券、基金、股票、储蓄组合投资，期间，最好把稳健投资和风险投资相结合、长线投资与短线投资相结合，收益目标可定在10%～20%左右。为使投资基金运作透明化、合理化、直观化，不妨在季度、年度编制投资收益一览表，列明债券投资多少、收益多少；股票投资多少、收益多少；依此做类推，以便让双方心中有数。随时纠正投资中的失误，计算已取得的收益，规划以后的投资目标。

6. 开立三个账户

美国的家庭，理财时都遵守这样一个原则：夫妻两人各立账户，泾渭分明，互不牵扯，同时，家中的一切生活开支由双方等量负担。既体现了夫妻对家庭的共同责任，又不失去个人的经济独立和人格独立。根据中国人的传统心理和理财方面的实际问题，老爸建议他们不妨借鉴一下美国人的做法：在一个家庭开三个账户，即夫妻双方在每月领到薪水后，自觉把等量或按比例的款项存入共同的账户，供家庭生活日常开支用，剩下的各自存入自己户头。如此做，既顾家庭，又使个人手头活络。有些夫妻不愿开立众多账户，虽然集中有集中的好处，但原则上，还是应保留一定的"私房钱"。现代生活，有些事情必不可少，如朋友聚会、修车、买书等，事事"伸手"，项项要"讨"，无论夫妻哪一方，长久下去都会觉得不便。在固定的薪水用于家庭开支后，一些奖金、稿费等干脆让其自己支配。

经过老爸的一番指点，晶晶茅塞顿开，做了一顿香喷喷的饭菜，把老爸好好地酬谢了一顿。

丁克家庭的理财规划

越来越多的中国女性开始拒绝生育，于是不要小孩的丁克家庭数量日渐庞大。据统计，中国大中型城市已出现60万个"丁克家庭"。"养儿防老"的传统观念的突破，使得提前储备养老金、在收入高峰期为自己制定一份充足完善的养老规划，对于丁克家庭来说显得尤为重要。

今年36岁的成先生和33岁的妻子就是典型的"丁克家庭"。成先生是南京一家外贸公司的部门主管，妻子在一公司从事营销工作。结婚已有9年还没要小孩。

成先生家庭处于家庭形成期至成熟期阶段，家庭收入不断增加且生活稳定。该家庭年收入11.7万元。其家庭的收入中，主动性（工资收入）为9.6万元，占家庭总收入的80%以上。其中房产和金融资产各占一半，该比例是合理的。其债务占家庭总资产的比例不到7%，债务支出占家庭稳定收入的17%左右，完全处于安全线内。鉴于年老后除了日常生活开销，医疗费用的支出将占较大的比例。成先生一直在盘算着如何通过保险保障来抵御未来疾病的风险，希望专家能推荐一些养老和重疾保险方面的品种供他们选择。

遵照这样的常规，银行的理财专家为一对没有生育计划的白领夫妇制订了这样的理财计划——

1. 家庭资产配置建议

一个家庭的应急准备金不低于可投资资产的10%。成先生只要留1万元银行存款即可，因为5万元的货币基金也属于应急准备金。20万元股票资金可以不动，不过，切忌盲目追涨，多关注理想的蓝筹股。5万元的货币基金、2万元的博时基金和1万元招商先锋基金可继续持有。其余的资金应当及时转为投资基金，如债券型基金、股票型基金。购买基金可以采取"定期定额"的方式投资。同债券基金的"看似安全，实则危险"相比，系统化投资于股票基金可以说是"看似危险，实则安全"的。但基金一定要长期持有，如果投资一二十年，投资报酬率远远比储蓄险赚钱快，也有助于更快达到理财目标，同时也为成先生夫妇养老作打算。

外汇投资，是一种全球通用的投资技能，一般晚上的行情波动比白天更剧烈。成先生夫妇工作比较忙，把2万美元的"外汇宝"，购买各大银行推出的短期限、高回报率的外汇理财产品，从目前理财市场品种来看，保本型投资风险低，但收益相对属于偏高，具有投资性。

2. 家庭保险保障建议

虽然成先生和妻子分别拥有了10万元和5万元的意外保险，保险意识有了。但工作压力太大，漫长岁月中，无法保证身体永无大恙，将来又要面对昂贵的医疗费用支出、养老等计划还是不够的。尤其对于丁克家庭，提前储备养老金显得尤为重要。在夫妻两人收入高峰期就制定一份充足完善的养老规划，是使丁克家族快乐地度过晚年生活不可缺少的前提。

专家建议，鉴于家庭的整体收入水平，成先生每年将家庭15%左右的收入给两人各投保一份重大疾病保险、年金型年金保险和两全保险，同时附加一些含有医疗赔偿的相关险种，这样可以确保晚年老有所养。（正常保费支出＝年收入的15%～20%）

1. 健康险

面对突发意外事件意外保险具有了基本的抗风险能力，而健康保险却能抵御疾病侵袭。

作为一家公司部门主管的成先生，买一份重大疾病保险很重要，该险种保额为10万元。因为，这种重疾保险诊断后即可获得一笔保险金，以保证渡过生命难关。能让家庭在面对巨额治疗费时，不必手足无措地抛出股票和基金，最大限度地保存收益。中国人寿的"国寿康恒重大疾病保险"的健康保险，该险种能提供包括29种疾病的特别保障，是可保重大疾病种类、数量最多最齐全的产品。

而成太太则需要购买女性疾病保险,以方便给予特别关护,如太平人寿推出的太平怡康女性长期健康保险涵盖了25种重大疾病保障及终末期疾病保障。这个保险产品首次将"经输血导致的人类免疫缺陷病毒感染(HIV或AIDS)"列入保障范围,还有额外的特种疾病津贴,为常见的心血管手术提供保险金。除此之外,成太太还需要购买一些传统的每日住院补贴和医疗费用的补偿性保险,因为这种津贴既可以弥补部分误工的损失,也可购买营养品,以便尽快地恢复健康。满足上述保障,成先生和妻子每年在健康方面的保费支出约为2000元。

2. 养老险

最好由两份年金保险和两份分红两全保险组成。

如太平人寿的福满堂养老年金保险,是一种集合养老保险和投资分红的"双全"保险,除获得每年固定的年金之外,养老金保证领取终生,还可获得红利。可根据自身具体情况,选择年领、月领,或延迟领取,灵活安排退休计划,可根据自身需要选择领取。

成先生夫妇可以双双购买投保15年的年金保险,选择与分红型产品组合,每年总共交1万元。这样夫妻两人预计从60~64周岁开始每年领取养老金3756元,65~100周岁每年领取7524元;60周岁时候领取2847元的红利,65周岁时候领取26248元的红利;若生存至100周岁,获得1504.8元的祝寿金,合同即告终止。

两份分红两全保险,成先生选择20年的交费期满后,即每3年可领取一次9000元生存保险金,生存时期越长,领取总额越多,直至身故还可领取10万元身故金。如平安人寿的永利两全保险还附送7级34项意外残疾保障。成太太即购买一份4万元分红两全保险,在10年满期时可一并领取保额和红利,随心安排退休后的生活,充分满足自身养老需求。虽然分红具有不确定性,但是长期来看,其复利累积额还是不少。

除此之外,对于日常发生的意外医疗,则可以选择中国人寿经济实惠的吉祥卡和全家福卡等卡式保险。上述这样的养老规划,每年两人共需保费约2万元,为丁克家庭提供了全面有利的未来保障。完善风险保障,尽享幸福生活。有了这些安排,夫妇俩的晚年生活才有充分保障。

"421"家庭积极理财养老扶幼

赵先生和赵太太在两年前就步入红地毯,过着甜蜜的二人世界生活,仿佛自己是世界上最幸福的人,整天无忧无虑。虽然有银行住房贷款50万,但是对于这对新人来说,没有别的大开支,支付房屋的月供不成问题。可是今年赵太太怀孕并生下了孩子甜甜之后,孩子的开销比预想要大,这对新人就开始发愁了。

另外一个让赵先生头疼的事是赵先生的父亲由于年老,身体不比当年,今年住院就花了近6万元,尽管有医疗保险可以负担一部分,但是自己还是得承担部分费用。

赵先生和赵太太均为独生子女,他们家属于典型的"421"家庭。赵先生今年28岁,在一家IT企业工作,月工资为税后8000元左右。赵太太今年25岁,为一家商业银行的职员,税后月收入6000元。

2004年7月他们结婚时贷款在北京市内购买了一套当时价格为100万元的住宅。

为了尽量节省利息,双方父母都倾囊而出,首付了50万元,其余50万元就只能通过银行贷款。赵先生和太太都有住房公积金,两人每月分别缴纳1500元和1200元,住房公积金账户上的余额分别为5.5万元和3万元。赵先生利用公积金申请贷款,10年等额本息还款,贷款利率是4.41%,每月还贷5160元。

夫妻二人由于工作的时间不长,加上结婚、买房和新房装修的大额支出,家里的积蓄非常少,只有近5万元银行活期存款。另外赵先生见老同学炒股票都赚了不少钱,于是也在股票市场上投入了5万元,结果到现在还被套着。

赵先生和赵太太的公司都给上了五险一金,但两人及父母子女均未投保任何商业保险。平时赵先生喜欢打网球，每个月与朋友往来约需支出500元；赵太太每月美容健身费用为500元；而全家三口的日常开支杂费也较大，平均每个月家庭杂费（含每月的电费、电话费、物业费、上网费等）需1000元，生活食品饮料杂费约1000元，外出就餐约1000元，每年全家服装休闲等开支约5000元。家庭交通费每年大约1万元。此外，由于夫妇俩的父母均不在北京，因此每年要给双方父母赡养费共1万元。小甜甜一年的开支大概在1万元左右。

1. "421"家庭更需要理财

赵先生家庭属于中等收入家庭，两人讲究生活质量，花销比较大，年节余比率为11%，家庭积累财富的速度不快。投资与净资产的比率偏低，负债比率和流动性比率都还比较适当。但随着赵先生夫妇父母的年龄增加和女儿甜甜长大，家庭负担将会逐渐增加。而女儿甜甜刚出生不久，不管将来发生什么事情，赵先生和太太都希望甜甜能有足够的生活费和学习费用。此外，赵先生还是个超级车迷，希望能够在近几年内购置一辆价格15万左右的小轿车。

对"421"年轻家庭来说，面临如此的财务压力，可不是一件好事。一向不太在乎平时花销的赵先生和赵太太必须现实起来，尽量在不降低生活品质的前提下节省开支。

现在赵先生和赵太太已经感觉到收入不够，但是面对日益激烈的竞争，在目前的职位上要想提高工资收入非常困难，在这种情况下，他们应该通过理财开辟其他渠道增加家庭的收入，并对现金等流动资产进行有效管理。

2. **现金规划——公积金账户余额还下一年房贷**

赵先生和赵太太的收入都比较稳定，身边的现金留够一个月开支就行，另外留两个月的开支备用，可以以货币型基金的形式存在。

考虑到赵先生和赵太太一直都在交纳住房公积金，目前住房公积金账户余额为8.5万元，因此赵先生应将此款提取出来，其中6.192万元用于归还下年的住房贷款，剩下部分用于投资。因为赵先生申请的是住房公积金贷款，其贷款利率相对较低，没有必要提前还贷，以后每年年底时赵先生和赵太太的住房公积金账户都有余额 3.24 万元，因此每年都可以节省还贷支出 3.24 万元。

3. 消费规划——买车计划建议推迟两年

目前家庭每月的生活食品饮料杂费约 1000 元，外出就餐约 1000 元，这两项开支完全可以压缩 1000 元，这样每年可以节省 1.2 万元。

夫妇俩的买车计划，建议推迟两年执行，因为通过住房公积金归还贷款将使家庭的还贷支出减少 14.98 万元，节省的这笔钱经过两年的稳健投资，再加上目前的股票资产在两年后的增值，赵先生就可以轻松买上自己喜欢的车了。

4. 保险规划——家庭不同成员保障需求各异

赵先生家庭保障明显不足，这意味着家庭抗意外风险的能力很弱，一旦出现意外开支，将使整个家庭陷入财务危机，甚至危及孩子的成长经费。

因此有必要给夫妇俩及孩子补充购买一些商业保险，主要是寿险、重大疾病险和意外险。

特别是赵先生在 IT 领域从业，工作较忙容易造成身体透支，而他又是家庭的经济支柱，因此重疾险和寿险对赵先生来说显得尤其重要，建议购买保额 10 万元寿险和保额 10 万元的重疾险。

甜甜年龄还小，暂时还没必要投保意外险，主要购买健康险。而赵先生的父母身体不是很好，单位退休福利也不是很好，可以给其父母购买一些医疗保险，赵太太的父母福利较好，应重点考虑意外险和重疾险。

建议赵先生家庭保费每年支出约为 1.7 万左右，今年的保费由现有的活期存款支付。

5. 子女教育规划——每月定投 500 元成长型基金

建议每月定投 500 元于一只成长型基金上，为甜甜以后的学费作积累。假设成长型基金在未来 15 年内的平均收益为 8%，积少成多，这笔资金在甜甜读大学的时候就可以达到 173019 万元，足够甜甜四年的大学费用。

6. 投资规划——每年结余投资混合型基金

赵先生家庭目前的投资与净资产比率偏低，通过前面的规划，家庭增加了保障，可以有更多资金进行投资。而且赵先生和太太都属于风险喜好型的投资者，可以考虑选择风险大、收益较高的投资品种。

由于投资股票风险大，需要时间和精力，不适合工作忙碌且无投资经验的赵先生夫妇，建议将其置换成股票型基金。

此外，赵先生家每年的结余可以投资于混合型基金，因为这笔钱的主要目的是为家庭意外的医疗费用支出或其他的大型支出备用，同时也可以获取较高的投资收益。以后买车时如果这笔资金没有动用，也可部分用做购车款。

第三章 财务管理——理财的基本功

导读：以家庭为单位进行理财是中国式家庭财产管理的普遍特点，从理财操作程序角度来说，家庭理财也要注重夫妻财产透明化，也要建立风险控制机制。

家庭理财步骤

理财，在企业层面，就是财务，在家庭层面，就是持家过日子或管家。似乎自古以来家庭理财都是女人的专职，但在现代社会，理财是每个人都必须学会的生存技能之一。理财决定着家庭的兴衰，维系着一家老小的生活和幸福，尤其对于已成家的工薪阶层来说，更是一门重要的必修课。

一屋不扫何以扫天下？一家之财理不好，何以建立惊天动地的功业？

理财说难亦难，说易亦易。以理贯之，则极易；以枝叶观之，则繁难无穷。比如，子女的教育婚嫁、父母年迈多病及赡养、自己的生老病死，样样都离不开一个"财"字，如果缺乏统筹规划，家庭虽不至于一时拮据，但若像下岗工人那样突来人祸，则小康也必成赤贫。所以未雨绸缪是理财的核心思想。

信息时代，假设大家都懂得电脑和网络的基础应用，最好都能懂得EXCEL软件的简单使用。理财步骤是以家庭为单位的，个人也可以参照其原理来实施，如家庭中每个人都做一本个人账，再汇成一本总账。

1. 家庭财产统计

家庭财产统计，主要是统计一些实物财产，如房产、家居、电器等，可以只统计数量，如果当初购买时的原始单证仍在，可以将它们收集在一起，妥善保存，尤其是一些重要的单证，建议永久保存。这一步主要是为了更好的管理家庭财产，一定要做到对自己的财产心中有数，以后方能"开源节流"。

2. 家庭收入统计

收入包括每月的各种纯现金收入，如薪资净额、租金、其他收入等，只要是现金或银行存款，都计算在内，并详细分类。一切不能带来现金或银行存款的潜在收益都不能计算在内，而应该归入"家庭财产统计"内。如未来的养老保险金，只有在实际领取时才列入收入。这虽然不太符合会计方法，但对于家庭来说，现金和银行存款才是每月实际可用的钱。

3. 家庭支出统计

这一步是理财的重中之重，也是最复杂的一步，为了让理财变得轻松、简单，建议使用EXCEL软件来代劳。以下每大类都应细分，使得每分钱都知道流向了何处，每天记录，每月汇总并与预算比较，多则为超支，少则为节约。节约的可依次递延至下月，尽可能地避免超支，特殊情况下可以增加预算。

（1）固定性支出。只要是每月固定不变的支出就详细分类记录，如房租或按揭贷款、各种固定金额的月租费、各种保险费支出等。种类可能很多，手工记录非常繁琐，而用EXCEL记录就非常简单。

（2）必需性支出。水、电、气、电话、手机、交通、汽油等每月不可省的支出。

（3）生活费支出。主要记录油、米、菜、盐等伙食费，及牛奶、水果、零食等营养费。

（4）教育支出。自己和家人的学习类支出。

（5）疾病医疗支出。无论有无保险，都按当时支付的现金记录，等保险费报销后再计入到月的收入栏。

（6）其他各项支出。每个家庭情况不同，难以尽述，但原理大家一看便知,其实就是流水账,但一定要记住将这个流水账记得详细、清楚,让每一分钱花得都明明白白,只要坚持做半年,必能养成"量入为出"的好习惯。使用EXCEL软件来做这个工作,每天顶多只需几分钟,非常简单方便。

4. 制定生活支出预算

参考第一个月的支出明细表,来制定生活支出预算,建议尽可能地放宽一些支出,比如伙食费、营养费支出一定要多放宽些。理财的目的不是控制消费,不是为了吝啬,而是要让钱花得实在、花得明白、花得合理,所以在预算中可以单列一个"不确定性支出",每月固定几百元,用不完就递延,用完了就向下月透支。目的是为了让生活宽松,又不致于养成大手大脚的坏习惯。今天这个时代,就算你月薪100万,如果你大手大脚,一天也能花光。所以不知挣钱苦,不知理财贵。

5. 理财和投资账户分设

每月收入到账时,立即将每月预算支出的现金单独存放进一个活期储蓄账户中,这个理财账户的资金绝不可以用来进行任何投资。

每月收入减去预算支出,即等于可以进行投资的资金。建议在作预算时,要尽可能地放宽,一些集中于某月支付的大额支出应提前数月列入预算中。如:6月份必须支付一笔数额较大的钱,则应在1月份就列入预算中,并从收入中提前扣除,存入理财账户,通常情况下不得用来进行任何投资,除非是短期定存或货币型基金。

经过慎重的考虑之后,剩下的资金才可以存入投资账户,投资账户可分为以下几种:银行定期存款账户、银行国债账户、保险投资账户、证券投资账户等。银行定存和银行国债是目前工薪阶层的主要投资渠道,这主要是因为大多数人对金融产品所知甚少,信息闭塞造成了无处可投资、无处敢投资。保险投资虽然非常重要,但一般的工薪阶层也缺乏分辨能力。

证券,是个广泛的概念,不能一提到证券,就只想到股票这个高风险的投资品种,从而将自己拒之于证券市场大门之外,要知道证券还包括债券和基金。

婚后夫妻理财法则

财务问题成为纠缠许多人婚后生活的一个重大的问题。夫妻双方都有保证双方财务状况的义务。学习理财相关知识，科学分配自己的财富，让婚后的生活更惬意。对财务的合理规划是婚姻走向成熟的第一步。

通常来讲，由于价值观和消费习惯上存在着差异，在生活中，每一对夫妻都会发现在"我的就是你的"和保持个人的私人空间之间会存在一些矛盾和摩擦。如果夫妻中的一个非常节约，而另一个却大手大脚、挥金如土，那么，要做到"我的就是你的"就非常困难，相互间的矛盾也就可想而知了。要使你们的婚姻关系向前发展，使财务情况好转，其他的事情也井井有条，那么小夫妻共同学习理财这门学问，就显得非常必要了。

虽然有很多的新婚夫妻因为财务问题处理不善，闹得吵吵嚷嚷、麻烦不断；但也有的小两口在面对这个问题时保持了必要的冷静，经过磨合，掌握了一些很好的法则，从而使自己的婚后生活达到一种完美的和谐。这些法则包括下面几个方面。

1. 建立一个家庭基金

任何夫妻都应该意识到建立家庭就会有一些日常支出，例如每月的房租、水电、煤气、保险单、食品杂货账单和任何与孩子们或宠物有关的开销等，这些应该由公共的存款账号支付。根据夫妻俩收入的多少，每个人都应该拿出一个公正的份额存入这个公共的账户。为了使这个公共基金良好运行，还必须有一些固定的安排，这样夫妻俩就可能有规律的充实基金并合理使用它。你对这个共同的账户的敬意反映出你对自己婚姻关系的敬意。

2. 监控家庭财政支出

买一个比如由微软公司制作的财务管理软件，它将使你们很容易就可以了解你们的钱的去向。通常，夫妻中的一人将作为家中的财务主管，掌管家里的开销，因为她或他相对有更多的空余时间或更愿意承担这项工作。但是，这并不意味着，另一个人对家里的财务状况一无所知，也不能过问。理财专家黛博拉博士建议可以由一个人付账单，而另一个人每月一次核对家庭的账目，平衡家庭的收支，这样做能使两个人有在家里处于平等经济地位的感觉。另外，那些有经验的夫妻往往会每月能坐下来谈一谈，进行一次小结，商量一些消费的调整情况，比如削减额外开支或者制定省钱购买大件物品的计划等。

3. 保持独立

现在是 21 世纪，独立是游戏的规则。许多理财顾问同意所有个人都应该有属于自己的私人账产，由个人独立支配，我们可以把它看作成年人的需要。这种安排可以让人们做他们自己想做的事，比如你可以每个星期打高尔夫球，他则可以摆弄他喜欢的工具。这是避免纷争的最好办法，在花你自己可以任意支配的收入时不会有仰人鼻息或受人牵制的感觉。然而，要注意的是，你仍应如实记录你的消费情况，就像对其他的事情一样，相互坦诚布公。你要把你的爱人看做是你的朋友，而不是敌人；要看作是想帮你的财政顾问，而不是想打你屁股的纪律检查官。

4. 进行人寿保险

每个人都应该进行人寿保险，这样，一旦有一方发生不幸，另一方就可以有一些保障，至少在财政方面是如此。你可以投保一个易于理解的险种，并对保险计划的详细情况进行详细了解。如果在与你的爱人结婚前，你已经进行了保险，要记着使你的爱人成为你的保险的受益人，因为这种指定胜过任何遗嘱的效力。

5. 建立退休基金

你将活很长很长的时间，但是也许你的配偶没有与你同样长的寿命。基于这个原因，你们俩应该有自己的退休计划，可以通过个人退休账产或退休金计划的形式，使你的配偶（或孩子）成为你的退休基金的受益人。

6. 攒私房钱

许多理财专家建议女人尤其应该储存一笔钱以便用它渡过你一生中最

糟糕的时期。根据你的承受能力，你可以选择告诉或者不告诉你的配偶这笔用于防身的资金；如果你告诉你的配偶，你应将它描述为使你感到安全的应急基金，而并不是在"压榨你丈夫"的钱。

协调夫妻双方薪水的使用

对一般的小夫妻而言，理财的关键在于如何融合协调两份薪水的使用，毕竟，双职工的工薪家庭占我们这个社会的大多数。但是，两份薪水也意味着两种不同价值观、两种资产与负债，要协调好它绝非易事，更不轻松。

所谓定位问题，一般来说，是要确定夫妻分担家庭财务的比例。一般情况下，夫妻在家庭财务上的分担包括以下三个类型。

1. 平均分担型

即夫妻双方从自己收入中提出等额的钱存入联合账户，以支付日常的生活支出及各项费用。剩下的收入则自行决定如何使用。

这种方式的优点：夫妻共同为家庭负担生活支出后，还有完全供个人支配的部分。

缺点：当其中一方收入高于另一方时，可能会出现问题，收入较少的一方会为了较少的可支配收入而感到不满。

2. 比率分担型

夫妻双方根据个人的收入情况，按收入比率提出生活必需费，剩余部分则自由分配。

这种方式的优点：夫妻基于各人的收入能力来分担家计。

缺点：随着收入或支出的增加，其中一方可能会不满。

3. 全部汇集型

夫妻将双方收入汇集，用以支付家庭及个人支出。

这种方式的优点：不论收入高低，两人一律平等，收入较低的一方不会因此而减低了彼此可支配收入。

缺点：从另一方面来讲，这种方法容易使夫妻因支出的意见不一致造成分歧或争论。

选择最合适的分担类型，首先要对家庭的财务情况进行认真分析，根据具体情况进行选择。所以在确定分担类型前，夫妻应该认真整理一份自己的家庭账目，并从中寻找到家庭财务的特点。简单地说，夫妻理财分收入与支出两本账即可，或者规定一个时期为一个周期，如一个月，或一个季度，一列收入，另一列是支出，最后收支是否平衡一目了然。

收入账应记：

（1）基本工资：各种补贴、奖金等相对固定的收入；

（2）到期的存款本金和利息收入；

（3）亲朋好友交往中如过生日、乔迁收取的礼金、红包等；

偶尔收入，如参加社会活动的奖励、炒股的差价、奖学金所得等。

支出账应记：

（1）除了所有生活费用的必需支出外，还包括电话费、水电费、学费、保险费、交通费等；

（2）购买衣物、家用电器、外出吃饭、旅游等；

（3）亲朋好友交往中购买的礼品和付出的礼金等；

（4）存款、购买国债、股票的支出。

夫妻财产透明明晰

今天，夫妻理财从婚前财产公证到婚后的"产权明晰"、"各行其道"，已形成了一个比较完整的规模。这不仅仅是一种时尚的潮流，而是反映了中国社会、家庭结构变化以及家庭伦理观念转变的趋势。

结婚不满两年的娟子有一肚子的苦水："我和丈夫几乎天天吵架。他给外面什么人都舍得花钱，从来不和我商量。家里经济压力很大，既要还车贷，又供着我单位的一套集资房。这些他都知道，可是真要他节省比登天还难。"

娟子还说，她和老公谈恋爱的时候就觉得他出手挺大方的，结了婚以后才反应过来，敢情这"大方"都是对别人的，自己家里那么多地方要花钱，他却说自己要应酬朋友，希望娟子"理解"他。

"结婚前我们约定要做一对自由前卫的夫妻，开销实行 AA 制，各人管个人的钱，可是现在看来，一对夫妻再前卫再另类，过起日子来还是像柴米夫妻一样。他很反感我过问他的财务，说钱该怎么用是他的权利。"

娟子的老公于先生面对娟子的指责也不满，他很苦恼，妻子每天对他口袋里钱的去向盘查得近乎"神经质"，而她自己却三天两头地买新衣服、新鞋子。结婚后，按照先前的约定他和妻子实行财产 AA 制，因为他的薪水比较高，所以娟子希望他能多付出一点，但是正在为事业奋斗的于先生除了负担家庭支出，更多的财力都花费在应酬、接济亲友、投资等事情上。因为妻子管得过死，于先生心理上接受不了，他反而变本加厉地"交际"。

这种矛盾在现代家庭中经常发生。专家说，不透明的个人财产数目和个人消费支出是这小两口家庭矛盾的真正的核心，娟子和她老公的独立账户都不是向对方公开的，彼此之间又没能很好地沟通每笔花费的去向，从而失去了夫妻之间的信任感。

当男女两人组成家庭时，不同的金钱观念在亲密的空间里便碰撞到了一起，要应付金钱观产生的摩擦并不是一件易事。专家指出，夫妻间在理财方面意见的分歧，常常是婚姻危机的先兆。有人说，"夫妻本是同林鸟"，后面却又拖了一句"大难临头各自飞"。而这种连理分支情况的产生，往往是由于理财不当引起的。

夫妻双方该如何打理资产呢？该集权还是分权？花钱应以民主为宜还是独裁？一方"精打细算"，另一方却"大手大脚"时怎么办？这时候，夫妻 AA 制理财方式便新鲜出笼了。

所谓 AA 制并不是指夫妻双方各自为政，各行其道，而是在沟通、配合、体谅的情况下，根据各自理财经验、理财习惯与个性，制定理财方案。

夫妻理财 AA 制在国外极为普及。一位外国朋友说，我不能想象没有个人账户，没有个人独立会是个什么样子。我认为，把我的钱放进我丈夫的账户里，或者反过来，把我丈夫的钱放在我的账户里，那简直就是愚昧。在我的家里，我负责 50% 的开支，我要的是对我的尊重。

夫妻间管头管脚总是让人烦恼，这就使一定的个人资金调度空间显得十分重要。现实生活中青睐夫妻 AA 制的人确实还不少。一位主妇说，我同丈夫现在就是明算账。他是一家公司的经理，收入比较高。通常，家中重大开支如购房、孩子上学等我们都各出一半，各自的衣服各自负担。日常生活的开支由双方收入的 30% 组成，如有剩余便作为"夫妻生活基金"存起来，时间长了也相当可观，被视为一种意外收获。虽然我同丈夫的感情基础不错，但我们都有各自的社交圈，也许有一天，对方突然"撤股"，那么各自储备的资金将会弥补这种生活的尴尬。

适合一般中国家庭的投资方式

随着我国金融产品的增加，家庭投资理财方式越来越多，但并不是所有的投资方式都适合于工薪家庭。

一般来说，适合工薪家庭的投资形式有以下几种：

1. 购买保险，保了平安又赚钱

多年以前，保险的功能只是对人身或财产进行保障。随着保险业的发展，保险产品已越来越丰富，分红险目前已成为保险公司的"宠儿"，原因就在，分红险不仅购买简单、保障全面，而且还能每年给保单持有人带来不定额的红利收益。

分红险主要包括养老、教育、保障和综合等几种类型。分红险有两种交费方式：一种是一次性将所有保费交完的趸交式，另一种是分期交纳保费的期交式。前者适合当时手中资金宽裕的客户，后者交费压力相对较小，但总的保费要比前者高一些。至于保障金的领取，有的是交费完成后一次性领取，有的是交费完成后分期领取，还有的是一边交纳保费，一边从公司领取现金返还。分红险保单还可以质押给银行。购买分红险更多考虑的是保障，对收益应该低要求。分红险风险低、有保障、能分红、可流通，适合保守的投资者投入。

2. 投资国债，利息稳定很安全

国债是国家发行的，安全性很高，有记账式国债和凭证式国债两种形式。凭证式国债主要通过银行柜台发行，有债券凭证，而记账式国债主要通过证券公司进行买卖，债权通过股东账户记录。

凭证式国债收益率基本与银行存款相当，但没有5%的利息税。记账式国债的最大特点就是可以像股票一样买卖，而票面利率往往比凭证式国债要高。由于此类国债受到供求关系和政策面的影响较大，因此价格会有所波动，如果投资者能够低买高卖操作得当，就可在国债利息之外，获得一笔额外的收入。债券的收益不仅比银行利息高，而且安全性也不差，是稳健投资者的重要选择。

3. 购买基金，委托理财收益稳健

基金就是由基金管理公司发起的，将投资者的闲散资金集中起来由理财专家进行统一管理运作，然后分配收益的投资方式。我国的基金市场兴起于上世纪末期，当时以封闭式基金（即投资者在基金存续期内不能赎回投资，只能转让）为主，近年来，开放式基金（即投资者在基金存续期内可以赎回投资）已经成为基金业的主流发展方向。开放式基金通过证券公司和银行发行，投资者申购赎回手续相对简单。

以工薪家庭为例，如果追求的是低风险、收益稳定，那么比银行储蓄更优化的替代品就是基金。我国股市波动较大，"炒股"既需要投入大量资金，又要投入相当的时间和精力，不适合中小投资者；而基金既是百姓委托专家理财的产品，又可以灵活、及时地调整投资产品的比例，是规避经济周期性波动风险的一大法宝，因此颇受大众青睐。

4. 投资房产，通行但不适合大众

投资股票和房产是国际上通行的做法。但在房价已处高位的城市，房

产升值还有多大的空间,这笔账必须精打细算。举例说,深圳经历1993年房产高潮后,至今房价在下跌,许多房子未能实现在流通中增值。如果央行升息,房贷成本将随之上升,那么贷款炒房者就会增加风险成本,因此投资房产要根据自身资产实力慎重行事。

介于房地产的流动性最差,投资变现时间较长,交易手续多,过程耗时损力,因此不适合大多数人。

5. 投资外汇,并非规避风险好品种

外汇投资对硬件的要求很高,且要求投资者能够洞悉国际金融形势,其所耗的时间和精力都超过了工薪阶层可以承受的范围,因而这种投资活动对于大多数工薪阶层来说不现实。

6. 投资股市

股票是投资收益和投资风险都较高的投资工具,因此投资者一定要控制投资风险。在有充分准备和成熟心态下才可介入。

7. 买卖期货

由于期货交易是对商品合约的买卖,因此交易规则的以小搏大性,加上商品价格不可预知性非常高,因此也就决定了期货市场的风险非常大。不过,承受高风险的同时,由于放大了资金使用量,因此收益非常可观。期货市场上,巨大收益伴随着巨大的风险,因此投资者介入期货市场一定需要有足够的心理承受能力,同时确定好获利目标和最大亏损限度。

如果一个年轻的家庭,承受风险的能力相对较强,在家庭财务的安排上应采取一些积极进取的策略进行理财,使家庭财产实现快速增加;如果是一个上有老下有小的中等收入的家庭,那么投资应该采取相对稳健的投资方式,而一些家庭属于成长期,是积累财富的阶段,很多人生目标需要去创造和实现,最好选择保守投资方式。

当然上述的几种投资方式都是在增加抵御家庭的收入风险和通货膨胀风险的能力。因为风险和收益永远是成正比的,所以,风险越高的投资方式也越会给财富带来更多的增值。

规避家庭财务风险

这个世界是有风险的。什么是风险？风险就是不确定性，人类最大的风险，就是不能知道自己的将来。

每一个未知的事情如果恰好又是令人担忧的事情，那是因为这些事情会对你或者家庭的财务带来影响。

我们的经济状况能被相当平常的、意外的事情搅乱甚至毁掉，每一个无法预产的事情首先会影响你们小两口的财务稳定，当意外真的发生了，你最大的问题就是从何处获得所需的资金来应付你们的基本开销，直到你们再次变得安全无忧。事情一直如此，而在经济及政局不稳定的时候更加如此。怎样才能规避家庭财务风险呢？

一、建立应急基金

手上要有现金或者现金等价物随时可以提取现金的银行卡，有人认为货币基金或者股票有很好的流动性，但如果有变现时差存在，还不能完全等同现金。

二、正确运用信用卡

当意外事情发生时，如失业或者疾病，信用卡透支额可以帮人渡过难关。但事实上，很多背负信用卡债务的人并没有失业或者染病，他们只是用现金卡去购买暂时无力用现金购买的东西，并背负16%左右的债务，那是愚蠢的。

三、为未来的生活投资，而不是为金钱本身

在利率低的时候，存款账户的钱很难支付未来孩子的学费，虽然看上去你做了计划，原来是通胀以及学费增长。另一方面，看到利率太低的人

却可能盲目投资，我最常被问一个问题是我有30万，我该如何投资？而我要反问的问题是，你为什么要投资？为教育还是为养老？或者只是追求购买豪华别墅？不同的生活打算，投资计划及风险承担是很大区别的。

四、转移风险及购买保险

买保险的本质就是花钱转移风险。如果某个意外事件发生，给你的财务带来的影响对你和生活品质带不太大改变是你不能接受的程度的时候，购买保险就能找到为你买单并带来财务稳定的人。记住，有些风险是你能承担的，有些带来的财务波动太大，比如重大疾病、意外死亡等，就是最好转移给保险公司。买保险要注意给付条件是不是你担心的条件，否则不对版，就不有雪中送炭了。

五、减少债务和为债务投保

如果有足够的支付能力就尽量减少债务，因为意外发生的时候，债主并举心慈手软，信用卡的债务、购楼购车的债务都是受法律保护要定期偿还的。同时，每增加一项负债，就等于增加了风险暴露程度，相应的保额就要提高，也就是说，你要多付一点保费，让保险公司在意外发生的时候为你的债务买单，这样，你所关爱的人，就会减少这部分生活的压力了。

另外，值得提示大家的是，最好的规避风险的方法是请专业人士帮助您量身订做一个适合自身风险承受能力的方案，在实现目标的同时把风险控制在最小程度。假设这样一个家庭：30多岁的白领，在稳定的收入，一个3岁的孩子，老人有自己的退休金，房子车子已经解决。理财目标是孩子留学和自己养老。建议4：3：2：1投资。40%的资金投入到股票、基金；30%的资金投入到房产；20%资金投入在和债券近似的收益型产品，也包括债券和基金分红保险。10%买保障类保险，防范意外打击。这个组合中，要选择一些外币资产，包括国外的金融产品，可以进一步分散风险。

第四章　存储理财计划的方法

导读：储蓄式理财是最为普通、最为稳健的一种理财方式，也是非常简单的一种理财方式。不过，储蓄型理财并非简单的存取，也有获得超值回报的技巧。

计算利息的方法

众所周知，储蓄是比较稳健的理财方式，那么在选择银行储蓄理财以后，怎样可以获取更高的收益呢？这就要靠理财者精打细算了，计算利息是最关键的一环，下面就教大家一些实用的计算利息的方法。

1. 计算活期储蓄利息

原来各家银行执行的活期利息计算标准，都是按年结息，即每年的6月30日为结息日，7月1日计付利息。现在一般都改为按季计结息，即每季度末月的20日为结息日，次日计付利息。其中，个人存款按结息日的银行挂牌活期利率标准计息。

活期储蓄季结息，即是上一个季度结下来的利息，又可以本金的形式在下个季度中再次计息，相当于让储户的活期存款利息一年有四次"利滚利"的机会。

2. 计算零存整取的储蓄利息

零存整取是我们较普遍采用的方法。零存整取的余额是逐日递增的，因而不能简单地采用整存整取的计算利息的方式，只能用单利年金方式计算，公式如下：

$$S_N = A(1+R) + A(1+2R) + \cdots + A(1+NR)$$
$$= NA + 1/2N(N+1)AR$$

其中，A 表示每期存入的本金；R 为利率；S_N 是 N 期后的本利和，S_N 又可称为单利年金终值。上式中，NA 是所储蓄的本金的总额，1/2N（N+1）AR 是所获得的利息的总数额。

通常，零存整取是每月存入一次，且存入金额每次都相同，因此，为了方便起见，我们将存期可化为常数如下：

如果存期是一年，那么 D = 1/2N（N+1）= 1/2×12×（12+1）= 78，同样，如果存期为两年，则常数由上式可算出 D = 300，如果存期为三年，则常数为 D = 666。

这样算来，就有：1/2N（N+1）AR = DAR，即零存整取利息。

例如：某位储户每月存入 100 元。存期为一年，存入月利率为 8‰，则期满月利息为：

$$100 \times 78 \times 0.008 = 62.4（元）$$

又如，储户逾期支取，那么到期时的余额在过期天数的利息按活期的利率来计算利息。

零存整取有另外一种计算利息的方法，这就是定额计息法。所谓定额计息法，就是用积数法计算出每元的利息化为定额息，再以每元的定额息乘以到期结存余额，就得到利息额。

每元定额息 = 1/2N（N+1）NAR ÷ NA
= 1/2（N+1）R

如果，一年期的零存整取的月息为 8‰。那么，我们可以计算出每天定额息为：1/2×（12+1）×8‰ = 0.052。如果，此储户每月存入 100 元，此到期余额为：100×12 = 1200（元）则利息为：1200×0.052 = 62.4（元）

3. 整存整取定期储蓄

定期储蓄存款的到期日，以对年对月对日为准，如到期日为该月所没有的，以月底日为到期日。即 31 日支取 30 日到期的存款不算过期，30 日支取 31 日到期的存款，不算提前支取，但要验看储蓄证件。

定期储蓄存款在存期内遇有利率调整，按存单开户日挂牌公告的相应的定期储蓄存款利率计付利息。

整存整取利息的计算分为三种情况，即到期支取，过期支取和提前支取。

定期储蓄存款提前支取，按支取日挂牌公告的活期储蓄存款利率计付利息，部分提前支取的，提前支取部分按活期，其余部分到期时按原定利率计息。逾期支取的定期储蓄存款，其超过原定存期的部分，除约定转存的外，按支取日挂牌公告的活期储蓄存款利率计息。

整存整取定期储蓄的利息计算公式。

(1) 到期支取。到期支取的计算按下式：利息 = 本金 × 利息率 × 存期，例如：某人存 1000 元，存期三年，存入日三年期的定期存款年利 14%，那么利息应为：1000 × 3 × 14% = 420（元）

(2) 过期支取。到期日支付规定利息，到期日以后部分按活期利率付息。例如：某人存入 1000 元，存期为三年期，存入日三年定期存款的利率为 14%，过期后 60 天支取，活期储蓄月利率 1.8‰，那么支取日计息为：1000 × 3 × 14% + 1000 × 60 × 1.8‰ ÷ 30 = 420 + 3.6 = 423.6（元）。

(3) 提前支取。提前支取按活期储蓄利率计算，例如：某人存入 1000 元，存期是三年整，存入日三年定期存款的利率亦是 14%，而该人在存入两年后想提取，提取当时银行挂牌公告的两年定期利率为 8%，那么支取日计息应为：1000 × 8% = 80（元）

4. 计算存本取息的储蓄利息

存本取息储蓄存本取息的利息计算公式与整存整取的计算公式相同，只是为了弥补提前分期取息给银行造成的贴息损失，该种储蓄所订的利率要低于整存整取的储蓄利率。

每期支取利息 = 本金 × 取息期 × 利息率

例如：某储户 1997 年 7 月 1 日存入 1 万元存本取息储蓄，定期三年，利率年息 7.47%，约定每月取息一次，计算利息总额和每次支取利息额为：

利息总额 =10000×3（年）×7.47 =2241元

每次支取利息 =224.1÷36（月）=62.25元

或月息 =年息7.47%÷12×10000 =62.25元

5. 计算定活两便的储蓄利息

定活两便储蓄具有定期或活期储蓄的双重性质。存期三个月以内的按活期计算，三个月以上的，按同档次整存整取定期存款利率的六折计算。存期在一年以上（含一年），无论存期多长，整个存期一律按支取日定期整存整取一年期存款利率打六折计息。其公式：利息：本金×存期×利率×60%。因定活两便储蓄不固定存期，支取时极有可能出现零头天数，出现这种情况，适用于日利率来计算利息。

例如：某储户1998年2月1日存入定活两便储蓄1000元，1998年6月21日支取，应获利息多少元？

先算出这笔存款的实际存期为140天，应按支取日定期整存整取三个月利率（年息2.88%）打六折计算。应获利息 =1000元×140天×1.3%。（日利率）×60% =6.72元

以上是计算利息的一些实例和方法，下面为大家介绍的是存款利息计算的一些规定：

（1）存款的计息起点为元，元以下角分不计利息。利息金额算至分位，分以下尾数四舍五入。除活期储蓄在年度结息时并入本金外，各种储蓄存款不论存期多长，一律不计复息。

（2）大额可转让定期存款，到期时按开户日挂牌公告的大额可转让定期存款利率计付利息。不办理提前支取，不计逾期息。

（3）逾期支取：自到期日起按存单的原定存期自动转期。在自动转期后，存单再存满一个存期（按存单的原定存期），到期时按原存单到期日挂牌公告的整存整取定期储蓄存款利率计付利息；如果未再存满一个存期支取存款，此时将按支取日挂牌公告的活期储蓄存款利率计付利息。

（4）定期储蓄存款在存期内如遇利率调整，仍按存单开户日挂牌公告的相应的定期储蓄存款利率计算利息。

(5) 活期储蓄存款在存入期间遇有利率调整，按结息日挂牌公告的活期储蓄存款利率计算利息。

存储的规划与方法

古语有云"凡事预则立"，就储蓄来讲也一样。合理的储蓄规划，关系着每个家庭的日常生活的美满与否。所以说，一定要制订合理的储蓄规划。

如今，人们的大部分花费主要用在孩子教育、购车、买房、养老等几个方面。这些方面的开支需要我们提早规划。在进行此类规划时你一定会发现储蓄是十分必要的，因此必须提前做好储蓄计划。接下来就以教育储蓄为例来为大家进行分析，如何制订关于大件开支的储蓄规划。

子女教育储蓄计划的目的是为孩子将来高中毕业后的学费及相关费用预做储蓄。由于教育费用长期以高于通货膨胀率的速度逐年递增，如果不及早做准备，将来势必成为子女或父母的沉重负担。

对于收入比较稳定，结余不是太多的家庭，可采取教育储蓄的方式为孩子储备教育基金。根据孩子的年龄，结合你目前的收入状况，采用教育储蓄组合。以下通过案例具体分析。

小学阶段：王先生夫妇均是某学校的教师，其家庭月收入为8000元，除去日常开支和偿还住房贷款，每月结余2000元左右，女儿正上小学四年级。为了积攒孩子的教育费用，李女士首先看好了教育储蓄，于是她到银行开立了一个六年期的教育储蓄账户，每月存270元，若按照五年期整存整取的5.85%计算，预计孩子上高中时可以取回本息26263元。

中学阶段：此阶段需要为大学期间费用进行筹备，所以要注重提高投资收益。此阶段王先生夫妇除继续进行六年的教育储蓄外，还拿出一部分钱开始进行组合储蓄方式，来获得更高的储蓄收益。

大学阶段：大学是整个教育过程中花费最大的一段时期，并且由于现在竞争的加剧更多的人开始考虑继续深造。所以此阶段的储蓄还是十分必要的。王先生夫妇的女儿毕业后选择继续读研究生，所以这个阶段王先生夫妇选择了一个三年期的教育储蓄账户。由于组合型储蓄方式带来的丰厚利益，他们决定继续此项储蓄。

王先生夫妇通过坚持不懈的教育理财顺利完成了女儿的整个教育阶段，他们的先见之明是值得大家好好学习的。

以上是通过从储蓄用途角度考虑的储蓄规划，其实平时我们进行储蓄时还要考虑用钱的时间，比如，怎样储蓄应急的钱，怎样储蓄长期闲置的钱。接下来就通过案例来为大家进行此方面的解读。

乔先生刚刚结婚一年，夫妻二人的总收入在1万元左右，贷款买了一套房子。从日常用钱的时间和对利息收入的考虑，他安排了这样的储蓄计划：

首先是应急的钱。定期三个月，强过定活两便；不等分储蓄法，降低利息损失。照乔先生平日的生活状况，安排2万元准备应急用，就差不多够了。因为这笔钱第一次使用多少事先并不能确定，因此将这笔钱分别存为金额等的几张存单，比如分成1000元、3000元、4000元、5000元、7000元。这样，假如你急需提取1000元，只需动用1000元的那张存单就可以了。这样不仅可以降低利息损失，同时还可以获取利息最大化。

其次是长期打算的钱。递进式储蓄法，增值取用两不误。乔先生现在还有一笔5万元的存款，对这笔款项，最好这样安排：将这5万元分成1万元、2万元、2万元分别存为一年、两年、三年定期。一年后他可将到期的1万元转存成三年定期，第二年再将到期的2万元转存为三年定期，这样他手中所持有的存单全部为三年期，只是到期年度依次相差一年。这种储蓄组合机动强，随时可以根据利率变动进行调整，同时又能获取较高的存款利息。

要实施良好的储蓄规划，还要掌握一定的方法与技巧。接下来就教大家一些实用的制订储蓄规划时要掌握的方法。

（1）要明确存款的用途，简单来说就是为什么存款。只有清楚为什么要存款，才能制订出适合的储蓄规划，做到"对症下药"，准确地选择存款期限和种类。

（2）选择正确的存款时间，什么时间才是适合的呢？其实很简单，利率高时就是最适合存款的时期了。由于现在国家经济政策的调整，央行近期频繁加息，所以说现在应该是选择储蓄的正确时间。

（3）明确存款期限，根据用途合理确定存期是理财的关键，因为存期如果选择过长，万一有急需，办理提前支取会造成利息损失；如果过短，则利息率低，难以达到保值、增值的目的。对于一时难以确定用款日期的存款，可以选择通知存款，其收益远高于活期利息。

（4）选择适合的银行，如今可供储户选择的银行越来越多。所以选择到哪家银行存款非常重要。首先要考虑安全问题，应该选择信誉度高、规模较大的银行机构。其次还要考虑存取款是否方便，银行营业网点的多少。最后从储蓄所功能的角度选择，如今许多储蓄所在向"金融超市"的方向发展，除办理正常业务外，还可以办理缴纳话费、水费、煤气费及购买火车票、飞机票等业务，选择这样的储蓄所会为家庭生活带来便利。

如何存款最合算

对于个人和家庭来说，储蓄的目的就是要获得利息，简单地说就是希望钱能增值。所以在储蓄中如何获得最大的利息收益，才是每个人最为关注的问题。下面就从不同角度来分析一下如何使利息收益最大化。

从存期的角度考虑如何获得最高收益，简单地说就是：存期越长，利率越高，所以在其他方面不受影响的前提下，尽可能地将存期延长，收益自然也就越大了。银行的定期存款分为一年期、三年期和五年期，根据自身的需要，假如可以实现的总存期恰好是一年、三年和五年的话，那就可分别存这三个档次的定期，在同样期限内，利率均最高。如果有一笔钱可以存四年，最佳方式是先存一个三年定期，到期取出本息再存一年定期；假如可以存六年，最佳方式是存三年定期，到期将本息再接着存三年定期。这里的目的只有一个：争取利息最大化。

从集中与分散的角度来看，也可以概括为一句话：宜相应分散。这里的集中和分散，既指每笔存单的金额也指存单到期的期限。在存款到期的时间上，可以采用循环周转法，比如每月从工资中取出500元，均存定期两年，两年后，每个月都有到期存款可备使用，比把钱积累到一定金额再存定期划算。

另外，储蓄中的一些规定也可以帮助我们获得更多的利息收益，接下来就为大家介绍一些，还望读者可以巧妙运用：

（1）定期存款如部分提前支取，提前支取部分按支取日当天活期利率支付，剩余部分按存入时定期利率计算；定期存款如全部提前支取，都按支取日当天活期利息支付，故如因急需资金提前支取定期存款，最好不要全额支取。

（2）存期是指从存入日起，至取出的前一天为止，即存入当天计息，支取当天不计息。存款的天数按一个月30天，一年360天计算，不分大小平月。30日、31日视同一天。30日到期的存款31日取不算滞后一天；31日到期的存款30日取也不算提前一天，据此可灵活选择存款时间。

（3）活期存款如遇利率调整，不分段计息，而以结息日挂牌公告的活期存款利率计息；定期存款遇利率调整，则不受影响，仍按存入日公布的利率计算。储户可据此选择活期或定期存款方式。

（4）各种存款以元为计算单位，元以下角、分不计息，故存款时尽量整存至元可减少利息损失。

（5）定期存款到期未取的，除办理了自动转存业务外，从到期之日起至支取日期间的利率，按支取日当天挂牌公告的活期存款利率计息，故定期存款最好办理自动转存业务。

每个家庭收入情况、现有资金情况各不相同，因而选择储蓄的方式也会不尽相同，但只要根据自己家庭的实际需求和现实情况，合理配置储蓄，你就会发现自己账户上的数额稳稳上升，下面就为大家介绍几种实用的储蓄方法。

（1）整存整取定期储蓄。在选择整存整取定期储蓄时，期限越长越好，因为期限越长，年利率越高，不过要与用款情况结合起来通盘考虑。

如果自己想存的年限而定期储蓄上又有的年限直接存入，利息最高。比如，想存五年，就直接选择定期储蓄五年期，这样收益最高。如果想存的年限，存款年限上没有，就要选择两个存期差距大的定期储蓄。比如，想存一个七年期的定期储蓄，选择一个五年期和两个一年期定期，比选择两个三年期和一个一年期定期利息要高。

（2）少用活期存款储蓄。日常生活费用，需随存随取的，可选择活期储蓄，活期储蓄犹如你的钱包，可应付日常生活零星开支，适应性强，但利息很低，年利率仅0.72%。所以应尽量减少活期存款。由于活期存款利率低，一旦活期账户结余了较为大笔的存款，应及时转为定期存款。

（3）阶梯存储法。高薪族储蓄理财，要讲究搭配，如果把钱存成一笔存单，一旦利率上调，就会丧失获取高利息的机会，如果把存单存成一年期存单，利息又太少。为弥补这些做法的不足，不妨试试"阶梯储蓄法"，此种方法流动性强，又可获取高息。假如你持有3万元，可分别用1万元开设一至三年期的定期储蓄存单各一份。一年后，可用到期的1万元，再开设一个三年期的存单，以此类推，三年后你持有的存单则全部为三年期的，只是到期的年限不同，依次相差一年。此种储蓄方式可使年度储蓄到期额保持等量平衡，既能应对储蓄利率的调整，又可获取三年期存款的较高利息。这是一种中长期投资。

（4）组合存储法。这是一种存本取息与零存整取相组合的储蓄方法。比如1万元存入五年期存本取息储蓄，再将每月利息60元即时转存零存整取储蓄。这样不仅可以得到存本取息储蓄利息，而且其利息在存入零存整取储蓄后又获得了利息。

（5）利滚利存储法

每月将积余的钱存成一年期整存整取定期储蓄，存满一年为一个周期。一年后第一张存单到期，便可取出储蓄本息，再凑个整数进行下一轮的周期储蓄，以此循环往复，手头始终是12张存单，每月都可以有一定数额的资金收益，储蓄数额滚动增加，家庭积蓄也随之丰裕。此种储蓄方法，只要长期坚持，便会带来丰厚回报。

信用卡透支技巧

在电子货币逐渐流行的今天，拥有一张或几张银行卡是很普通的事情。如今的银行卡不仅仅具有储蓄的功能，而且品种繁多，功能各异。不同类型的银行卡在给我们的生活带来便捷和惬意的同时，也让我们在使用时有点不知所措。合理运用不同功能的银行卡，是个人理财和家庭理财必不可少的技巧之一。

1. 银行卡的分类

银行卡是由商业银行（含邮政金融机构）向社会发行的具有消费信用、转账结算、存取现金等全部或部分功能的信用支付工具。分为信用卡和借记卡两大类。

（1）信用卡

信用卡是指有一定的信用额度，可以透支的银行卡。其拥有不可取代的融资功能，另外从财务自由和彰显身份的角度，信用卡都有自己的典型特点。

除了"先消费、后还款"的功能，信用卡还有很多功能有待持卡人开发利用。下面为大家推荐一二。

首先，通过对账单持卡人可以对支出情况一目了然。当银行将持卡人支出的详细目录邮寄上门时，持卡人可以通过对账单了解支出情况，从而建立理性的消费习惯。信用卡还从财务运营的角度帮持卡人理财，如果运用得当，可以为持卡人省下一大笔利息，甚至免去银行贷款的麻烦。

其次，信用卡的"循环透支"是指持卡人在免息期内只需还一个最低还款额，便可重新恢复部分可透支额度，在有效期内继续用卡。尽管这样需要支付银行利息，但如果善于利用这种透支来获取更高的投资收益，也不妨一试。

（2）借记卡

借记卡是指存款后消费、没有透支功能的银行卡。使用借记卡可以享受活期存款利率,并且办理各项代收代付业务都能轻松自如。同时借记卡还拥有广泛的应用范围,其是现金和支票的替代品。

如今在透支消费尚不普遍的形势下,借记卡在使用方面还是存在很多优势的。接下来就为你介绍其具体的优势功能。

首先,使用借记卡在自由刷卡的同时还可以享受活期存款利率。由于信用卡不提倡存款消费,所以信用卡里的一切存款不计利率。如果作为存款账户,借记卡的活期存款利率功能就显得尤为重要。同时,借记卡的刷卡消费和信用卡一样简单快捷,可以免去携带现金的麻烦。

其次,使用借记卡可以使你的日常理财变得更加省时、省心、省力。持卡人利用借记卡办理各项代收代付业务轻松自如。目前各大银行推出的代收代付业务主要有:代发工资(劳务费),代收各类公用事业费,如:水、电、煤气、电话、移动电话、保费等,由此给持卡人带来了极大的便利。这种很多过去需要亲自打理的繁琐事情,如今都可以使用借记卡,既安全可靠,又节约时间。

2. 使用银行卡的注意事项

(1)在持银行卡消费时,不要将银行卡交给营业员去处理,而应当面刷卡,核对金额后再签字或输入密码,遇到操作失误需重新刷卡时,需将上笔错误交易先冲正或原刷卡单作废,以免发生纠纷。

(2)要注意爱护银行卡,如果弄皱了,或者被消了磁,那么银行卡就等于废卡了,申领新卡费时费神。

(3)在用ATM机时,注意机器吐出卡和现金后,应及时将其取出,以防止时间过长,机器以为持卡人已离开而将卡或现金自动吞回。

(4)不要将银行卡和身份证放在一起。银行在办理银行卡取现金业务时,会要求顾客出示身份证。如果银行卡和身份证同时丢失,将会给不法分子造成可乘之机。

(5)在使用ATM机取钱时,要认真输入密码,防止银行卡被吞掉,造成不必要的麻烦。

(6)银行卡一旦丢失,应及时通过电话或书面进行挂失,挂失一般都需要交纳一定金额的手续费。

（7）在商店内消费时，商家都会让您在交易单据上签字。在签字前应注意核对交易单据上的金额，确认正确无误后方可签名。

（8）银行卡在使用过程中，一旦出现账务纠纷，无论使用的机具是哪家银行的，打电话给发卡行才是解决纠纷的最佳途径。

总之，银行卡已经成为我们生活中不可缺少的支付工具，它使我们的生活变得更加便利。理性使用银行卡，妥善理财，乐在将来。

3. 使用银行卡的技巧

（1）合理运用卡的各项功能

很多信用卡带有附加功能，例如中信银行信用卡中心在国内首家推出"航班延误保障"服务，该服务针对所有中信信用卡持卡人，最高赔偿金额为500元，但飞机延迟起飞的时间要在四个小时以上。持卡人通过中信携程商旅专线电话订购机票并用中信信用卡结算后，如遇航班取消，或因天气和机械故障等原因起飞推迟四小时以上，持卡人可以拨打中信客服电话申报，并在一周内传真机票或登机牌的复印件，由中信代持卡人向保险公司索赔，保险公司在20个工作日内将赔偿金打到持卡人的信用卡账户上。

有的信用卡还兼具一些社会功能，如光大银行发行的"阳光爱心卡"，对象主要是中小学生。学生假如用这张卡消费，银行将向青少年发展基金会捐献相当于刷卡金额0.2%的资金，让孩子们在理财的同时，培养爱心与社会责任心。对身为父母的你来说，也是一笔宝贵的教育投资。所以我们在办理信用卡的时候，不要忽略了附加功能。

（2）充分利用信用卡免费汇款功能

与普通的储蓄卡不同，许多银行的信用卡异地存款可以免收手续费，灵活利用好这一政策可以达到免费汇款的目的。如果有汇款、生意往来等资金转移需求，你就可以通过对方的信用卡汇款，只要凭对方的信用卡号就可在本地同系统银行存款，资金可以即时到账。这种"汇款"方式无论汇多少次、汇多大金额都是免费的，对那些经常给亲属汇款或生意资金往来频繁的人来说最适合不过。不过要提醒的是，许多银行的电脑系统，在使用信用卡存款功能时，只能依据信用卡号存款，银行系统不能看到信用卡的户名，所以千万要记牢卡号，一旦存到别人的账户上，追回资金可就困难了。

(3) 利用信用卡的免息功能进行理财

如今，不少银行的信用卡推出了免息分期付款的业务，大宗商品的免息分期付款周期最长可达1~2年，有的甚至免收手续费，这实际上给消费者提供了一个方便实用的融资渠道。

例如，陈女士全家每月的日常开支为5000元，其中可进行刷卡消费的金额在3000元左右，以前家里每月需预留6000元左右的现金或活期存款以备家用。如今，陈女士采用信用卡消费后，只留少量现金即可，其余的日常开支备用金用来购买基金。

陈女士的具体做法是，信用卡账单日为每月的5日，还款日为每月的23日，在账单日后消费享受的免息期最长达49天，于是，陈女士便每个月集中在5日后两天用信用卡透支购买当月的日常消费用品，而每月还款前一天则赎回3000元的货币市场基金用来还信用卡的钱。用这样的方式，陈女士每月3000元的日常开支都能给她带来49天的收益，按照目前货币市场基金2%的年收益率计算，一年下来大约有一百多元，虽然不多，但每月花上几分钟，在网上或者打电话便可取得这些收益，何乐而不为？

(4) 根据需要选择银行卡

目前，银行卡的综合服务功能越来越完善，一张银行卡可囊括取款、缴费、转账、消费等所有功能。但持有不同银行的银行卡容易造成个人资金分散，需要对账、换卡和挂失时，更是要奔波于不同的银行间，浪费了大量的时间。因此，手中银行卡较多的朋友要尽量将多张卡的功能进行整合。对于不同银行的银行卡，应根据自己的使用体会，综合比较，选择一家用卡环境好、服务优良、收费低廉的金融机构。如果你经常出差，可以选择一家股份制银行的银行卡，不少股份制银行不收开卡费和年费，有的银行异地取款还免收手续费；但如果经常去小城市出差，还是用四大银行的卡比较好一些，因为这些银行的网点比较多，取款更为方便。

对于不常用的银行卡，如果是挂在存折账下，可到银行办理脱卡手续；如果自己手中的卡是已经不用的"睡眠卡"，则应及时到银行销户。

(5) 信用卡透支欠款要及时归还

《根据信用卡业务管理办法》规定，信用卡透支利息，自签单日或银行记账日起按日息 5‰ 计算。如果银行一年计一次息，年利率就达到了 18%；如果银行半年计息一次，年利率达到了 18.8%；如果银行一个月计一次息，年利率达到了 19.56%；如果银行每天都计息，年利率更高，为 19.72%，是银行一年期贷款利率 5.58% 的三倍还多，是一年期存款利率 2.25% 的八倍左右。对此，尽量不要拖延信用卡的欠款，才能避免不必要的财务损失。

(6) 减少小额账户收费

许多人习惯将银行卡中的钱攒到一定金额后再转存定期存单，其实目前多数银行都开通了银行卡存款自动转存定期的功能，只要和银行签订自动理财协议，银行卡中的钱达到一定金额便可自动转存为定期，当你因取款或消费发生余额不足时，银行电脑还会自动支取一笔损失最小的定期存款。这样不但能提高银行卡资金的收益，而且有些银行已对小额账户收费，自动转存的定期存款也算在银行卡的项下，从而可以避免因银行卡日均余额达不到要求而被收取小额管理费。

第五章　国债投资理财

导读：一般来说，国债是政府为了筹措资金向社会公开发行的国家公债。同时，国债也是一种常见的金融投资产品，投资国债都会有较稳定的回报。不过，国债品种的选择与购买，以及国债交易却大有学问，掌握了这些知识，你的国债投资收益就会稳定提升。

国债投资入门

国债即为国家向百姓借的债，我国的国债专指财政部代表中央政府发行的国家公债，是国家为筹措资金向投资者出具的书面借款凭证，承诺在约定的时期内按照一定的条件，支付利息以及到期归还本金。国债的种类繁多，按国债的券面形式可以分为三个品种，即：无记名式（实物）国债、凭证式国债和记账式国债。

1. 无记名式（实物）国债

无记名式国债是一种票面上不记载债权人姓名或单位名的债券，通常以实物券的形式发行，又称实物券或者国库券。

无记名式国债在我国发行历史最长。从建国时开始发行，50年代发行的国债以及从1981年起发行的国债主要为无记名式国库券。

无记名式国库券的主要特点是：不记名、不挂失，可上市流通。由于不记名、不挂失，因此购买的手续比较简便，但其持有的安全性不如凭证式和记账式国库券。它可以上市转让，流通性比较强。上市转让价格由二级市场的供求状况决定，当市场因素发生变动，它的价格也会产生比较大的波动，因此具有较大获利机会，当然也伴随着一定的风险。一般说来，无记名式国库券更加适合金融机构和投资意识较强的人购买。

2. 凭证式国债

凭证式国债即国家采取不印刷实物券，用填制"国库券收款凭证"方式发行的国债。我国自1994年正式发行凭证式国债。其票面形式类似于银行的定期存单，利率通常比同期银行存款利率略高，类似储蓄，收益又优于储蓄，也被称为"储蓄式国债"，是以储蓄为目的的投资者比较理想的投资方式。

凭证式国债的主要特点是安全、方便、收益适中。具体来说有如下六大特点：一、发售网点多，购买、兑取方便；二、可以记名挂失，持有安全性比较好；三、利率比银行同期存款利率高1~2个百分点（但低于无记名式和记账式国债），提前兑取时可按持有时间采取累进利率计息；四、凭证式国债虽然不可上市交易，但能提前兑取，变现灵活，可随时到原购买点兑取现金；五、利息风险比较小，提前兑取可以按持有期限长短、取相应档次利率计息，各档次利率均高于或者等于银行的同期存款利率；六、市场风险小，凭证式国债不可上市，提前兑取时的价格（本金和利息）不会随着市场利率的变动而变化，可以避免市场价格的风险。

3. 记账式国债

记账式国债是指将投资者持有的国债登记在证券账户中，投资者仅仅取得收据或者对账单以证实其所有权的一种国债。因此，它又被称为无纸化国债。

我国自1994年推出记账式国债。它的券面特点是国债无纸化，我们购买时不会得到纸券或凭证，仅在其债券账户上记上一笔。它的主要特点如下：一、记账式国债可记名、挂失，以无券形式发行也可防止证券的遗失、被窃或者伪造，安全性比较高；二、可上市转让，流通性好；三、期限有长短，但更适合短期国债的发行；四、通过交易所电脑网络发行，证券的发行成本比较低；五、上市后价格随行就市，有较大获利可能，同时伴随一定的风险。

由于记账式国债发行、交易的特点，它主要针对金融意识较强的个人投资者或者有现金管理需求的机构投资者进行资产的保值、增值要求而设计，可以自由流通交易，变现能力强，还可通过低买高卖获得高额利润。

无记名式、凭证式、记账式三种国债，各具特色。在收益性上，无记名式和记账式国债要比凭证式国债略好，一般来看，无记名式和记账式国债的票面利率要比相同期限的凭证式国债高；在安全性上，凭证式国债好于无记名式国债以及记账式国债，后两者中记账式又稍微好些。在流动性上，记账式国债好于无记名式国债，无记名式国债又好于凭证式国债。

如何购买国债

国债因具有收益稳定、风险小的特点，愈来愈受到老百姓的关注。

市场利率水平决定债券价格的高低。市场利率越高，债券价格越低，而市场利率越低，债券价格则越高。影响市场利率短期的波动因素有：银行存贷款利率水平、市场资金供给状况以及人们对利率升降的预期等。

投资国债，应该根据每个家庭、每个人的具体情况以及资金的长、短期限来进行安排。

如有短期的闲置资金，我们可以购买记账式国债或者无记名国债。因为记账式国债和无记名国债均是可以上市流通的券种，它的交易价格随行就市，在持有期间可以随时通过交易场所进行变现。

若有三年以上或者更长时间的闲置资金，我们可以考虑购买中、长期国债。一般说来，国债的期限越长利率也就越高。

对收益稳定性要求比较高的投资者，在资金允许的条件下进行组合投资更能保证自己收益的稳定性。譬如将自己的资金分为三等份，分别投资于期限为一年、两年、三年等不同类别的债券，这样每年均有1/3到期，收益比较稳定。或者也可为保证流动性而投资于短期国债，或为确保债的收益而持有长期债券。

国债不仅是保值、增值的工具,也是一种理想的投资工具。我们持有国债后,既可以将国债作为质押向银行申请贷款,也可将未到期的国债提交银行贴现。那么,怎样进行国债的购买呢?

国债是通过证券经营机构间接发行的,我们可以到证券经营机构购买国债。国债的品种不同,其购买方式也不同,无记名式和凭证式国债的购买手续相对于记账式国债简便些。

1. 无记名式国债的购买

无记名式国债主要针对各种机构投资者和个人投资者发行。发行时通过各银行储蓄网点(包括中国工商银行、中国农业银行、中国建设银行、交通银行等)、财政部门国债服务部门及国债经营机构的营业网点面向社会公开销售,我们也可以利用证券账户委托证券经营机构,在证券交易场所内进行购买。无记名式实物券国债的购买最为简单。我们可以在发行期内到销售无记名式国债的各个银行和证券机构的各个网点,持款填单购买。其面值一般为100元、500元、1000元等。

无记名国债的现券兑付,由银行、邮政系统储蓄网点和财政国债中介机构办理,或者实行交易场所场内兑付。

2. 凭证式国债的购买

凭证式国债主要面向广大老百姓发行,从我们购买之日起开始计息,可以记名、可以挂失,但不能上市流通。它的发售和兑付通过邮政储蓄部门的网点、各大银行的储蓄网点、财政部门的国债服务部办理。其网点遍布全国各地,可最大限度满足群众购买、兑取的需要。投资者购买凭证式国债可以在发行期间内持款到各网点填单交款,办理购买事宜。由发行点填制凭证式国债收款凭单,内容包括购买的日期、购买人姓名、身份证件号码、购买券种、购买金额等,填完后交购买者收妥。

办理手续与银行定期存款办理手续类似。凭证式国债以百元为起点进行整数发售,按面值购买。我们若是在发行期后进行购买,银行将重新填制凭证式国债收款凭单,购买者仍按面值购买。购买日即为起息日。兑付时按实际持有天数,按相应档次利率计付利息(利息计算到到期时兑付期的最后一日)。

我们购买凭证式国债后如果需要变现,可以到原购买网点提前兑取。提前兑取时,除了偿还本金,利息按实际持有天数及相应的利率档次进行计付,经办机构按兑取本金的百分之二收取手续费。对于提前兑取的凭证式国债,可以由指定的经办机构在控制指标内继续向社会发售。

3. 记账式国债的购买

记账式国债是通过交易所交易系统以记账的方式进行发行。投资者购买记账式国债必须在交易所开立证券账户或者国债专用账户,并委托证券机构进行代理。因此,投资者必须拥有证券交易所的证券账户,并且在证券经营机构开立资金账户,才能购买记账式国债。已有股东账户的不用另外开立。开户后第二天办理完指定交易后即可申购新债或买卖已上市国债。

记账式国债的兑取与无记名实物券和凭证式国债的兑取有较大不同。其兑取通过证券账户或基金账户、国债专用账户办理。记账式国债到期兑付时,交易场所于到期兑付日前停止其挂牌交易,将到期的本息划入投资者的账户。各种国债到期时在兑付期内的兑付均不收取手续费。

国债的购买根据其类型的区别,各有不同,尤其是记账式国债的购买,相对烦琐一些,但买过一次后也就方便多了。

国债购买,选择怎样的时机,对于投资者来说是相当重要的。因为购买的时机可能直接影响到我们的收益,因此,对时机的选择,我们一定要睁大警惕的眼睛。

总的来讲,债券价格上涨转为下跌期间是卖出的最佳时机,债券下跌转为上涨期间则是我们买进的好时机。最佳卖出时机是在债券涨势已达顶峰或者短期趋势中由涨转跌。而买进的时机则是价格跌势已达到谷底,短期趋势中由跌转涨。

要想把握买卖国债的最佳时机,我们必须了解影响债券价格的因素。

影响价格的因素主要有如下三点:

(1) 市场利率

债券的交易价格与市场的利率是呈现反方向变动的，利率上升，债券持有人将可能以较低的价格出售自己的债券，将资金转向其他利率高的金融商品中，从而引起对债券需求的减少，债券价格随之下降；反之，则价格上升。

（2）债券市场的供求关系直接影响其价格变化

债券的供给指新债券的发行以及已发债券的出售，债券的需求即投资者通过对各种金融资产的风险和收益进行分析预测，做出对债券投资理财的选择。这在很大程度上取决于资金面的松紧以及投资者的偏好。债券市场供给大于需求时，债券的价格下降，反之价格上涨。

（3）经济发展状况对债券价格影响很大

经济快速发展阶段，公司企业、政府对资金的需求大量增加，将通过增加债券发行筹措资金，于是债券的供应增加。若社会资金相对短缺，必然导致市场利率的上升，债券价格下跌。经济衰退阶段，公司企业和金融机构出现资金的过剩，不仅会将闲置资金转向债券投资，还将减少债券筹资的需求，从而导致债券价格上升，利率下降。

因此，在国债买卖的过程中我们应该注意对债券的风险要有全面足够的认识。债券风险主要包括以下几类：

（1）政策风险

指政府有关债券市场的政策发生重大变化，或者是有新的举措与法规出台，引起市场波动，从而给投资者带来风险。

（2）利率风险

指市场利率变动引起债券投资收益变动的可能性。市场利率的变化会引起债券价格变动，并进一步影响证券收益的确定性。利率与证券价格呈反方向变化，即利率提高，证券价格水平下降；利率下降，证券价格水平上升。

（3）周期波动风险

指债券市场行情的周期性变动引起的风险。这种行情变动不是债券价格的日常波动和中级波动，而是债券行情长期趋势的改变。

（4）购买力风险

又称为通货膨胀的风险。也就是由于通货膨胀、货币贬值给我们带来的实际收益水平下降的危险。

我们可以通过一定的方法有效地规避这些风险，当无法规避的时候，也可以尽快转移。国债及允许上市的企业债券等其他债券，可以转让，而且转让价格不变。我们可以利用这一点，抓住新券发行的时机，把没有到期的债券提前卖出，连本带利再买入新发行的债券。所得利息可能比到期才兑付的利息还多。

但是我们一定要注意两点：一是卖出时间应选择新国债发行时，以便卖出后买进新券；二是提前卖出时，前一段的利率应比后一段高，或者后一段的利率与新发行国库券的利率相同甚至还要低。此外百分之二的手续费用也应在考虑的范围之内。

时机的选择至关重要，有时候选择将直接决定成败，因此我们一定要在综合考虑各种因素的情况下，根据市场变动，迅速做出决定。

如何计算债券转让的价格

对于债券转让价格的计算，其决定因素是转让者和受让者所能接受的利率水平即投资收益率。一般来说，债券的转让价格还是取决于买方，因为往往是卖方急于将债券兑现，而买方往往容易在债市上买到和当前市场利率水平相当的债券。

对于到期一次性偿还本息的债券，根据购买债券收益率的计算公式，其价格计算公式为：

$$P = M(1+rN)/(1+Rn)$$

其中面值 M、票面利率 r、期限 N 和待偿期 n 都是常数，债券的转让价格取决于利率水平 R，若为分次付息债券，则其价格的计算公式为：

$$P = M(1+rn)/(1+Rn)$$

由于买方所能接受的利率水平一般是和市场相对应，若市场利率高调，债券的转让价格就有可能低于转让方的债券购买价格，转让方就会发生亏损。若转让方坚持以持有债券所要达到的收益水平转让债券，则其价格可根据转让债券的投资收益率计算公式变换为：

P1 = P（1 + Rn1） – L

其中 P1 为转让价，P 为转让者购买该债券时的价格，R 为转让者持有债券期间的收益水平，n1 为持有期，L 为在持有期所取得的利息。R 愈高，则其转让价格就愈高。

从债券投资收益率的计算公式 R =／Pn

可得债券价格 P 的计算公式 P = M（1 + rN）／（1 + Rn）

其中 M 是债券的面值，r 为债券的票面利率，N 为债券的期限，n 为待偿期，Rn 为买方的获利预期收益，其中 M 和 N 是常数。

影响债券价格的主要因素有待偿期、票面利率、转让时的收益率。

1. 待偿期

债券的待偿期愈短，债券的价格就愈接近其终值（兑换价格）M（1 + rN），所以债券的待偿期愈长，其价格就愈低。另外，待偿期愈长，发债企业所要遭受的各种风险就可能愈大，所以债券的价格也就愈低。

2. 票面利率

债券的票面利率也就是债券的名义利息率，债券的名义利率愈高，到期的收益就愈大，所以债券的售价也就愈高。

3. 投资者的获利预期

债券投资者的获利预期（投资收益率日）是跟随市场利率而发生变化的，若市场利率高调，则投资者的获利预期日也高涨，债券的价格就下跌；若市场利率调低，则债券的价格就会上涨。这一点表现在债券发行时最为明显。

一般债券印制完毕离发行有一段间隔，若此时市场利率发生变动，即债券的名义利息率就会与市场的实际利息率出现差距，此时要重新调整已印好的票面利息已不可能，而为了使债券的利率和市场的现行利率相一致，就只能就债券溢价或折价发行了。

4. 企业的资信程度

发债者资信程度高的，其债券的风险就小，因而其价格就高；而资信程度低的，其债券价格就低。所以在债券市场上，对于其他条件相同的债券，国债的价格一般要高于金融债券，而金融债券的价格一般又要高于企业债券。

5. 供求关系

债券的市场价格还决定于资金和债券供给间的关系。在经济发展呈上升趋势时，企业一般要增加设备投资，所以它一方面因急需资金而抛出债券，另一方面它会从金融机构借款或发行公司债，这样就会使市场的资金趋紧而债券的供给量增大，从而引起债券价格下跌。而当经济不景气时，生产企业对资金的需求将有所下降，金融机构则会因贷款减少而出现资金剩余，从而增加对债券的投入，引起债券价格的上涨。而当中央银行、财政部门、外汇管理部门对经济进行宏观调控时也往往会引起市场资金供给量的变化，其反映一般是利率、汇率跟随变化，从而引起债券价格的涨跌。

6. 物价波动

当物价上涨的速度轻快或通货膨胀率较高时，人们出于保值的考虑，一般会将资金投资于房地产、黄金、外汇等可以保值的领域，从而引起资金供应的不足，导致债券价格的下跌。

7. 政治因素

政治是经济的集中反映，并反作用于经济的发展。当人们认为政治形式的变化将会影响到经济的发展时，比如说在政府换届时，国家的经济政策和规划将会有大的变动，从而促使债券的持有人作出买卖决定。

8. 投机因素

在债券交易中，人们总是想方设法地赚取价差，而一些实力较为雄厚的机构大户就会利用手中的资金或债券进行技术操作，如拉抬或打压债券价格从而引起债券价格的变动。

了解债券投资的风险

证券的投资风险是指投资者在预定的投资期限内其投入的本金遭受损失的可能性。对于债券来说，突出的风险有两类，其一是市场风险，它是指由于市场价格的变化造成的损失；其二是违约风险，它是指发债公司不能按时履行付息还本的义务。而市场风险又可细分为：

1. 利率风险

债券是典型的利息商品，投资者投资于债券主要是期望获得比市场利率更高的收益，而当银行利率发生变化时，债券的价格也就必然向其相反方向变化，从而可能造成价差损失。

市场利率上调造成的损失具有相对性，如果债券持有人坚持到期满才兑换债券，则它仍能获得预期的收益，其收益只不过和现行的市场收益水平有一定差距而已。影响银行利率的因素主要是中央银行的货币政策、国家的宏观经济调整及整个社会的平均投资收益水平。

2. 物价因素，一般也称为通货膨胀风险

当物价上涨时，货币的购买力就下降，从而引起债券投资收益的贬值。如我国某银行机构在1991年曾发行了期限为三年、年利率为10%的金融债券，由于1994年的通货膨胀率高达24%，该债券在到期兑换时的实际购买力和三年前相比就大打折扣。当然若购买的是保值债券，则就不受到物价因素的影响。

3. 公司的经营风险

在持券期内，若发债企业由于经营管理不善和债务状况等原因造成企业的声誉和资信程度下降也会影响二级市场债券的价格，从而给投资者造成损失。

4. 时间风险

债券期限的长短对风险是不起作用的，但由于期限较长，市场不可预

测的时间就多，而愈临近兑换期，持券人心里感觉就越踏实。所以在市场上，对于利率水平相近的债券，期限长的其价格也就要低一些。

5. 流动风险

指投资者将债券变现的可能性。市场上的债券种类繁多，所以也就有冷热债券之分。对于一些热销债券，其成交量周转率都会很大。相反一些冷门债券，有可能很长时间都无人问津，根本无法成交，实际上是有行无市，流动性极差，变现能力较差。如果持券人非要变现，就只有大幅度折价，从而造成损失。

6. 违约风险

违约风险是指发债公司不能完全按期履行付息还本的义务，它与发债企业的经营状况和信誉有关。当企业经营亏损时，它便难以支付债券利息；而当偿债年份企业盈利不足或资金周转困难时，企业就难以按期还本。需要说明的是，企业违约与破产不同，发生违约时，债权人与债务人可以达成延期支付本息的协议，持券人的收益可以在未来协议期内获得。而企业破产时则要对发债公司进行清理，按照法律程序偿还持券人的债务，持券人将遭受部分甚至全部损失。

债券投资受益的方法

债券一旦上市流通，其价格就要受多重因素的影响，反复波动。这对于投资者来说，就面临着投资时机的选择问题。

机会选择得当，就能提高投资收益率；反之，投资效果就差一些。债券投资时机的选择原则有以下几种：

1. 在投资群体集中到来之前投资在社会和经济活动中

一般人存在着一种从众行为，即某一个体的活动总是要趋同大多数人的行为，从而得到大多数的认可。这反映在投资活动中就是资金往往总是比较集中地进入债市或流入某一品种。而一旦确认大量的资金进入市场，债券的价格就已经抬高了。所以精明的投资者就要抢先一步，在投资群体集中到来之前投资。

2. 追涨杀跌债券价格的运动都存在着惯性

不论是涨或跌都将有一段持续时间，所以投资者可以顺势投资，即当整个债券市场行情即将启动时可买进债券，而当市场开始盘整将选择向下突破时，可卖出债券。追涨杀跌的关键是要能及早确认趋势，如果走势很明显已到回头边缘再作决策，就会适得其反。

3. 在银行利率调高后或调低前投资债券作为标准的利息商品，其市场价格极易受银行利率的影响

当银行利率上升时，大量资金就会纷纷流向储蓄存款，债券价格就会下降，反之亦然。因此投资者为了获得较高的投资效益就应该密切注意投资环境中货币政策的变化，努力分析和发现利率变动信号，争取在银行即将调低利率前及时购入或在银行利率调高一段时间后买入债券，这样就能够获得更大的收益。

4. 在消费市场价格上涨后投资物价因素影响着债券价格

当物价上涨时，人们发现货币购买力下降便会抛售债券，转而购买房地产、金银首饰等保值物品，从而引起债券价格的下跌。当物价上涨的趋势转缓后，债券价格的下跌也会停止。此时如果投资者能够有确切的信息或对市场前景有科学的预测，就可在人们纷纷折价抛售债券时投资购入，并耐心等待价格的回升，则投资收益将会是非常可观的。

5. 在新券上市时投资债券市场与股票市场不一样

债券市场的价格体系一般是较为稳定的，往往在某一债券新发行或上市后才出现一次波动，因为为了吸引投资者，新发行或新上市的债券的年收益率总比已上市的债券要略高一些，这样债券市场价格就要做一次调整。一般是新上市的债券价格逐渐上升，收益逐渐下降，而已上市的债券价格维持不动或下跌，收益率上升，债券市场价格达到新的平衡，而此时的市场价格比调整前的市场价格要高。因此，在债券新发行或新上市时购买，然后等待一段时期，在价格上升时再卖出，投资者将会有所收益。

计算债券受益的方法

债券收益率是债券收益与其投入本金的比率，通常用年率表示。债券收益不同于债券利息。由于人们在债券持有期内，可以在市场进行买卖，因此，债券收益除利息收入外，还包括买卖盈亏差价。

投资债券，最关心的就是债券收益有多少。为了精确衡量债券收益，一般使用债券收益率这个指标。决定债券收益率的主要因素，有债券的票面利率、期限、面额和购买价格。最基本的债券收益率计算公式为：

债券收益率 =（到期本息和 - 发行价格）/（发行价格 × 偿还期限）× 100%

由于持有人可能在债券偿还期内转让债券，因此，债券收益率还可以分为债券出售者的收益率、债券购买者的收益率和债券持有期间的收益率。各自的计算公式如下：

出售者收益率 =（卖出价格 - 发行价格 + 持有期间的利息）/（发行价格 × 持有年限）× 100%

购买者收益率 =（到期本息和 - 买入价格）/（买入价格 × 剩余期限）× 100%

持有期间收益率 =（卖出价格 - 买入价格 + 持有期间的利息）/（买入价格 × 持有年限）× 100%

这样讲可能会很生硬，下面举一个简单的案例来进行进一步的分析。例如，林先生于2001年1月1日以102元的价格购买了一张面值为100元、利率为10%、每年1月1日支付利息的1997年发行5年期国债，并打算持有到2002年1月1日到期，则：购买者收益率 = 100 + 100 × 10% - 102/102 × 1 × 100% = 7.8%；出售者收益率 = 102 - 100 + 100 × 10% × 4/100 × 4 × 100% = 10.5%。

再如，林先生又于1996年1月1日以120元的价格购买面值为100元、利率为10%、每年1月1日支付利息的1995年发行的10年期国库券，并持有到2001年1月1日以140元的价格卖出,则:持有期间收益率 = 140 – 120 + 100 × 10% × 5/120 × 5 × 100% = 11.7%。以上计算公式并没有考虑把获得利息以后,进行再投资的因素量化考虑在内。把所获利息的再投资收益计入债券收益,据此计算出的收益率即为复利收益率。

选择债券要注意的关键词

投资者在看债券的分析文章,或者媒体提供的债券收益指标时,经常会发现几个专有名词:久期、到期收益率和收益率曲线。这些名词对于投资者选择债券来说都意味着什么呢?

1. 久期

久期在数值上和债券的剩余期限近似,但又有别于债券的剩余期限。在债券投资里,久期被用来衡量债券或者债券组合的利率风险,它对投资者有效把握投资节奏有很大的帮助。

一般来说,久期和债券的到期收益率成反比,和债券的剩余年限及票面利率成正比。但对于一个普通的附息债券,如果债券的票面利率和其当前的收益率相当的话,该债券的久期就等于其剩余年限。还有一个特殊的情况是,当一个债券是贴现发行的无票面利率债券,那么该债券的剩余年限就是其久期。另外,债券的久期越大,利率的变化对该债券价格的影响也越大,因此风险也越大。在降息时,久期大的债券上升幅度较大;在升息时,久期大的债券下跌的幅度也较大。因此,投资者在预期未来升息时,可选择久期小的债券。

目前来看,在债券分析中久期已经超越了时间的概念,投资者更多地把它用来衡量债券价格变动对利率变化的敏感度,并且经过一定的修正,以使其能精确地量化利率变动给债券价格造成的影响。修正久期越大,债券价格对收益率的变动就越敏感,收益率上升所引起的债券价格下降幅度就越大,而收益率下降所引起的债券价格上升幅度也越大。可见,同等要素条件下，修正久期小的债券比修正久期大的债券抗利率上升风险能力强，但抗利率下降风险能力较弱。

2. 到期收益率

国债价格虽然没有股票那样波动剧烈，但它品种多、期限利率各不相同，常常让投资者眼花缭乱、无从下手。其实，新手投资国债仅仅靠一个到期收益率即可作出基本的判断。到期收益率：[固定利率+（到期价—买进价）/持有时间]/买进价。举例说明，某人以98.7元购买了固定利率为4.71%，到期价为100元，到期日2011年8月25日的国债，持有时间为2433天，除以360天后折合为6.75年，那么到期收益率就是（4.71%+0.19%）/98.7=4.96%。

一旦掌握了国债的收益率计算方法，就可以随时计算出不同国债的到期或持有期内收益率。准确计算你所关注国债的收益率，才能与当前的银行利率作比较，作出投资决策。

3. 收益率曲线

债券收益率曲线反映的是某一时点上，不同期限债券的到期收益率水平。利用收益率曲线可以为投资者的债券投资带来很大帮助。

债券收益率曲线通常表现为四种情况：

（1）正向收益率曲线。它意味着在某一时点上，债券的投资期限越长，收益率越高，也就是说社会经济正处于增长期阶段（这是收益率曲线最为常见的形态）。

（2）反向收益率曲线。它表明在某一时点上，债券的投资期限越长，收益率越低，也就意味着社会经济进入衰退期。

（3）水平收益率曲线。它表明收益率的高低与投资期限的长短无关，也就意味着社会经济出现极不正常情况。

（4）波动收益率曲线，这表明债券收益率随投资期限不同，呈现出波浪变动，也就意味着社会经济未来有可能出现波动。

在一般情况下，债券收益率曲线通常是有一定角度的正向曲线，即长期利率的位置要高于短期利率。这是因为，由于期限短的债券流动性要好于期限长的债券，作为流动性较差的一种补偿，期限长的债券收益率也就要高于期限短的收益率。当然,当资金紧俏导致供需不平衡时,也可能出现短高长低的反向收益率曲线。

投资者还可以根据收益率曲线不同的预期变化趋势,采取相应的投资策略的管理方法。如果预期收益率曲线基本维持不变,而且目前收益率曲线是向上倾斜的,则可以买入期限较长的债券;如果预期收益率曲线变陡,则可以买入短期债券,卖出长期债券;如果预期收益率曲线变得较为平坦时,则可以买入长期债券,卖出短期债券。如果预期正确,上述投资策略可以为投资者降低风险,提高收益。

债券投资的策略与技巧

1. 利用时间差提高资金利用率

一般债券发行都有一个发行期,如半个月的时间。如在此段时期内都可买进时,则最好在最后一天购买;同样,在到期兑付时也有一个兑付期,则最好在兑付的第一天去兑现。这样,可减少资金占用的时间,相对提高债券投资的收益率。

2. 利用市场差和地域差赚取差价

通过上海证券交易所和深圳证券交易所进行交易的同品种国债,它们之间是有价差的。利用两个市场之间的市场差,有可能赚取差价。同时,可利用各地区之间的地域差,进行贩买贩卖,也可能赚取差价。

3. 卖旧换新技巧

在新国债发行时,提前卖出旧国债,再连本带利买入新国债,所得收益可能比旧国债到期才兑付的收益高。这种方式有个条件:必须比较卖出前后的利率高低,估算是否合算。

4. 选择高收益债券

债券的收益是介于储蓄和股票、基金之间的一种投资工具,相对安全性比较高。所以,在债券投资的选择上,不妨大胆地选购一些收益较高的债券，如企业债券、可转让债券等。特别是风险承受力比较高的家庭，更不要只盯着国债。

5. 购买国债

如果在同期限情况下（如3年、5年），可选择储蓄或国债时，最好购买国债。

国债购买三注意

作为一种收益较高、风险较小的投资方式，国债正受到越来越多国民的青睐。诚然，收益稳定又可以免征个人收入所得税这些优点的确为国债平添了魅力。但是购买国债也并非只赚不赔，如果操作不慎，不仅不能获利，而且会带来一定的经济损失。如下是投资者应注意的三个事项：

1. **慎重选择，理智求购**

进行国债投资，我们首先应对国债的基本常识做初步了解。如某年的第二期凭证式国债，其特征为记名式国债，不能更名，也不能流通转让；期限两年期、三年期、五年期三种；个人购买该期国债实行实名制，可提前兑取。从这些特征看，国债并非适合所有的投资人，我们应当根据自身的经济状况以及投资的需求，来决定参与与否以及参与的程度。如果投资者希望持有流动性较高的投资品种，就不要选择凭证式国债，因为凭证式国债不能流通转让。

2. **不用应急钱购买国债**

不要用我们应急的现金储备来购买债券。这部分资金放在银行账户上最好。我们如果有一笔资金在较长的时间内不准备移作他用，则以选择购买国债为佳；如果在两年内有其他用途，则是选择相应存期的储蓄更为合算。尤其是在一年内提前支取时，国债将不计息，再加上还要支付本金2%的手续费，此种情况下买国债更是不如选择储蓄有利。因此，我们不要将应急钱用于购买国债，而应根据本人资金状况灵活地进行投资。

3. 警惕黑市交易

据有关部门通报,近年来我国的国库券制假、售假的犯罪活动偶有发生。不法商贩利用人们对假国库券的识别能力差,加之有人有急功近利的弱点,他们往往以较低的价格在"黑市"隐蔽兜售假券,进行犯罪活动。因此,我们购买国债时,一定要到正规的经营场所,不可贪图小利,最终使自己血本无归。

在购买国债时我们一定要慎重比较,三思而后行,根据自己的资金状况和风险承受力,确定自己的选择。

第六章　股票投资理财

导读：股市是中国资本市场的标志性建设，也是投资理财的一个上乘品种。不过，决定股市运行规律的因素错综复杂，徜徉股海，你必须明白股票交易的一般原则，以及股市升跌的内在因素，并练就一副良好的心态与过硬的操作技术。

我国股市的基本特点

要想进行股票理财，我们首先必须对我国股票市场的特点做一个整体了解，股市如战场，对总体的战争形式有了准确的把握，方可百战不殆。

我国的社会主义市场经济是从计划经济向市场经济过渡以及从公有制向多种所有制过渡中产生出来的。中国股市在这个经济体系是公有制、私有制和集体所有制共存的经济体系下发展，有着非常明显和独有的特点。

1. 政府决策最大限度地影响了股市

中国的政府为了保障广大股民的利益，总是最大限度地参与经济领域各个环节的活动。政府管理部门对股市的直接影响程度远比西方股票市场要大。国有资本是我国股市的最大股东，国有资本的持有者国家最大限度地影响着股票市场。

2. 总股本结构复杂

我国股市的上市公司大部分是国家资本控股的公司，同时引入集体所有制资本和私人资本，在股权上有多种所有制股权，股权的复杂性带来股票投资收益的多样性。国有股和法人股的转配股以及分红股是不能流通的，一些上市公司不想持有这些转配国有股，把它们转卖给普通大众，但仍不能流通。由于国有股和法人股的转让常常是无偿协议转让或者低价转让，脱离了市场经济的自由调节机制，从而导致股本结构复杂化。

3. 股票市场的投资者

股票市场的投资个人开户数占总开户数的95%，他们的资本属私人资本；投资机构开户数占5%左右。在股市流通的资金中，国有资金和私人资金各占一半。因此中国股票市场的流通股普遍较小，这给投机垄断者造成了很好的垄断机会。较小的资本就可达到控股的目的，从而造成少数投机垄断者控制大部分股票的局面。股票市场的庄家行为、电视上的跟庄操作、选股建议等是中国股市独具特色的。

了解了我国股票市场的整体特点，我们就能根据自己的具体情况，有针对性地进行规划。当然，事物总是运动的，我国股票市场也总在不停地进行成长变化，我们可以经常关注各种时事信息，调整自己的知识储备，以便适时出击。

股票入市的方法

1. 入市的准备

你想买卖股票吗？很容易。只要你有身份证，当然你还要有买卖股票的保证金。

（1）办理深、沪证券账户卡

个人持身份证，到所在地的证券登记机构办理深圳、上海证券账户卡（上海地区的股民可直接到买卖深股的证券商处办理深圳账户卡）。法人持营业执照、法人委托书和经办人身份证办理。

（2）开设资金账户（保证金账户）

入市前，在选定的证券商处存入您的资金，证券商将为您设立资金账户。

（3）建议您订阅一份《中国证券报》或《证券时报》

知己知彼，然后上阵搏杀。

2. 股票的买卖

与去商场买东西所不同的是，买卖股票您不能直接进场讨价还价，而需要委托别人——证券商代理买卖。

（1）找一家离您住所最近和您信得过的证券商

按您的意愿、照他们的要求，填各种表格即可。如果您想要更省事的话，您可以使用小键盘、触摸屏等工具，还可以安坐家中或办公室，轻松地使用电话委托或远程可视电话委托。

（2）深股采用"托管证券商"模式

股民在某一证券商处买入股票，在未办理转托管前只能在同一证券商处卖出。若要从其他证券商处卖出股票，应该先办理"转托管"手续。沪股中的"指定交易点制度"，与上述办法相类似，只是无须办理转托管手续。

3. 转托管

目前，股民持身份证、证券账户卡到转出证券商处就可直接转出，然后凭打印的转托管单据，再到转入证券商处办理转入登记手续即可。

4. 分红派息和配股认购

（1）红股、配股权证自动到账

（2）股息由证券商负责自动划入股民的资金账户

股息到账日为股权登记日后的第三个工作日。

（3）股民在证券商处缴款认购配股

缴款期限、配股交易起始日等以上市公司所刊《配股说明书》为准。

5. 资金股份查询

持本人身份证、深沪证券账户卡，到证券商或证券登记机构处，可查询本人的资金、股份及其变动情况。和买卖股票一样，如果您想更省事的话，还可以使用小键盘、触摸屏和电话查询。

6. 证券账户的挂失

（1）账户卡遗失

股民需持身份证到所在地证券登记机构申请补发。

（2）身份证、账户卡同时遗失

股民持派出所出示的身份证遗失证明（说明股民身份证号码、遗失原因、加贴股民照片并加盖派出所公章）、户口簿及其复印件，到所在地证券登记机构更换新的账户卡。

（3）委托他人办理的方法

为保证您所持有的股份和资金的安全，若委托他人代办挂失、换卡，需公证委托。

7. 成交撮合规则的公正和公平

无论您身在何处，无论您是大户还是小户，您的委托指令都会在第一时间被输入证交所的电脑撮合系统进行成交配对。证交所的唯一原则是：价格优先、时间优先。

股票如何买卖

作为一个股民，你是不能直接进入证券交易所买卖股票的，而只能通过证券交易所的会员买卖股票，而所谓证交所的会员就是通常的证券经营机构，即券商。你可以向券商下达买进或卖出股票的指令，这被称为委托。委托时必须凭交易密码或证券账户。这里需要指出的是，在我国证券交易中的合法委托是当日有效的委托。这是指股民向证券商下达的委托指令必须指明买进或卖出股票的名称（或代码）、数量、价格。并且这一委托只在下达委托的当日有效。委托的内容包括你要买卖股票的简称（代码），数量及买进或卖出股票的价格。股票的简称通常为四至三个汉字，股票的代码上海为六位数深圳为四位数，委托买卖时股票的代码和简称一定要一致。同时，买卖股票的数量也有一定的规定：即委托买入股票的数量必须是 100 的整倍数，但委托卖出股票的数量则可以不是 100 的整倍。

委托的方式有四种：柜台递单委托、电话自动委托、电脑自动委托和远程终端委托。

1. 柜台递单委托

就是你带上自己的身份证和账户卡，到你开设资金账户的证券营业部柜台填写买进或卖出股票的委托书，然后由柜台的工作人员审核后执行。

2. 电脑自动委托

就是你在证券营业部大厅里的电脑上亲自输入买进或卖出股票的代码、数量和价格，由电脑来执行你的委托指令。

3. 电话自动委托

就是用电话拨通你开设资金账户的证券营业部柜台的电话自动委托系统，用电话上的数字和符号键输入你想买进或卖出股票的代码、数量和价格从而完成委托。

4. 远程终端委托

就是你通过与证券柜台电脑系统联网的远程终端或互联网下达买进或卖出指令。

除了柜台递单委托方式是由柜台的工作人员确认你的身份外，其余三种委托方式则是通过你的交易密码来确认你的身份，所以一定要好好保管你的交易密码，以免泄露，给你带来不必要的损失。当确认你的身份后，便将委托传送到交易所电脑交易的撮合主机。交易所的撮合主机对接收到的委托进行合法性的检测，然后按竞价规则，确定成交价，自动撮合成交，并立刻将结果传送给证券商，这样你就能知道你的委托是否已经成交。不能成交的委托按"价格优先，时间优先"的原则排队，等候与其后进来的委托成交。当天不能成交的委托自动失效，第二天用以上的方式重新委托。

用全局观来炒股

从世界杯十强赛亚洲区的中卡、中乌之战中我们可以看出，作为一名神奇教练，米卢是有着很强的全局观点的。该示弱时就示弱，该逞强时就逞强，总之，只要比赛的进程能够朝着有利于中国队冲击世界杯的目标迈进就行。如今回想起来，大概这也就是米卢之所以充满神奇，能够获得成功的原因所在了。

对于广大的股票投资者来说，米卢的这种全局同样是值得借鉴的。可以说，炒股也要有全局观点，只有那些具有全局观点意识的投资者，他们才能真正成为股市里的赢家。

炒股要有全局观点，在实际操作中，主要体现在两个方面：

1. 重个股，更要重大势

近年来，股市里有一种非常流行的说法，叫做：轻大盘，重个股；又说：撇开大盘炒个股。

事实上，这种说法是非常片面的。虽然当大盘处在一个相对平稳或者是稳步上扬的市况时，这种说法具有一定的可行性，但在单边下跌特别是急跌的市道里，这种做法无疑是非常荒谬的。像在大盘普遍下跌的行情中，有几只股票是真的能够逆势上扬的呢？别说这样的股票难以找到，就算你找到了，你也不敢买进，因为你还担心着它会继续补跌呢！所以在大盘不稳的情况下，想要冒险出击，在看重个股的同时，首先更应看重大盘的走势。

2. 重时点，更要重过程

在股市里，投资者是比较注重股票在某一时间里的价格的，比如最低点和最高点、支撑位和压力位等。这些点位当然很重要，但相对于股指或股价运行的全过程来说，这些又不是最重要的了。

也许在强势上扬的市道里，那最高点之上还有最高点，那压力位根本就没有压力，而在弱势下跌的市道里，情况正好相反。又如，曾经的沪指 1800 点下方，被视为是空头陷阱，跌破 1800 点，大盘会孕育反弹。然而既然只是反弹，那投资者就没有必要抱太大的希望，就更没有必要重仓出击。相反，如果是反转那就大不相同了，投资者大可满仓介入，不赚大钱绝不收兵。

助你股市安全行

股票市场是瞬息万变的，如何在各种复杂的情况下，仍准确地把握好自己的利益，以下五个小技巧可给大家一些启示。

1. 以不变应万变

当我们面对一个非常复杂的对象，看起来眼花缭乱时，以不变应万变堪称最好的方法，因为我们刚刚接触这个行业，由于认识的肤浅或经验的缺乏，实在变不过它。当然也不是说随便做个选择算了，而是用生活中的其他经验使自己形成哲学层次上的认识，来宏观地认真考虑。此时我们应该尽量超脱于股市本身，跳出去，做一个清醒的"旁观者"，将这团烟雾看透，然后把自己慎重思考的结论持之以恒地坚持下去。

2. 设置止盈点和止损点

设置止盈点和止损点，对非职业股民来说是非常重要的，很多散户会设立止损点，但不会设立止盈点。止损点的设立我们都知道，设定一个亏损率，到达位置时严格执行。但止盈点一般散户都不会设定。其实止盈也是很重要的，举个例子，一个先生当年 23 元买入安彩高科，朋友告诉他要设立止盈点，28 元他没卖，跌到 26 元时朋友让他卖，他说我 28 元都没卖，26 元更不会卖，等到 30 元再卖吧。最后呢，13 元割肉。如果先前设立了止盈点，这场悲剧就能避免。

3. 见事不妙，灵活应变

顺利的时候一日千里，逆境到来的时候费力不讨好，稍一不慎就会人仰马翻。当我们明显感到过去的办法不是很有效率的时候，如果能够见风使舵肯定是更好的策略。但实践一段时间后我们就发现了问题，我们很难判断风往哪边吹，风的强度究竟有多大。这时候的关键是学习股市的经典理论，向前人取经，跟周围人探讨，在实践中学习，不断地领悟，只要工夫到了，对市场走势的预测能力总会逐渐提高。我们一旦建立了自己对股票的系统分析方式，也就真正做好了见风使舵的基础。

4. 挑最有肉的那段吃

不少人总想买入最低价而卖出最高价，事实上那样的机会微乎其微。股票创新低的个股无须细看，新低下面可能还有新低。我们买入大约离底部10%左右升幅的个股，最好还要走上升通道，我们这样操作，往往能吃到最有肉的一段。

5. 警惕不断放量的股票

某些股评人士总把价升量增放在嘴边，其实无量创新高的股票我们尤其应该格外关注，对创新高异常放量的个股反倒应该小心。做短线的股票回调越跌越有量，应该是做反弹的好机会，当然，不包括跌到地板上和顶部放量下跌的股票。连续上涨没什么量的反而是安全系数大的，而不断放量的股票大家应该警惕。

跟随股市潮起潮落几回，追逐热点无数，常常哀叹股市的无常，而通过长期的观察，我们必然会发现那么一两个小技巧，让我们在水草肥美的股市罅隙，安静乘凉，却收获颇丰。因此，我们炒股切不可忽视细节的力量。

网上炒股必须的安全措施

如果想要在网上炒股，自己先要选择一家证券公司，如国泰君安、南方证券等，现在入市保证金很低，2000元左右就可以了。拥有自己的股东代码后，你就可以在证券公司开办网上炒股业务了。你可以根据具体证券公司的软件进行下载，比如君安证券用的是大智慧，你只需到公司提供给你的网址上下载软件安装后就可以开始网上炒股了。

在网上炒股之前，公司会给你一个操作手册，其中会告诉你怎样看盘子，看消息，分析行情等，非常多也非常详细，你要自己钻研。当然如果自己感觉看不太懂，你可以每天关注各个地方电视台的股评，他们也会告诉你一些分析的方法。同时购买证券报或杂志，关注最新动向，早点入门。

虽然网上炒股以其方便、快捷等优势赢得了越来越多的投资者的青睐，但作为在线交易的一种理财方式，其安全问题一直受到人们的关注。有些投资者由于自身风险防范意识相对较弱，有时因使用或操作不当等原因会使股票买卖出现失误，甚至发生被人盗卖股票的现象。因此，掌握一些必要注意事项，对于确保网上炒股的安全性是非常重要的。

1. 正确设置交易密码

如果证券交易密码泄露，他人在得知资金账号的情况下，就可以轻松登录你的账户，你的个人资金和股票就没有安全可言了。所以对网上炒股者来说，必须高度重视网上交易密码的设置和保管，密码忌用吉祥数、出生年月、电话号码等易猜数字，并应定期修改、更换。

2. 谨慎操作

网上炒股开通协议中，证券公司要求客户在输入交易信息时必须准确无误，否则造成损失，证券商概不负责。因此，在输入网上买入或卖出信息时，一定要仔细核对股票代码、价位的元角分以及买入（卖出）选项后，方可点击确认。

3. 及时查询、确认买卖指令

由于网络运行的不稳定性等因素，有时电脑界面显示网上委托已成功，但证券商服务器却未接到其委托指令；有时电脑显示委托未成功，但当投资者再次发出指令时，证券商却已收到两次委托，造成了股票的重复买卖。所以，每项委托操作完毕后，应立即利用网上交易的查询选项，对发出的交易指令进行查询，以确认委托是否被证券商受理或是否已成交。

4. 莫忘退出交易系统

交易系统使用完毕后如不及时退出，有时可能会因为家人或同事的错误操作，造成交易指令的误发；如果是在网吧等公共场所登录交易系统，使用完毕后更是要立即退出，以免造成股票和账户资金损失。

5. 同时开通电话委托

网上交易时，遇到系统繁忙或网络通信故障，常常会影响正常登录，进而贻误买入或卖出的最佳时机。电话委托作为网上证券交易的补充，可以在网上交易暂不能使用时，解你的燃眉之急。

6. 不过分依赖系统数据

许多股民习惯用交易系统的查询选项来查看股票买入成本、股票市值等信息，由于交易系统的数据统计方式不同，个股如果遇有配股、转增或送股，交易系统记录的成本价就会出现偏差。因此，在判断股票的盈亏时应以个人记录或交割单的实际信息为准。

7. 关注网上炒股的优惠举措

网上炒股业务减少了证券商的工作量，扩大了网络服务商的客户规模，所以证券商和网络公司有时会组织各种优惠活动，包括赠送上网小时、减免宽带网开户费、佣金优惠等措施。因此大家要关注这些信息，并以此作为选择证券商和网络服务商的条件之一，不选贵的，只选实惠的。

8. 注意做好防黑防毒

目前网上黑客猖獗，病毒泛滥，如果电脑和网络缺少必要的防黑、防毒系统，一旦被攻击，轻者会造成机器瘫痪和数据丢失，重者会造成股票交易密码等个人资料的泄露。因此，安装必要的防黑防毒软件是确保网上炒股安全的重要手段。

第七章　基金投资理财

导读： 一般来说，基金是伴随股市而诞生的一个金融投资品种，也是股票市场的一个附属产品。基金尽管不是股票，但也可以进行与股票差不多的交易，并存在投资风险。而如何判断基金的成长性，避免基投误区则成了投资人的必修课。

基金的必知常识

究竟什么叫基金呢？我们先来举一个生活中的小事例。

假设你有一笔钱想投资债券、股票等证券进行增值，但自己既缺乏精力时间，也没有专业的知识，而且钱也不算多，就想到与其他10个人合伙出资，雇一个投资高手（基金经理），操作大家合出的资金进行投资增值。但这里面，如果10个投资人都与基金经理随时交涉，那事情就乱套了，于是大家就推举其中一个最懂行的人牵头来办这件事。定期从大伙合出的资金中按一定比例提成给他，由他代为付给投资经理劳务费报酬。当然，他自己牵头出力张罗大大小小的事情，譬如挨家跑腿，有关风险的事随时提醒投资经理，进行协商，定期向合伙人公布投资盈亏情况等等，是要付出时间和精力的，提成中的钱也有他的劳务费。上面这事就叫作合伙投资。

当我们将这种合伙投资的模式扩展100倍、1000倍，基金就诞生了。

当然，上面所讲的这种民间私下合伙投资活动，如果在出资人之间建立了完备的契约合同，就称作私募基金（这在我国尚未得到国家金融行业监管有关法规的认可)。

如果这种合伙投资的活动经过了国家证券行业管理部门（中国证券监督管理委员会）的审批，允许这项活动的牵头人向社会公开募集，同时广而告知，吸收众多的投资者加入合伙出资，这就是发行公募基金，也就是现在市场上常见的基金。

简单地讲，基金就是汇集众多分散投资者的资金，委托投资专家，由投资管理专家按其投资策略，统一进行投资管理，为众多投资者谋利的一种投资工具。

下面我们简单来了解一下基金的相关知识。

（1）基金管理人。基金管理人是负责基金的具体投资操作和日常管理的机构。

（2）基金托管人。基金托管人是依据基金运行中"管理与保管分开"的原则对基金管理人进行监督和保管基金资产的机构，基金托管人与基金管理人签订托管协议，在托管协议规定的范围内履行自己的职责并收取一定的报酬。

（3）基金收益。基金收益是指基金管理人运用基金资产进行证券投资活动而获得的基金资产增值的部分，主要包括基金投资所得红利、股息、债券利息、买卖证券价差、存款利息和其他收入。

（4）基金净收益。基金净收益是指基金收益减去按照国家有关规定可以在基金收益中扣除的费用后的余额。

（5）基金契约。基金契约就是一份"委托理财协议（合同）"。指基金管理人、托管人、投资者为设立投资基金而订立的用以明确基金当事人各方权利与义务关系的书面法律文件。

基金契约规范基金各方当事人的地位与责任。管理人对基金财产具有经营管理权；托管人对基金财产具有保管权；投资人则对基金运营收益享有收益权，并承担投资风险。

基金契约的主要内容包括：投资基金的持有人、管理人、托管人的权利与义务；基金的发行、购买、赎回与转让等；基金的投资目标、范围、政策和限制；基金资产估值；基金的信息披露；基金的费用、收益分配与税收；基金终止与清算等。

(6）托管协议。托管协议是基金公司或基金管理人与基金托管人就基金资产保管达成的协议，该协议书从法律上确定了委托方和受托方双方的责任、权利和义务，而且着重是确定托管人一方。

托管人一方所负的责任和义务主要有：

（1）按照基金管理人的指示，负责保管基金资产；

（2）按照基金管理人的指示，负责基金买卖证券的交割、清算和过户，负责向基金投资者派发投资分红收益；

（3）根据基金契约对托管基金的运作进行有效监督等。

如此看来，基金并不是一个很神秘的东西，它就是一种利益共享、风险共担的集合投资方式。

基金的含义

作为一种投资工具，证券投资基金把众多投资人的资金汇集起来，由基金托管人（例如银行）托管，由专业的基金管理公司管理和运用，通过投资于股票和债券等证券，实现收益的目的。

对于个人投资者而言，倘若你有1万元打算用于投资，但其数额不足以买入一系列不同类型的股票和债券，或者你根本没有时间和精力去挑选股票和债券，购买基金是不错的选择。例如，申购某只开放式基金，你就成为该基金的持有人，上述1万元扣除申购费后折算成一定份额的基金单位。所有持有人的投资一起构成该基金的资产，基金管理公司的专业团队运用基金资产购买股票和债券，形成基金的投资组合。你所持有的基金份额，就是上述投资组合的缩影。

专家理财是基金投资的重要特色。基金管理公司配备的投资专家，一般都具有深厚的投资分析理论功底和丰富的实践经验，以科学的方法研究股票、债券等金融产品，组合投资，规避风险。

相应地，每年基金管理公司会从基金资产中提取管理费，用于支付公司的运营成本。另一方面，基金托管人也会从基金资产中提取托管费。此外，开放式基金持有人需要直接支付的有申购费、赎回费以及转换费。封闭式基金持有人在进行基金单位买卖时要支付交易佣金。

认识基金时要澄清基金的几个认识误区：

1. 基金不是股票

有的投资人将基金和股票混为一谈，其实不然。一方面，投资者购买基金只是委托基金管理公司从事股票、债券等的投资，而购买股票则成为上市公司的股东。另一方面，基金投资于众多股票，能有效分散风险，收益比较稳定；而单一的股票投资往往不能充分分散风险，因此收益波动较大，风险较大。

2. 基金不同于储蓄

由于开放式基金通过银行代销，许多投资人因此认为基金同银行存款没太大区别。其实两者有本质的区别：储蓄存款代表商业银行的信用，本金有保证，利率固定，基本不存在风险；而基金投资于证券市场，要承担投资风险。储蓄存款利息收入固定，而投资基金则有机会分享基础股票市场和债券市场上涨带来的收益。

3. 基金不同于债券

债券是约定按期还本付息的债权债务关系凭证。国内债券种类有国债、企业债和金融债，个人投资者不能购买金融债。国债没有信用风险，利息免税；企业债利息较高，但要交纳5%的利息税，且存在一定的信用风险。相比之下，主要投资于股票的基金收益比较不固定，风险也比较高；而只投资于债券的债券基金可以借助组合投资，提高收益的稳定性，并分散风险。

4. 基金是有风险的

投资基金是有风险的。换言之。你起初用于购买基金的1万元，存在亏损的可能性。基金既然投资于证券，就要承担基础股票市场和债券市场的投资风险。当然，在招募说明书中有明确保证本金条款的保本基金除外。此外，当开放式基金出现巨额赎回或者暂停赎回时，持有人将面临变现困难的风险。

5. 基金适合长期投资

有的投资人抱着在股市上博取短期价差的心态投资基金，例如频繁买卖开放式基金，结果往往以失望告终。因为一来申购费和赎回费加起来并不低，二来基金净值的波动远远小于股票。基金适合于追求稳定收益和低风险的资金进行长期投资。

分清开放式基金和封闭式基金

根据基金是否可以赎回，证券投资基金可分为开放式基金和封闭式基金。开放式基金，是指基金规模不是固定不变的，而是可以随时根据市场供求情况发行新份额或被投资人赎回的投资基金。封闭式基金，是相对于开放式基金而言的，是指基金规模在发行前已确定，在发行完毕后和规定的期限内，基金规模固定不变的投资基金。

开放式基金和封闭式基金的主要区别如下：

1. 基金规模的可变性不同

封闭式基金均有明确的存续期限（我国为不得少于5年），在此期限内已发行的基金单位不能被赎回，虽然特殊情况下此类基金可进行扩募，但扩募应具备严格的法定条件。因此，在正常情况下，基金规模是固定不变的。而开放式基金所发行的基金单位是可赎回的，而且投资者在基金的存续期间内也可随意申购基金单位、导致基金的资金总额每日均不断地变化。换言之，它始终处于"开放"的状态。这是封闭式基金与开放式基金的根本差别。

2. 基金单位的买卖方式不同

封闭式基金发起设立时，投资者可以向基金管理公司或销售机构认购；当封闭式基金上市交易时，投资者又可委托券商在证券交易所按市价买卖。而投资者投资于开放式基金时，他们则可以随时向基金管理公司或销售机构申购或赎回。

3. 基金单位的买卖价格形成方式不同

封闭式基金因在交易所上市，其买卖价格受市场供求关系影响较大。当市场供小于求时，基金单位买卖价格可能高于每份基金单位资产净值。这时投资者拥有的基金资产就会增加；当市场供大于求时，基金价格则可能低于每份基金单位资产净值。而开放式基金的买卖价格是以基金单位的资产净值为基础计算的，可直接反映基金单位资产净值的高低。在基金的买卖费用方面，投资者在买卖封闭式基金时与买卖上市股票一样，也要在价格之外付出一定比例的证券交易税和手续费；而开放式基金的投资者需缴纳的相关费用（如首次认购费、赎回费）则包含于基金价格之中。一般而言，买卖封闭式基金的费用要高于开放式基金。

4. 基金的投资策略不同

由于封闭式基金不能随时被赎回、其募集得到的资金可全部用于投资，这样基金管理公司便可据以制定长期的投资策略，取得长期经营绩效。而开放式基金则必须保留一部分现金，以便投资者随时赎回，而不能尽数地用于长期投资，一般投资于变现能力强的资产。

投资基金必知的四个价值点

投资股票，既可以从股票的价差中获利，也可以获取上市公司的分红。但投资基金呢？引起投资者关注的还是基金的分红。

由于基金的业绩与证券市场的关联度极大，基金的业绩也呈现出一定的不稳定性。特别是基金的投资周期较长，短期投资很难得到投资回报。但随着基金产品的不断丰富，投资者对基金产品了解的不断深入，只要在基金投资中做到用心、留心、细心，仍可以像操作股票一样，找到基金投资中的"价值点"。

1. 基金转换投资中的"价值点"

投资者在进行基金投资时，应时刻关注基金净值随证券市场变动的关系，并捕捉基金净值变动中的"价值点"，进行基金产品的巧转换。如当证券市场处于短期高点时（从技术形态上判断），投资者就可以进行基金转换，将股票型基金份额赎回，转换成货币市场基金，从而实现基金的获利过程。

2. 基金申购、赎回费率上的"价值点"

投资者在选择基金产品时，应当就不同的基金产品，针对不同的申购、赎回费率而采取不同的策略，切不能忽略不计。除此之外，在了解各基金产品的费率特点后，应通过基金产品之间的转换而起到巧省费率目的。

3. 场内交易和场外申购、赎回基金产品中的"价值点"

目前的开放式基金产品大多是不可上市交易型的。投资者投资基金只能依照基金净值进行基金投资，而且在时点的把握上和资金的使用上，都受到场外交易条件的限制。即使进行一定的套利操作，也是一种估计。但上市开放型交易基金的推出，克服了这一弊端。

投资者完全可以通过上市型交易开放式基金的二级市场价格和基金净值的变动实现套利计划，为那些进行短线操作基金的投资者提供了基金投资的机会。

4. 基金资产配置和投资组台中的"价值点"

一只基金运作是不是稳健，投资品种是不是具有成长性，观察和了解基金的投资组合是非常重要的。通过基金的资产配置状况预测基金未来的净值状况，将为基金的未来投资提供较大的帮助。

选择基金要考虑的因素

随着我国基金市场的规模化发展，我国基金市场将出现越来越多具有不同个性的基金品种，以满足具有不同收益与风险偏好的投资者的投资需求。但如何在众多的基金品种中，选择既符合自身的投资目的，又具有较

好业绩的基金,是需要投资者花点时间去研究的。一般来说,选择基金要考虑以下几个因素:

1. **基金的收益与风险特性**

基金按其风险和收益特性,可以分为 RR1、RR2、RR3、RR4、RR5 五种类型。RR1 为安定重视型,它追求安定的当期收入;RR2 为收入型,以获得经常性较稳定的收益为目的,关心的是当期收益的增加,但也有产生资本利得的可能;RR3 为成长兼顾收入型,它既追求基金资产的长期增值,也重视固定的当期收入;RR4 为成长型,它追求的是基金资产的稳定、持续的长期增值;RR5 为积极成长型,它的投资目的在于追求最大的资本利得,并不重视当期收入。

从 RR1 至 RR5,基金的风险与收益同时加大,同时,在基金的资产配置方面,对股票的投资比率逐渐增大,而对债券和现金类资产的投资比率逐渐减小。在招募说明书中,基金均明确说明了自己的投资风格(成长型、成长兼顾收入型等),因此,投资者可根据自身的风险承受能力,选择适合自身的基金品种。比如,保险公司和三类企业的资金对稳定性、安全性的要求较高,特别是包括养老基金在内的保险资金期限长、金额大、较为稳定,它们更注重长线投资,注重稳健型投资。因此,安定重视型(RR1)、收入型(RR2)、成长兼顾收入型(RR3)基金是比较适合该类投资者的投资品种。

2. **基金的资产配置**

基金投资组合的资产配置,是指基金资金总额中分别投资于股票、债券及现金等各投资对象品种的投资比率。

理论与实践表明,基金经理通过对证券市场走势的预测、分析来确定股市与债市的预期投资收益率,进而决定基金投资组合中各投资对象品种的投资比率。如果基金经理意识到股票市场将步入低迷状态,也就是说预计股票市场的投资收益率将下降时,基金管理人可以改变资产配置,提高基金投资组合中债券的比例,从而降低投资于股票的比例,反之亦然。

同时,基金的资产配置还与基金经理本身的风险偏好程度有关。如果基金经理对风险的偏好程度较低,那么在实际的基金运作中,基金经理将比较保守、稳健，表现在基金投资组合中对股票的投资比率较低，而对债券和现金类资产的投资比率较高。因此，投资者可根据基金在其投资组合公告书中披露的资产配置状况及其变化情况，并结合大盘的走势，推论基金经理对收益与风险的偏好态度（保守型还是激进型等）及其资产配置的思路，从而判断基金经理对证券市场走势进行研判的准确度。

3. 基金的业绩

投资者在进行投资决策时，不但追求投资的收益性，而且关注投资资金的安全性，即投资者要求比较安全地获得较高的投资回报。我们知道测定收益性的指标是投资收益率，测定安全性的指标则是风险，因此，投资者在分析、评价基金的业绩时，必须同时考虑基金的投资收益率与风险这两个因素。

我国证券业还处于发展的初级阶段，市场的有效性还比较低，大部分股票的收益率之间具有较高的正相关性，表现在我国股票市场上是齐涨齐跌的现象比较严重。这导致通过组合投资也只能分散掉一部分非系统风险。鉴于这种情况，用夏普指数来评价基金的收益率与风险这两个因素具有较高的可信度。夏普指数表示投资组合单位风险对无风险资产的超额投资收益率，即投资者承担单位风险所得到的风险补偿。夏普指数越大，表示基金投资组合的业绩越好。

如果你不知道怎样挑选符合自己投资目标或投资风格的基金，不妨在选择基金前先问问自己以下五个问题：

（1）基金以往表现如何。要确实了解基金的表现，不能单看回报率，还必须有相应的背景参照——将基金的回报率与合适的基准进行比较。所谓合适的基准，是指相关指数和其他投资于同类型证券的基金。

（2）基金以往风险有多高。投资有风险，有些基金的风险相对较高。一般而言，投资回报率越高，风险也越高。因此，考虑基金的回报率，必须同时考虑基金的波幅。两只回报率相同的基金未必是具有同样的吸引力，因为其波幅可能高低不等。

（3）基金投资于哪些品种。对基金的回报要有合理的预期，必须了解其投资组合，即基金投资于什么证券品种。比如虽不能指望债券基金获得每年10%的回报，但对股票基金而言这决不是异想天开。切记，不要根据基金名称猜想其投资组合。

（4）基金由什么人管理。基金经理手握投资大权，对基金表现具有举足轻重的影响。因此，挑选基金时必须知道究竟是哪个基金经理在发号施令，其任职期间会有多长。对其一无所知，可能会有意想不到的损失。例如，有的基金过去几年有着骄人的业绩，而一旦基金经理换将后，投资策略大变，基金的表现迅速下滑。当然，也有换将后表现蒸蒸日上的。

（5）基金收费如何。基金不一定赚钱，但一定要缴付费用。投资人得到专业理财服务，相应必须缴付管理费、认购费、赎回费、转换费等费用。但是费用过高，也不合算。这些费率水平每年基本维持不变，但基金投资于股票和债券的回报却是起伏不定的。你无法控制市场突如其来的变化，也无法控制基金经理的投资操作，但是你可以控制费用。

用最好的方法投资基金

股市的上扬，带动了人们的心情，也点燃了人们购买基金的热情，基金投资逐渐为广大个人投资者所接受，业内人士认为，投资者应更好地把握好基金投资的方法。

1. 区别对待股票投资和基金投资

投资者通常把偏股型基金当作股票来投资，就如有炒基金这一说法。虽然偏股型基金投资的范围也是在股票市场，但是两者的投资还是有本质区别的。股票投资的周期通常比较短一点，当一个价值型低估的股票上涨至合理价位或者溢价之后便会出现滞涨和下调，而有较长投资周期的成长型股票价格一般是由这个上市公司的经营情况来决定。基金投资的是一个经过设计的股票组合，这样的投资组合能够很好地抵御市场的风险，通过投资有价值低估的股票或者具有成长型的股票来获取利润。基金的专家团队也会在股市变化的行情中，为投资者进行合理的调仓，对股票组合进行改变。可以说投资基金的收益更为长久更为稳定，所以投资偏股型基金应该尽量减少操作，通过长期慢慢积累的收益达到一个好的回报。股票投资的周期有长有短，但是基金投资的周期是以长期为主的。

2. 挑选老基金和新基金

投资者在挑选老基金和新基金时常会左右为难。认购新基金感觉建仓期太长，但是净值低手续费便宜；而申购老基金却觉得净值太高手续费也贵。其实是因为大家都没有正确地认识基金净值的含义，所谓基金的净值是由基金的净资产和基金总份额的比值，就是指根据每个交易日证券市场收盘价所计算出该基金的总市值，除以基金当日的总份额，得出的便是每单位基金净值。所以老基金不存在净值高了就缺乏上涨动力了，相反基金如果选股不佳的话，净值再低的基金仍能继续下跌。绝对不是净值低的就比较容易涨，净值高的就很难上涨。而作为老基金和新基金的选择更主要着重于对短期行情的判断，因为老基金的股票组合已经建仓完毕，而新基金还需要重新建仓。如果近期的行情为上涨的话选择老基金更好，但近期的行情为震荡和下调的话选择新基金能以更低的价格建仓。

3. 正确认识基金分红

基金分红是基金公司对长期投资者在不赎回基金的前提下即能获得现金回报的一种方式，所有的基金分红都会在净值上除权，也就是在原先的净值上减去红利的部分。一个基金的价值不会因为分红而提高，相反频繁的分红或者大比例的分红都会影响基金的股票仓位，这样的分红方式会破坏基金的投资组合，会减缓基金增长的速度。适度的在行情放缓的情况下进行分红才是好基金公司的分红方式。而投资者也不要盲目的选择将要分红的基金进行申购，因为分红是无法实现套利的。

判断基金的赚钱能力

对于很多刚搞清楚"基金"和"鸡精"区别的新基民来说，要在众多的基金产品中选择一款适合自己的，其难度不言而喻。我们告诉投资者买基金不怕贵的只挑对的，那怎样才能判断一只基金赚钱能力强呢？

比较简单的做法是比较基金的历史业绩，即过往的净值增长率。目前各类财经报刊、网站都提供基金排行榜，对同种类型基金的收益率提供了苹果对苹果式的比较。在对收益率进行比较时，我们要关注以下几点：

1. 业绩表现的持续性

基金作为一种中长期的投资理财方式，应关注其长期增长的趋势和业绩表现的稳定性。因此投资者在对基金收益率进行比较时，应更多地关注六个月、一年乃至两年以上的指标，基金的短期排名靠前只能证明对当前市场的把握能力，却不能证明其长期盈利能力。从国际成熟市场的统计数据来看，具有10年以上业绩证明的基金更受投资者青睐。

2. 风险和收益的合理配比

投资的本质是风险收益的合理配比，净值增长率只是基金绩效的表观体现，要全面评价一只基金的业绩表现，还需考虑投资基金所承担的风险。考察基金投资风险的指标有很多，包括波动幅度、夏普比率、换手率等。

对于普通投资者来说，这些指标可能过于专业。实际上一些第三方的基金评级机构就给我们提供了这些数据，投资者通过这些途径就可以很方便地了解到投资基金所承受的风险，从而更有针对性的指导自己的投资。专业基金评级机构如晨星公司，就会每周提供业绩排行榜，对国内各家基金公司管理的产品进行了逐一业绩计算和风险评估。

以景顺长城公司旗下的基金为例，公司目前管理了七只偏股型基金，其年收益率都在30%以上。投资者在获得高收益的同时是不是也承受了很高的风险呢？晨星的数据显示，景顺长城旗下股票型基金年净值波动幅度为18%左右，风险偏低；夏普比率的市场平均水平在1.6左右，景顺长城旗下基金普遍处于行业中上水平，内需增长基金更高达3.74。投资者在了解这些数据以后，就会对投资这家公司的基金产品更有信心。

3. 全面考虑

投资者在评价一只基金时，还要全面考察该公司管理的其他同类型基金的业绩。

"一枝独秀"不能说明问题,"全面开花"才值得信赖。因为只有整体业绩均衡、优异,才能说明基金业绩不是源于某些特定因素,而是因为公司建立了严谨规范的投资管理制度和流程,投资团队整体实力雄厚、配合和谐,这样的业绩才具有可复制性。

走近基金定投

购买基金的投资者常常左右为难:买,怕买高了被套住;不买,又怕很快涨上去。此时该怎样购买基金呢?这里,专家为您推荐一个简便的方法——基金定投。

基金定投就是投资者每月在相应的账产上存入固定的资金,银行每月就将定时为你申购基金,每月最小定投额度为 200 元,便于中小投资者持续投资。

1. 选择基金定投,最大的好处是使风险得到有效的均摊

例如,当股市处于 2900 点,短期涨跌难测。此时一次性购买基金,承受的风险就比较大。

2. 选择基金定投,如果股市上涨,你仍能持续赚

如果下跌,每次购买后,平均成本就比一次性购买低。股市涨回来你也能很快扭亏为盈。

基金定投目前在成熟市场相当普遍,但国内投资者采用的不多。其实,投资的时间远比投资的时点来得重要,只要投资时间够长,能够掌握股市完整波段的涨幅,就能降低进场时点对投资收益的影响,享受长期投资累积资产的效果。所以,选择业绩稳健的基金进行定投不失为稳健投资者的理财良策。

办理基金定投,你只要选择一家有代销你认可基金的银行,提出申请,开通"基金定投"后,银行即可每月定时定额为你申购基金了,关键是你每月要按时存钱。

在此要提醒的是，由于基金公司不同，其设定的定投最低金额可能也会不同。

年轻人的基金投资法

年轻人正处于激情澎湃的人生阶段，心中充满了对财富的向往，盼望有钱又悠闲的日子尽快到来。然而，年轻人往往是投资新手，投资经验尚缺，面对基金理财既大胆憧憬又如履薄冰。其实，对于刚刚起步的年轻人，要实现基金理财目标并不困难，只需有步骤、理性地循序渐进便可。基金作为一种长期投资的专业理财工具，可以成为并无太多闲暇时间盯住市场的年轻人，实现投资目标的优良载体，为其提供财富积累的平稳手段。

基金投资初始投资金额往往不大，为投资金额较小的年轻人提供了很大的便利。此外，目前许多基金提供定期定额投资计划，即投资者每个月固定时间投资固定金额的资金。定期定额投资计划让小钱积少成多，随着时间增值，不仅可以使年轻人得到较好的收益，还可以促使其养成定期储蓄、投资的良好习惯。

年轻人投资基金，如何又快又好地入门并迅速精通呢？我们一起来探讨年轻人的基金投资法宝。

1. 买基金前先了解基金的品种

初始投资基金的朋友，往往容易被各种基金宣传单迷惑，所谓有太多的选择就迷失了方向。

其实，选择基金的第一步，我们必须了解基金的种类，然后才谈得上选择，构建自己的投资组合。

基金有很多种，可以根据是否开放、策略、目标的不同，区分为不同的类型。投资者可以依照自己的风险属性自由选择。在此，我们详细为大家介绍一下基金的种类。

依据其买卖的自由程度可以分为开放式基金与封闭式基金。

如果某种公募基金在规定的时间内募集投资者结束后宣告成立（国家规定至少要达到1000个投资人和2亿元规模才能成立），就停止吸收其他的投资者，并约定谁也不能中途撤资退出，中途你想变现，只能自己找其他人卖出去，这就是封闭式基金。

如果某种公募基金在宣告成立后，仍然欢迎其他投资者随时出资入伙，同时也允许大家随时部分或全部地撤出自己的资金和应得的收益，这就是开放式基金。

不管是封闭式基金还是开放式基金，为了方便大家买卖转让，就找到交易所（证券市场）这个场所将基金挂牌出来，按市场价在投资者间自由交易，就是上市的基金。

依据投资策略，基金又可以分为如下几种（其风险性依次降低）：

（1）积极成长型基金。以追求资本的最大增值为目标，通常投资于价格波动性大的个股，择股的指标经常为每股收益成长、销售成长等数据，最具冒险进取性，高风险和高报酬同在，比较适合冒险型投资人。

（2）成长型基金。以追求长期稳定增值为目的，其投资标的以具长期资本增长潜力、素质优良、知名度高的大型绩优公司股票为主。

（3）价值型基金。以追求价格被低估、市盈率较低的个股为主要策略，希望能够发现那些暂时不受市场重视、价格低于价值的个股。

（4）平衡型基金。以兼顾长期资本以及稳定收益为目标。通常有一定比重资金投资于固定收益的工具，譬如债券、可转换公司债等，以获取稳定的利息收益来控制风险，其他的部分则投资股票，以追求资本利得。风险与报酬适中，适合稳健、保守的投资人。

（5）保本型基金。以保障投资本金为目标，结合低风险的收益型金融工具和较具风险的股票的组合投资。运作方式是将部分资金投资于国债等风险较低的工具，部分资金投资于股票，其投资股票部分的份额一般会根据基金净值决定，净值越高，可投资于股票的部分就越高。在国内，保本型基金一般都有第三方担保。不过，要提醒投资者的是，保本型基金并非在任何时间赎回都可保本，在保本期到期之前赎回，也可能面临本金损失的风险。

2. 正确选择适合自己的基金

要选择适合自己的基金，首先要判断自己的风险承受能力。若不愿承担太大的风险，就考虑低风险的保本基金、货币基金；若风险承受能力比较强，则可以选择股票型基金。股票型基金比较适合具有固定收入，又喜欢激进型理财的中青年投资者。承受风险中性的人适宜购买平衡型基金或者指数基金。平衡型基金的投资结构是股票和债券平衡持有，能确保投资始终在中低风险区间内运作，达到收益和风险平衡的投资目的。风险承受能力差的人适宜购买债券型基金、货币型基金。

其次，要考虑到投资期限，尽量避免短期内频繁申购、赎回，以避免不必要的损失。

再次，要详细了解相关基金管理公司的情况，考察其投资风格、业绩。一是将该基金与同类型基金收益情况做一个对比。二是将基金收益与大盘走势相比较。如果一只基金大多数时间的业绩表现都比同期大盘指数好，那么我们可以判断这只基金的管理是比较有效的。三是考察基金累计净值增长率。基金累计净值增长率=（份额累计净值-单位面值）/单位面值。当然，基金累计净值增长率的高低，还应和基金运作时间的长短联系起来，如果一只基金刚刚成立不久，它的累计净值增长率，一般会低于运作时间较长的可比同类型基金。四是当认购新成立的基金时，可考察同一公司管理的其他基金的情况。因为受管理模式以及管理团队等因素的影响，如果某基金管理公司旗下的其他基金有着良好的业绩，那么该公司发行新基金的赢利能力相对来说也会较高。

3. 谨慎选择基金经理

投资者购买基金，对基金经理的关注是必不可少的。一位好的基金经理，将给基金带来良好的经营业绩，为投资者谋取更多的分红回报。从一定程度上讲，投资者购买一只基金产品，首先要看运作这只基金的基金经理是否为一位优秀的基金经理。但从现实来看，仅看其履历表是不够的，仅凭短期的基金运作状况也难以发现基金经理的潜在优势。正是诸多不确定因素，使得投资者在选择基金和评价基金经理时面临着困惑。

如何选择合适的基金经理呢？

首先，应是保持稳定的基金经理，稳定压倒一切。证券市场发展是分阶段性的，股价变化也有一定的周期性，国民经济更有一定的运行规律。因此，基金经理的更替也应当在遵循资产配置规律的前提下进行。

其次，不宜过分强调基金经理的个性化。基金的个性化运作规律应是基金产品以及资产配置组合的运作规律，而不光由基金经理的个人投资风格来决定，更非个人投资策略的简单复制。一只基金运作的好坏，应是基金经理背后团队的力量。过分地宣扬基金经理的个人魅力是不足取的。

再次，多面手的基金经理。通过对基金经理的履历可以发现，研究型的基金经理较多。基金研究在基金产品的运作中起着十分重要的作用。但是在现实中我们往往会发现，具丰富实战投资经验的基金经理，在基金运作中的胜算系数更大。因此，一个良好的基金经理，应当是一个包括研究和投资、营销在内的多面手。

最后，保持经营业绩稳定的基金经理。一只基金能否保持基金净值的持续增长和基金份额的稳定，是衡量一只基金运作好坏的重要判断标准，也对提升投资者信心具有积极意义。

投资理财方式的选择，最重要的是要兼顾流动性和收益性。理财的目的是让我们在尽可能确保本金安全的同时获得最高的收益，在保持资金流动性的基础上增加收益性。投资者可根据自身风险承受力以及将来的资金安排，选择合适的产品。资金充沛者，可以尝试通过不同期限、不同风险和收益性产品的适当搭配，进行组合投资，实现投资资金风险和收益的较佳配比。选择适当组合投资方式是一条行之有效的投资理财之道。

基金投资五大误区

1. 缺乏风险意识，所有鸡蛋放在同一个篮子里

"不要把所有鸡蛋放在同一个篮子里"，这一成熟的理财观念已越来越被广大民众接受，但部分投资者在购买基金时只投资某一基金公司产品、某一类基金产品甚至某只基金，从而承担了较大的市场风险。我们可以长期坚持投资的"三三制"，即每月工资30%存款，30%保险，30%投资。

投资都是有一定风险的，基金也不例外，为了降低风险，我们得谨慎决策，重视组合，进行分散投资，切忌把所有鸡蛋放在同一个篮子里。

2. 根据股指涨跌进行基金的波段操作

波段操作，是一些短线客常用的股票操作手法，但此方法并不适合于基金。首先，投资基金，做波段不是成熟的投资理念。

基金投资专家注重的是价值分析与基本面的研究，由于各路基金，都有各自不同的投资规划和投资组合，而且由于价值投资为主导思想，致使基金投资常不可能马上见效，即使期间在面值之下徘徊也是正常的，因此，只要宏观经济是向好的，基金收益率就会呈现增长的趋势，这是不容置疑的。

另外，基金的持有人，其实是无法选择做波段操作的，因为我们没有办法判断所谓基金的"高位"和"低位"，也就没有办法在"低点"买进和在"高点"卖出。

许多投资者购买基金的钱原本是可用于长期投资的，如果基金净值涨得多了就赎回来，那么这些钱又将在什么时候进入市场投资什么品种呢？事实证明根据股指涨跌进行波段操作的投资策略是不明智的。

把基金等同于股票，以为净值高了，风险也高，用高抛低吸、波段操作、追涨杀跌、逢高减磅、短线进出、见好就收、买跌不买涨这些股票炒作的思路和方法来对待基金，常常赔手续费，还降低了收益率。像买股票一样买基金，是不可能取得成功的。

3. "喜新厌旧"买基金

很多投资者只有当银行推出新基金时才购买，某些人甚至为了买新基金，将涨得多的基金卖了。新基金发售时，银行门口火爆的排队场面似乎也证明了这种行为的正确性。但这真的给投资者增加收益了吗？其实不然。

开放式基金每个交易日都开放申购，没有稀缺性，在基金新发之后仍可以买到。新基金没有过往业绩，投资策略可能没有经过实践检验，而且大多由新的基金经理管理，投资者难以判断其管理能力的优劣。

购买老基金，投资者可以研究老基金的过往业绩，分析其业绩表现的优劣、是否具有持续性，作为投资依据，但并不是买老基金就稳赚不赔，它同样要接受日后经济起伏的考验。

到底是购买已运作得比较成熟的老基金，还是选择刚刚开始认购充满活力的新基金呢？其实，我们只要牢记以下几点原则，就可以轻松解决问题了。第一，不论新旧，只求适当的，购买重点应该是选择适合自己的风险承受能力以及长期理财目标的基金；第二，不论新旧，重点关注"成长性"，投资者应该把重点放在研究新基金所涵盖的投资品种上，看其是否具有持续的增长潜力，同时要全面地考察自己的投资组合；第三，不论新旧，"时时归零"，新老基金面对的同样是未来的环境，其收益的不同是因为选股或择时的不同，而不是因为其是新基金或是老基金。

4. 分红后投资人的实际收益会减少，分红即走

基金作为一种投资品，尤其是专家理财产品，其产品设计特点决定了基金投资组合的稳定性、基金投资收益的均衡化，从而导致了基金净值变动的有限性。因此，以分红取代对基金的短期套利，应成为今后基金投资的真正"时尚"。

基金分红是指基金将收益的一部分以现金方式派发给基金投资人，这部分收益原来就是基金单位净值的一部分。因此，投资者实际上拿到的也是自己账面上的资产，这也就是分红当天（除权日）基金单位净值下跌的原因。

分红虽然使得基金的净值下降，但是基金的累计净值仍然是不变的，而基金是否具有投资价值，应参照其累计净值和一贯表现。对于运作良好的基金，往往只能在更高的价位上才能补回，实践证明，分红即走并非明智之举。

5. 对基金公司、基金经理的评价简单化

大部分投资者对于基金公司及基金经理的评定，只停留在过往业绩的评价，而没有综合考虑公司股东背景、治理结构、投资团队整体实力、产品的风险收益特征等多项因素。

　　投资者也应切忌崇拜明星基金及基金经理。明星基金及基金经理，在基金产品的运作上有其独特的优势。但基金投资是一个中长期的投资过程，由过去的经验我们可以得知，效益排行在前几名的基金，在经过一段时间后很少仍能高居榜首，检验和考核一只基金的管理运作能力还应当从一个更长的时期来考虑，而不能仅局限于一年或更短期的排名。

　　基金投资虽然风险不大，但误入歧途也有可能会遭受破产的教训，切记，风险是无处不在的。初级基金理财者在基金经理的选择和细节的把握上尤其要多下功夫。

第八章　外汇投资理财

导读：随着国际交流的充分展开，外汇渐渐走进普通公民的生活。炒汇则成了一个热度渐升的名词。当然，投资炒汇也是一种不错的理财选择，不过，当你对规则尚未完全领悟之时，盲目进场也是一种风险性赌博。

外汇的基本认识

近年来，外汇市场被越来越多的投资者所青睐，成为国际上投资者的新宠儿，这与外汇市场本身的特点密切相关。投资外汇，我们要从了解它的基本知识入手。

1. 外汇

外汇即国际汇兑的简称，是指外国货币或以外国货币表示的能用于国际结算的支付手段或者资产，主要包括支付凭证、信用票据、外汇现钞以及有价证券等。

我国1996年颁布的《外汇管理条例》第三条对外汇的具体内容规定如下：外汇是指下列以外币表示的可以用作国际清偿的支付手段和资产：①外国货币，包括纸币、铸币；②外币支付凭证（包括票据、银行的付款凭证、邮政储蓄凭证等）；③外币有价证券（包括政府债券、公司债券、股票等）；④特别提款权、欧洲货币单位；⑤其他外币计值的资产。

国际货币基金组织对外汇的定义是为一个国家所拥有的国际债权，不论这种债权是以外币表示或者以本币表示。

2. 外汇交易

外汇交易即是国际间结算债权债务关系的工具。近年，外汇交易不仅在数量上成倍增长，在实质上也发生了重大变化。外汇交易不但是国际贸易的一种工具，而且已成为国际上最重要的金融商品，它的交易种类也随着交易性质的变化而日趋多样化。

外汇交易主要分为现钞、现货、期货、合约现货、期权、远期交易等。现钞交易是旅游者或者由于其他各种目的需要外汇现钞者之间进行的交易；现货交易是大银行之间，或者大银行代理大客户的交易；合约现货交易即投资人与金融公司签订合同买卖外汇的方式，适合大众投资；期货交易即约定时间，按已确定的汇率进行交易，合同的金额是固定的；期权交易是将来是否购买或出售某种货币的选择权而预先进行的交易；远期交易则是根据合同规定在约定日期办理的交割，合同大小不限，交割期也非常灵活。

3. 外汇市场

所谓外汇市场是指从事外汇买卖的交易场所，或者称为各种货币之间进行交换的场所。它的主要特点如下：

1. 有市无场

西方国家的金融业基本上分为两套系统：集中买卖的中央操作和没有统一固定场所的行商网络。股票买卖通过交易所进行。譬如纽约证券交易所、东京证券交易所、伦敦证券交易所，分别是美国、日本、英国股票交易的主要场所。集中买卖的金融商品，它的报价、交易时间以及交收程序都有统一规定，并成立同业协会，制定同业守则。投资者通过经纪公司对商品进行买卖，这称为"有市有场"。

外汇买卖则是通过没有统一操作市场的行商网络进行，不像股票交易具有集中统一的地点。外汇交易网络是全球性的，并且形成了一个没有组织的组织，市场由大家公认的方式以及先进的信息系统进行联系，交易商不具有任何组织的会员资格，但必须获得同行业的信任以及认可。此种没有统一场地的外汇交易市场就被称为"有市无场"。全球外汇市场每天平均有上万亿美元的交易，就是在这种既无集中的场所，又无中央清算系统的管制也无政府的监督下完成清算和转移。

2. 循环作业

全球各金融中心的地理位置是不同的，美洲市场、亚洲市场、欧洲市场因为地理时间差的关系，连成一个全天 24 小时连续作业的全球外汇市场，即循环作业市场。

早上 8 时半（以纽约时间为准）纽约市场开市，10 时半旧金山开市，19 时半东京开市，20 时半香港开市，凌晨 2 时半法兰克福开市，3 时半伦敦市场开市。如此 24 小时不间断运行，外汇市场成为一个不分昼夜的市场，只有周末或者各国的重大节日，外汇市场才会暂停。

连续作业为我们提供了没有时空障碍的理想投资场所，我们可以自由地寻找最佳交易时机。譬如，我在上午纽约市场上买进美元，晚间香港市场开市后美元上扬，我可以在香港市场卖出，不管本人在哪里，都可以参与任何时间、任何市场的买卖。所以我们说外汇市场是一个没有时间和空间限制的市场。

3. 零和游戏

股票市场上，某种股票或整个股市上升或下降，那么某种股票的价值或整个股票市场的股票价值都会上升或下降。

在外汇市场上，汇价的波动所表示价值量的变化与股票价值量的变化完全不同，因为汇率是指两国货币交换的比率，它的变化就是一种货币的价值减少与另一种货币的价值增加。从总的价值量来说，无论怎样变化，既不增加价值，也不减少价值。因此，我们形容外汇交易为"零和游戏"，也就是说财富的转移。

近年，愈来愈多的资金投入到外汇市场，汇价波幅日渐扩大，使得财富转移的规模也越来越大，速度则越来越快。若全球外汇每天是 1.5 万亿美元的交易额，那么上升或下跌 1%，就有 1500 亿的资金更换了主人。外汇汇价变化虽然很大，但任何一种货币都不会变成废纸，即便某种货币不断下跌，它总还会代表一定的价值，除非该种货币被宣布废除。

如此看来，外汇投资，不论涨跌，都可以获利，风险是比较容易控制的；它的投资信息全球公开，完全透明；交易时间又非常灵活，我们可以随时操作；利用外汇投资的杠杆作用，还可以进行超强购买，以小搏大。总之，外汇市场可以称为世界上规模最大、交易最公平、流通量最迅速的金融市场。

外汇投资入门

要参加外汇投资，我们不仅需要关注银行利率、人民币汇率，还得有合理的规划和系统的知识。

1. 善用理财预算，勿用保命钱为资本进行外汇投资

要想成为成功的外汇交易者，首先得有比较充足的投资资本，如有亏损产生，不至于影响你的生活。切记不要用自己的生活资金作为交易的资本，因为这样的账户金额是不容许犯错误的，但是，即使经验丰富者，也是有判断错误的时候。而资金压力过大则会误导我们的投资策略，增大了交易的风险，导致更大的错误。

2. 善用免费仿真账户，学习外汇交易

投资外汇首先要耐心学习，循序渐进，不必急于开立真实交易账户。勿与其他人比较，因为每个人学习的方法不同，获得的心得当然不同。仿真交易的学习，我们的主要目标是发展出自己的操作策略与形态，当我们的获利几率日渐提高，获利额逐渐提升，则表示可以开立真实交易账户进行实战操作了。

3. 外汇交易不能只靠运气

当我们的获利交易笔数比亏损的交易笔数要多，而且账户总额为增加的状态时，则表示我们已逐渐找到做外汇交易的诀窍了。但是，如果我们

在三笔交易中亏损2万元，在另一笔交易中获利3万元，虽然账户总额是增加的，但千万不要自以为是，这可能只是我们运气好或是冒险地以最大交易手数的交易量险胜而已，我们应谨慎操作，适时调整操作的策略。

4. 只有直觉没有策略的交易风险太大

在交易中光有获利的结果是不够的，了解获利产生的原因以及发展出自己的获利操作手法非常重要。交易的直觉很重要，但只靠直觉去做交易是行不通的。

5. 买涨不买跌

外汇买卖如同股票买卖，宁买升，不买跌。因为价格上升的过程中，只有一个点是买错了，那就是价格上升的时候，任何一点买入都是对的。在汇价下跌的时候，只有一点是买对了，那就是汇价已落到最低点，其他点买入都是错的。如此看来，在价格上升的时候买入，只有一点是买错的，但在价格下跌的时候，只有一点是买对了，总的来说，在价格上升时买入盈利的几率比在价格下跌的时候买入盈利的几率大得多。

6. 错误难免，但一定要汲取教训，切勿重蹈覆辙

错误及损失的产生都是在所难免的，无须责备、丧气，重要的是从错误中汲取教训，避免犯同样的错误。我们若愈快学会接受损失，汲取教训，获利的日子则会愈快来临。此外，要控制好情绪，不要因赚了而雀跃不已，也勿因损失了而懊恼。交易中，个人情绪越稳定，越能看清市场的情况同时做出准确的决定。要以理智的心态面对得失，成功者不是从获利中学习，而是从损失中成长起来的，明确了每一次损失的原因，表示我们又向获利之途迈进了一步，因为我们已经找到了正确的方向。

7. 遵循"金字塔"加码原则

"金字塔"加码的意思是第一次买进一种货币后，其汇率上升，收益日渐增加，如果想加码增加投资，应当遵循"每次加码数量比上次少"的原则。逐加码数愈来愈少，形成"金字塔"。因为价格越高，接近上涨顶峰的可能性就越大，危险也随之加大。同时，在上升时买入，将引起多头的平均成本增加，从而降低了收益。

8. 记录好决定交易的因素

每日详细记录决定交易的因素，譬如当时是否有什么事件消息或者其他原因让我们做了交易决定，之后仔细加以分析，并记录好盈亏的结果。若是获利的交易结果，表示我们的分析是正确的，当类似的因素再次出现时，所做的交易记录将有助于我们迅速做出决定；而亏损的交易记录也可以让我们避免犯同样的错误。这个记录有助于提升我们的交易技巧以及找出错误所在。

9. 参考他人经验与意见，不参与不明朗的交易

交易决定应以自己对市场的分析和感觉为基础，再参考他人的意见。如果我们的分析结果与他人相同，那最好；若相反，也不必紧张，如果分析结果相差太悬殊，而我们开始怀疑自己的分析时，最好勿进行交易。初学者进行外汇投资，若感到汇市走势不够明朗，自己又缺乏信心的时候，以不入场交易为宜，否则很容易做出错误的判断。

10. 订下止蚀位置

这是一项非常重要的投资技巧，每一次入市买卖，我们都应该定下止蚀盘，即当汇率跌至预定价位，还有下跌趋势，我们应该立刻结清交易，这样我们才可以限制损失的进一步扩大，保证自己的利益最大化，损失最小化。

学习外汇交易有多种途径可循，只要我们耐心学习，每日进行详细总结，并阅读外汇相关新闻及分析货币走势图，勤能补拙，获得自己的投资法宝。学习外汇交易不如想象中的困难，但也必须按部就班耐心学习，打下扎实的基础，我们就能迈向成功之途。

个人外汇买卖指南

1. 保值

个人外汇买卖的基本目的首先应该是保值。

（1）存在外币资产的保值问题

如果你的外币资产美元比重较大，为了防止美元下跌带来的损失，可以卖出一部分美元，买入日元、马克等其他外币，避免外汇风险。如果你想出国留学，现在就可以着手调整你所持有的外汇，避免所需外汇贬值的风险。例如你要去英国念书，但手中持有的是美元，那么你可以趁英镑下跌之际买入英镑，以防今后需要之时因英镑上涨给换汇带来的损失。

（2）存在外币兑人民币的保值问题

举例说明，如果你有100万日元，当国际市场1美元兑104日元，中国银行的现汇买入价为100日元兑7.8948人民币，即100万日元可兑78948人民币。如果国际外汇市场日元兑美元汇率下跌，日元兑人民币汇率也将下调，100万日元所合的人民币就会减少，日元存款就会亏损。因此此时将日元兑换成美元比较合适。从而达到保值的目的。

2. 套利

如果你现在持有100万日元，想在银行存一年，千万不要这么做！现在日元一年期存款利率仅为0.0215%，也就是说一年之后，你仅能获得215日元的利息，这顶多也就是2美元，或者说，不到20元人民币而已！但是，如果你通过个人外汇买卖业务把日元兑换成利率较高的英镑或美元，情况就大不一样了。我们以美元为例，帮你算一算。假设你在美元兑日元的汇率为108时将100万日元买成9 260美元，而美元一年期存款利率为4.4375%，一年之后可得利息410.9125美元，本金合计9 670.9125美元，假设汇率未变，这相当于1044458.55日元，比把日元存上一年多赚44 243.55日元，相当于410美元，或约3000多元人民币。

3. 套汇

套汇的基本原则是低买高卖。假如你持有1万美元，在美元兑马克升至1.90时买入1.9万马克，在美元兑马克跌至1.82时卖出所得马克，买回10 440美元，这样一来可以赚取440美元的汇差收益。而最近以来，外汇市场起起落落，涨跌频繁，给套汇赚取汇差提供了非常有利的机会。例如你在日元以从1美元兑124日元涨至105日元时，你持有1万美元，当时以 124 日元的价格买入 124 万日元，今天再以 105 日元的价格卖出，将得到 11810 美元，净赚 1810 美元。

4. 套汇和套利，哪个划算？

如果你在交通银行进行外汇买卖的话，一段时间内，没有用账户内的资金进行交易，此时银行按定期存款付利息。在上面的例子中，从 5 月份你买了日元以后到 9 月份卖出日元，按日元三个月定期存款利率 0.0188% 计算，应得日元利息 1240000×0.0188%/4＝58.28 日元（不到 1 美元，忽略不计）。这时你要想一想，如果你放着这笔美元不做日元的买卖，按美元三个月定期存款利率 4.1250% 计算，可得美元利息 10000×4.1250%/4＝103.125 美元。如果汇率变动过小，比如今天的日元汇价仅涨至 120 日元，你卖出 124 万日元，仅可得 10333 美元。

如果做日元买卖，在利息方面（比起不做日元买卖的情况）会损失约 103 美元，在汇差方面会赚取 333 美元；而不做日元买卖，在利息方面可赚取 103.125 美元。因此二者对比看来，做日元买卖虽仍有盈利，但收益率就很低了。所以汇率波动过小而利率差别又很大的情况下，套汇的收益相对较低。

如何获得合法外汇

中国证监会决定，允许境内居民以合法持有的外汇开立 B 股账户，交易 B 股股票。A、B 股的价格存在着巨大的差异，B 股以其较低的市盈率和价格受到了广大投资者的青睐。国内投资者想要加入 B 股投资的队伍，首先须合法持有外汇。国内居民合法取得外汇，有如下渠道：

1. **专利、版权。**

居民将属于个人的专利、版权许可或转让给非居民而取得的外汇；

2. **稿酬。**

居民个人在境外发表文章、出版书籍获得的外汇稿酬；

3. 咨询费。

居民个人为境外提供法律、会计、管理等咨询服务而取得的外汇；

4. 保险金。

居民个人从境外保险公司获得的赔偿性外汇；

5. 利润、红利。

居民个人对外直接投资的收益及持有外币有价证券而取得的红利；

6. 利息。

居民个人境外存款利息及因持有境外外币或有价证券而取得的利息收入；

7. 年金、退休金。

居民个人从境外获得的外汇年金、退休金；

8. 雇员报酬。

居民个人为非居民提供劳务所取得的外汇；

9. 遗产。

居民个人继承非居民的遗产所取得的外汇；

10. 赡家款。

居民个人接受境外亲属提供的用以赡养亲属的外汇；

11. 捐赠。

居民个人接受境外无偿提供的捐赠、礼赠；

12. 居民个人从境外调回的、经国内境外投资有关主管部门批准的各类直接投资或间接投资的本金。

值得提醒注意的是，国内居民如果投资 B 股，必须将外汇汇到证券公司指定的银行保证金账户内。投资者切不可太过心急，而到黑市非法换汇。那里陷阱多多，投资者很容易上当受骗。

如何打理外汇资产

1. 人民币和外币理财产品收益相差不大

很多人认为，人民币升值了，美元贬值了，是不是就意味着现在应该去购买一些人民币理财产品？尽管目前美元理财产品的收益率大都在 5.2%～5.34% 之间，而人民币理财产品的收益率基本在 3%～3.5% 之间，但实际上刨去汇率波动的因素，二者产品的投资回报率相差并不多。

目前美元投资产品的回报率基本比人民币投资产品高 2.5% 左右，但近期美元投资产品的收益仍会高于美元贬值带来的损失，这部分汇率损失也仅是账面损失，但美元投资收益却是实际的到账收益。

2. 专业炒汇收益大

目前外汇资产有四个投资渠道可供选择：银行的定期存款；购买外汇理财产品；投资 B 股市场，或是做个人外汇买卖。

炒汇可以规避一定的个人风险，带来不错的收益。目前美元定期存款的年利率为 3%，算下来和人民币定期存款年利率 2.25% 也差不多，因此市民手中的美元资产通过存款来获益并不理想，而炒汇是一个不错的保值渠道，因为人民币升值是相对于美元的，市民可以通过把美元兑换成欧元、日元等避免汇率风险。

炒汇收益虽然比较好，但炒汇需要相应的专业知识和一定的时间投入，比较适合资金规模较大、有一定抗风险能力的投资者。

3. 理财产品不应只看收益率

很多人到银行买理财产品，大多只是关注理财期限和预期收益率，谁家银行产品收益率高，就去买谁的。这一点，在中小投资者群里表现得特别明显。其实，银行推出的理财产品都有比较详细的说明书，购买者可以通过银行网站、电话银行或直接到银行营业网点了解，最好向专业的金融理财师详细咨询，他们对理财产品都比较熟悉，同时还能给客户提供专业的理财建议。

用理财产品巧避人民币升值损失

人民币升值在新年里正以前所未有的快步向前迈进，当市场中不少研究机构都将今年人民币的累计升幅预期调高的时候，普通人手头所持有的外币可能就面临着被动缩水的危险。其实市面上有不少理财产品和外汇币种可以帮您将这种损失降到最低。

1. 巧用产品避损失

目前，为了帮助投资人规避人民币升值所带来的外汇贬值风险，理财市场中已经出现了一种设有"人民币升值保护机制"的银行理财产品。

以东亚银行发售结束的"基汇宝"产品为例，这是一款代客境外理财计划产品，也就是我们通常所说的QDII，在产品存续期内，东亚银行将每半年的人民币兑美元汇率升幅作为投资收益，即时派发给投资者五年存续期内最高可派发40%的投资收益。

除了东亚银行外，各家商业银行也都使出浑身解数，在外汇理财产品设计中以各种方式帮助投资者获取更高收益。交行上海分行的理财专家就告诉记者，目前外币理财市场正呈现火热景象，各类挂钩型产品的预期收益率也呈现趋升态势，部分弥补了人民币升值带来的外币理财压力。该行发售的得利宝系列产品中，一款以外资机构的优质基金为目标的产品不但可以保证本金，而且收益上不封顶，很被市场看好。

2. 关注非美元币种

除了通过购买外币理财产品让外汇资产保值增值，进行外汇交易亦是一个不错的选择，而且随着欧元等其他货币兑人民币不跌反涨，个人持有这些货币不但难有损失，反而可能会通过准确把握汇市动向而获得超额收益。

人民币汇改以来,虽然人民币兑美元呈现出加速升值的态势,但是兑欧元和英镑等货币却在持续贬值。交行外汇理财专家指出,这些非美元币相对坚挺,投资者可以继续持有,或者投资非美元货币的外汇理财产品,这样受人民币升值影响的可能性就较小。

第九章　期货投资理财

导读： 期货是一种货物预约交易方式，也是一个可以投资理财的金融产品。但期货交易规则中允许存在的投机成分也让期货交易具有很大的风险性，而玩转期货需要的则是专业分析与专业操作！

期货市场的产生与发展

期货市场于1848年在美国产生，最初是由82位商人发起组织了芝加哥期货交易所（CBOT），目的是改进货物运输与储存的条件，为会员提供相关信息；1851年开始，芝加哥期货交易所引进了远期合同；1865年推出第一张标准化的合约，同时实行保证金制度，这是具有历史意义的制度创新；1882年交易所允许以对冲方式免除履约责任，以增加期货交易的流动性。

一百多年来，随着世界经济的一体化以及资本流动的无国界化进程的加快，期货市场也发生了很大的变化，主要表现在商品期货继续发展，金融期货异军突起。国际期货市场的发展，大致经历了由商品期货到金融期货、交易品种不断增加、交易规模不断扩大的过程。

中国期货市场的起步相对晚一些，随着粮食流通体制的改革，我国的价格改革最早从农产品开始，现货价格的失真以及市场缺乏保值机制，引起了当时的领导和学者的关注。人们希望建立一种机制，可以提供指导未来生产经营活动的价格信号,又能防范价格波动造成市场风险,于是期货便应运而生。

期货价格可综合反映出供求双方对未来某个时间段供求关系和价格走势的预期。这种价格信息增加了市场的透明度,有利于提高资源配置的效率。期货市场对国民经济运行的宏观调控,以及企业在市场经济中的运作中具有为政府宏观调控提供参考依据、有助于市场经济体系的建立和完善,调节市场供求,减缓价格波动以及形成公正、公开的价格信号、回避因价格波动而带来的市场风险,起到稳定产销关系、稳定企业经营利润等作用。

1990年10月12日,郑州粮食批发市场经国务院批准,以现货交易为基础,引入了期货交易机制,迈出了中国期货市场发展第一步;1991年6月10日,深圳有色金属交易所成立;1991年5月28日,上海金属商品交易所开业;1992年9月,第一家期货经纪公司——广东万通期货经纪公司成立,标志着我国期货市场在经历了40多年后重新恢复;而后上海粮油商品交易所等的相继成立,加之大批期货经纪公司的飞速发展,使得我国当时期货市场进入一个无序发展的时期。监管能力的制约以及法规的滞后,交易所与期货经纪公司利益的竞争,导致市场违规事件常常发生,从1994年下半年开始,国内期货市场进入整顿期,稳步发展期货市场写入"十五"发展纲要,中国期货市场开始有所复苏。

由此我们可以看出,期货并不是洪水猛兽,它是一个在不断成长和完善的有意义的投资工具。

如何选择期货公司

期货经纪公司是投资者和交易所之间的纽带。投资者要参加期货交易,必须通过期货经纪公司进行。期货公司的服务质量的高低直接关系到投资者的利益。因此对投资者来讲,选择期货经纪公司至关重要。

我们必须了解期货公司的基础竞争能力,也就是指期货公司履行其最基本的"交易跑道"职能，以及维护客户保证金安全的能力。前者主要指它的交易系统的快捷、便利、故障排除能力以及客户资金结算、存取和划转的便捷；后者则指期货公司的风险控制能力以及风险承受能力，我们可以用注册资本金、偿债能力等指标来进行衡量。

新入市的投资者在选择期货经纪公司时，应重点关注以下几点：

（1）应该选择一个迅速准确地接收和执行交易指令的期货公司。最好选择一家网上交易技术先进而且安全的期货经纪公司。如今，网上交易已经成为期货的主要交易模式，因此期货行情和交易系统的稳定性、安全性和便捷性已经成为客户投资成败的重要保障。

（2）应该选择一个能保证资金安全的期货公司。其实期货最大的风险就在于它实行了部分保证金制度，选择一个不能保证资金安全的公司，等于将孩子放进狼窝。因此我们在投资前务必选定一家正规的经纪公司，然后开立期货交易账户。

（3）应该选择一个研发实力强、能提供准确的市场信息以及投资决策的期货公司。信息和市场研究是期货交易赢利的一个关键因素，期货经纪公司的服务是交易通道，另外就是信息服务，为投资者提供相关商品的研究资料、交易建议和报价以便帮助客户做出交易决策，这是目前期货经纪公司竞争的主要层面。因此，我们可以重点选择那些具有很强的研发队伍、信息服务手段完善的经纪公司，而不是根据手续费高低来选择经纪公司。

（4）应该选择一家运作规范、信誉良好的期货经纪公司。目前看来，由于监管的加强，国内出现挪用客户保证金的事件不多，但是2004年四川嘉陵期货事件暴露了一些期货经纪公司因为竞争压力不惜铤而走险进行不规范经营。因此，我们在选择经纪公司时，应着重了解一下公司的实力、商业信誉以及经营情况。

（5）在选择期货经纪公司的同时，我们还要选择一个好的经纪人。目前，国内期货行业普遍采用经纪人模式，一个专业、尽职和诚信的经纪人可以解决投资者在期货投资中的诸多问题，极大地提高投资绩效。

如果有可能的话，我们在做出最终决定前，最好去期货公司访问一次，以便通过访问获得更多准确有效的信息。

期货交易的基本操作程序

期货交易的完成是通过期货交易所、结算所、经纪公司和交易者这四个组成部分的有机联系进行的。首先客户选择一个期货经纪公司，在该经纪公司办理开户手续。当客户与经纪公司的代理关系正式确立后，就可根据自己的要求向经纪公司发出交易指令。经纪公司接到客户的交易订单后，须立即通知该公司驻交易所的出市代表，并记下订单上的内容，交给该公司收单部。出市代表根据客户的指令进行买卖交易。

目前国内一般采用计算机自动撮合的交易方式。结算所每日结算后，以书面形式通知经纪公司。经纪公司同样向客户提供结算清单。若客户提出平仓要求，过程同前，最后，由出市代表将原持仓合约进行对冲（平仓），经纪公司将平仓后的报表送给客户。若客户不平仓，则实行逐日盯市制度，按当天结算价结算账面盈利时，经纪公司补交盈利差额给客户。如果账面亏损时，客户须补交亏损差额。直到客户平仓时，再结算实际盈亏额。

期货交易容易犯的错误

1. 没有趋势概念

新入期市的股民往往只会做多，对于下跌行情不知入市点在哪里。还有一点，期市有两个方向，新入市的投资者往往不知如何判断、或者就从未想过商品期货未来的大趋势；从而造成投资者买卖全凭感觉，缺乏全局观（短线交易除外）。

2. 止损不及时

股民在股市中当股东是常有的事，主要是认为股市风险小，再跌也不会亏完。在期市就不存在这种侥幸了，但有些投资者感觉自己的仓位轻，或者有了些赢利，就不能严格按照自己的指令或者就干脆没有想过止损，这都是期货中的大忌！

3. 赢钱害怕，亏钱胆大

这是初入市者最常犯的错误，人在赢利时，往往害怕利润再吐回去，就急急忙忙获利离场，结果后面一大段都没赚到；亏钱时老抱有幻想，总认为自己能熬出头。可能前面几次都熬回来。但有一次没熬回来．那就要离开期货市场了。

4. 经常主观判断顶和底

股票价格从6元涨到20元时，随便叫个投资者分析，一般都会判断不易追涨，但橡胶从6000涨到10000时，一般人都仅从K线图分析，该到顶了，这就犯了主观判断的错误。事实上，橡胶一直涨到16000附近。主观判断顶和底主要是投资者不了解期货的内涵而一味地盲目相信图表造成的。

5. 没有严格的资金管理

对于初入市者，研判行情的涨跌应该放在第二位，资金管理是第一关。它考验的是投资者思维及操作上的严谨，随意操作，单量时大时小是期货失败的一个重要原因。

对于长期从事股市的投资者，一开始就完全掌握期货的投资理念是不现实的，只有从实践中不断摸索总结，将这种理念转化成自己的东西，并能很好的结合自己的操作风格，这才是在投机领域内长盛不衰的法宝。

期货交易业务流程

1. 期货价格的形成方式

期货价格的形成方式主要有：口头公开叫价和计算机撮合两种方式。

（1）口头公开叫价方式

口头公开叫价方式又分两种,即连续竞价制(动盘)和一节一价制(静盘)。

(2) 计算机撮合交易

计算机撮合交易是根据口头公开叫价方式的原理设计而成的一种交易方式。这种交易方式相对口头公开叫价来说具有准确、连续的特点。目前,我国的期货交易都使用计算机撮合交易系统。

2. 计算机期货交易流程

交易流程有以下几个步骤:

(1) 指令下达方式包括当面委托方式、书面委托方式和电话委托方式。

(2) 受令人有权利和义务审核客户的指令。

包括保证金水平是否足够、指令是否超过有效期和指令内容是否齐全,从而确定指令的有效与无效。

(3) 经纪公司的交易指令中心在接到交易单后,在单上打上时间戳记并检查交易单有无疏漏后,以电话方式迅速传给经纪公司在交易所的出市代表。

(4) 经纪公司的出市代表收到指令后以最快的速度将指令输入计算机内。

(5) 指令中心将反馈回来的成交结果记录在交易单上并打上时间戳记按原程序反馈客户。

(6) 原则上说,客户每一笔交易的最终确认是根据结算公司或交易所的结算部门的最终确认为准。

(7) 客户每一笔交易都由经纪公司记录存档,且保存期限一般低于5年。

(8) 客户每成交一手合约(买或卖),经纪公司都要收取一定的佣金。

期货市场的风险及其防范

我们在进入期货市场进行期货交易时,有必要进一步分析在期货交易各个操作环节上的风险点,以提高自身素质,规范交易行为,把风险降到最小限度。

1. 大户操纵

期货市场虽是一种"完全竞争"的市场，但仍难免受一些势力雄厚的大户的操纵和控制，造成投机性的价格起伏。

美国白银大王亨特兄弟在1980年初炒白银不幸失手就是一个典型的范例。

1979年初，亨特兄弟以每盎司6～7美元的价格开始在纽约和芝加哥交易所大量购买白银。年底，已控制纽约商品交易所53%的存银和芝加哥商品交易所69%的存银，拥有1.2亿盎司的现货和0.5亿盎司的期货。在他们的控制下，白银价格不断上升。

1980年1月17日白银价格涨至每盎司48.7美元，半年时间上涨了4倍。在黄金市场的刺激下，白银价格在1月21日达到50.35美元的历史最高峰，比一年前上涨8倍多。这种疯狂的投机行为，造成白银的市场供求状况与生产和消费实际脱节，市场价格严重地偏离其价值，最终必然会猛跌下来。此时，美国政府为了抑制通货膨胀，紧缩银根，利率大幅上调，期货投机者纷纷退场，致使银价暴跌。到3月底，跌至每盎司10.8美元，使白银市场几乎陷入崩溃的境地。亨特兄弟在这场投机风潮中损失达数亿美元。

2. 投机心理

投机者加入期货交易的目的是利用期货价格的上下波动来获利。因此，何时买进卖出，主要取决于他对期货价格走势的判断，即价格预期，他预期价格将上涨时买进，预期价格将下跌时卖出，预期价格将盘整时则观望。投机者的价格预期不仅受期货价格变动的各种信息的影响（基本因素分析），而且还受他们对当前和历史的价格走势判断的影响（技术分析）。因此，在利好因素的刺激下，人们预期价格将上涨而纷纷购进，从而推动价格上涨；而价格上涨的趋势信息又进一步加强了人们的价格上涨预期，人们进一步购进，从而推动价格进一步的上涨。反之，在价格下跌时，人们预期价格将进一步下跌，纷纷卖出，从而推动价格进一步下跌。可见，期货交易中的价格预期和投机心理对期货价格波动具有极强的推波助澜、加剧波动的作用。

1980年黄金市场出现的空前大风暴,明显地反映了投机心理和价格预期对期货价格的影响力。1979年11月金价仅每盎司400美元左右,1980年1月21日已暴涨至838美元的历史高峰。其暴涨原因是多方面的:经济方面是石油输出国组织宣布大幅度提高油价;而一些大金商肆意渲染、哄抬金价所造成的投机心理更是金价暴涨的重要原因。当金价涨到最高峰时,又谣传美国政府将在1月份拍卖大量存金,使投机者心理突然逆转,竞相抛售黄金期货。1月22日黄金价下跌103美元,到3月份即跌到460美元。这次金价的大起大落,除了经济和政治因素的影响外,投机心理因素也起了巨大的推波助澜作用。而到5月份,黄金市场风浪基本平息,人心转趋看淡,金价疲软。尽管出现一些小的刺激金价上涨的因素,但仍未能改变人们的心理预期,而无法促使金价回升。因此,在预测价格走势时,必须结合各种因素分析大多数交易者的心理预期。

以上列举了影响期货价格的一些主要因素,实际中的影响因素要复杂得多。为了更好地预测期货价格走势,把握有利的交易时机,期货交易者必须注意及时而广泛地收集有关因素的准确而详尽的信息资料;综合地分析它们可能带来的影响,并注意与定量分析工具以及技术分析方法结合起来加以综合应用。

期货市场的各种风险对比现货市场有风险放大的特征,主要体现在下列五个方面:

(1)参与期货交易的商品通常是价格波动较为频繁的商品,期货价格易与现货价格产生强烈的共振,扩大风险面,加剧风险度。

(2)期货交易具有"以小搏大"的特征,投机性较强,交易者的过度投机心理容易诱发风险行为,增加了风险产生的可能性。

(3)期货交易不同于一般的现货交易,期货交易是连续性的合约买卖活动,风险易于延伸,引发连锁反应。

(4)期货交易量大,风险集中,造成的盈亏大。

(5)期货交易具有远期性,未来不确定性因素多,预测难度大。

作为期货市场的投资者,特别是新进入期货市场的新手,在进行期货交易时对于风险的防范,最主要的要注意几个方面:

（1）严格遵守期货交易所和期货经纪公司的一切风险管理制度。如若违反这些制度，将使您处于非常被动的地位。

（2）投资的资金、规模必须正当、适度。如果资金渠道有问题，一旦抽紧，势必影响交易；而交易规模如果失当，盲目下单、过量下单，就会使您面临超越自己财力、能力的巨大风险。切记，期货市场是风险投资市场，绝不是赌场，不要把自己降格为一个赌徒。

（3）要有良好的投资战略。根据自己的条件（资金、时间、健康等），培养良好的心理素质，不断充实自己，逐步形成自己的投资战略。

（4）关注信息、分析形势，注意期货市场风险的每一个环节。

期货市场是一个消息满天飞的地方，要逐步培养分析能力，充分掌握有价值的信息。同时，时刻注意市场的变化，提高自己反应的灵敏度。记住，市场永远是对的。

市场风险是不可预知的，但又是可以通过分析，加以防范的。在这方面，投资者要做的工作很多，最主要的就是，在入市投资时，首先要从自己熟悉的品种做起，做好基础工作，从基本面分析做起，辅之以技术分析。千万不能逆势而为，初期一定要设好"止损点"，以免损失不断扩大，难以全身而退。

总之，期货市场的风险是客观存在的，但风险又是与机遇并存的，在直面风险的同时，机遇也在向我们招手。成功永远是青睐于勇敢者的，智慧与勇敢是你的双翼，愿大家成功。

第十章　信托投资理财

导读：信托投资产品作为一种投资理财的选择在国内尚处于萌芽状态。仅有的信托投资产品还只局限于证券投资基金等有限的投资产品类型。不过，随着金融产品的逐步完善，信托投资理财产品将逐步丰富，也会为人们打理闲置资金提供一条新的通道。

什么是信托

信托起源于英国，是建立在信任的基础上，财产所有者出于某种特定目的或社会公共利益，委托他人管理和处分财产的一种法律制度。信托制度在财产管理、资金融通、投资理财和发展社会公益事业等方面具有突出的功能，尤其是在完善财产制度方面发挥了重要作用，已经为世界上许多国家所采用。就个人信托而言，发展到现在，其功能已相当广泛，包含财产移转、资产保全、照顾遗族、税务规划、退休理财、子女教育保障等。我国正处于信托观念启蒙期，推出的信托产品还只局限在投资型信托。随着人们生活水平的不断提高，信托这种安全有效的财产管理制度必将得到更加广泛的应用。

"信托"一词的一般意义，是指将自己的财产委托他人代为管理和处置，即我们俗称的"受人之托、代人理财"，它涉及委托人、受托人、信托财产、信托目的和受益人。在我国《信托法》中，将信托的含义定义为委托人基于对受托人的信任，将其财产权委托给受托人，由受托人按委托人的意愿以自己的名义，为受益人的利益或者特定目的，进行管理或者处分。故信托是由财产的被移转或处分，及当事人间管理、处分义务的成立等两部分结合而成。这种法律行为与其他法律行为相比较，具有其独特性。这种独特性具体体现在以下三个方面：

（1）信托成立后受托人原则上不能变更受益人或终止其信托，也不能处分受益人的权利。

（2）受托人虽为信托财产所有人，但并不能以任何名义享受信托利益，也不得将信托财产转为自有财产或于信托财产上设定或取得权利。

（3）信托关系除因信托行为所定事由发生或因信托目的已完成或不能完成而消灭者外，原则上并不因自然人的委托人或受托人死亡、破产或丧失行为能力，或法人委托人或受托人解散、合并或撤销设立登记而消灭。

信托理财的优势

信托这种独特的制度设计使其能很好地平衡财产安全性与理财效率两者间的关系，在为委托人提供充分保护的同时，方便了受托人管理财产，因而使其在个人理财中具有其他金融理财工具无法比拟的优势，主要体现在以下几个方面：

1. 专业的财产管理与灵活的理财规划

与个人单独理财相比，专家理财，省时省心，风险低收益高。通过信托集中起来的个人资金，由专业人才进行操作，他们可以凭借专业知识和经验技能进行组合投资，从而避免个人投资的盲目性，以达到降低投资风险，提高投资收益的目的。同时，信托公司还可以根据客户的喜好和特性，量身定做非标准产品，通过专家理财最大限度地满足委托人的要求。这种投资方式和产品的灵活性是券商和基金公司所缺乏的，也是目前所无法提供的。

2. 信托财产的独立性

信托财产的独立性可以保护家庭财产。世界各国和我国的信托法都规定，信托财产具有独立于委托人、受托人和受益人以外的独立的法律地位。合法设立的信托，其名下的财产不受委托人、受托人和受益人的死亡、破产、法律诉讼的影响，这三方的债权人均不得主张以信托财产来偿债。这就为保护家庭财产，避免因各种原因受损而建立了一道法律屏障。我们常听到一些西方的富豪在自己事业顶峰时将财产通过信托的方式转移到独立的法律主体名下，其作用就在于防止因诉讼等意外发生而使自己和后人变得一无所有。我国信托法同样为合法财产提供了这种合法的保护手段。

3. 信托财产把委托人、受托人和收益人的权利和义务、责任和风险进行了严格分离

信托合同一经签订，就把收益权分离给受益人，而把运用、处分、管理权分离给了受托人。信托合同对信托财产的运用、管理、处分有着严格的规定，受托人只能按照信托合同确定的范围和方式进行运作。这种机制固定了当事人各方的责任和义务，确保了信托财产沿着特定的目的持续稳定经营，与公司制相比，是一种更为科学的制度安排。另外，信托公司素有"金融百货公司"的称号，经营灵活，运用信托财产的方式多样，既可以从事证券投资，又可以从事实业投资，还可以贷款、租赁、同业拆借、项目融资等。这在业务范围上保证了可以实行组合投资、化解金融风险。

4. 合法的节税功能

作为独立的法律主体，信托财产产生的收入和利润在时间和空间上区别于委托人和受益人自身的收入和利润，这就为合法节税创造了条件。另外，在信托关系中，虽有各项税负的发生，不过比起单纯的赠予及遗产继承，虽然可能需缴交赠与税，却有助于降低委托人的所得税、遗产税、土地增值税等。这对于已经富裕起来的阶层如何通过遗产信托把财富一代代累积下去，保持家族荣耀特别有意义。因此，经由信托财产规划，可实现合法节省赠与税及遗产税。现在，我国的财产移转大都以赠与或遗产继承的方式实现，但相信不久赠与税或遗产税必将实行，参照国外的类似法

律，此二者税率均高均达50%。因此，考虑税负，就成为富裕阶层移转财产所面临的主要问题。如何降低移转成本，就成为个人信托财产规划的重心。

大众投资信托的方法

面对出现的信托这种新型投资理财方式和众多的信托品种，广大投资者应该如何应对，并根据自己的情况选择合适的投资品种？就目前来说，市场上出现的信托产品，绝大多数都是资金信托产品和证券投资基金。证券投资基金通过几年的发展已经逐渐被人们接受，它的投资方法和策略有很多介绍，就不再赘述，这里主要介绍资金信托产品的投资方法。一般来说，投资者在选择这类产品时，主要应考虑以下几个方面的因素：

1. 发行信托产品（计划）的信托公司的实力和信誉度

信托收益来自信托公司按照实际经营成果向投资者的分配，信托理财的风险体现在预期收益与实际收益的差异。投资者既可能获取丰厚收益，但也可能使本金亏损。产生风险有两大类原因：第一，信托公司已经尽责，但项目非预期变化或其他不确定性因素发生；第二，信托公司在信托财产管理和处置中操作失误，或违法违规操作。由于现在信托业处于发展初级阶段，信托公司都着重于建立良好理财业绩，以及树立知名度，所以目前出现第二类原因的可能性较小。至于第一类原因，最能反映信托公司的理财水平。因此，选择一个实力强、信誉好的信托公司的信托产品是成功投资信托理财产品的前提。

2. 信托产品（计划）的资金投资的方向（或领域）

这将直接影响到收益人信托的收益。对资金信托产品（计划）的选择，应选择现金流量、管理成本相对稳定的项目资产进行投资或借贷，诸如商业楼宇、重大建设工程、连锁商店、宾馆、游乐场或旅游项目以及具有一定规模的住宅小区等一些不易贬值的项目资产，而不应选择投资股市或证券的信托产品,因为我国现行法律实际上已将证券投资信托归入基金法范畴,投资者如需委托人投资证券的,可以投资共同基金,在同等风险条件下,共同基金公司比信托投资公司更为专业;也不应选择投资受托人的关系人的公司股权或其项目资产,否则为信托法律所禁止。

对于信托公司推出的具有明确资金投向的信托理财品种,投资者可以进行具体分析。而有的信托公司发行了一些泛指类信托理财品种,没有明确告知具体的项目名称、最终资金使用人、资金运用方式等必要信息,只是笼统介绍资金大概的投向领域、范围。因此,不能确定这些产品的风险何在及其大小,也看不到具体的风险控制手段,投资者获得的信息残缺不全,无法进行独立判断。对这类产品,投资者需要谨慎对待。

3. 信托产品的期限

资金信托产品期限至少在一年以上。一般而言,期限越长,不确定因素就越多,如政策的改变,市场因素的变化,都会对信托投资项目的收益产生影响。另外,与市场上其他投资品种相比,资金信托产品的流动性比较差,这也是投资者需要注意的。因此,在选择信托计划时,因结合该产品的投资领域和投资期限,并尽量选择投资期短或流动性好的信托产品。

4. 自己的风险承受能力

信托与其他金融理财产品一样,都具有风险。但风险总是和收益成正比的。由于当前资金信托产品的风险界于银行存款和股票投资之间,而收益比较可观,该类品种自推出以来,一直受到广大投资者的青睐,出现了排队购买的景象,这充分说明资金信托产品具有其独特的优势。但投资者也应该看到,信托公司在办理资金信托时,是不得承诺资金不受损失,也不得承诺信托资金的最低收益的。同时,由于信托公司可以采取出租、出售、投资、贷款、同业拆借等形式进行产业、证券投资或创业投资,不同的投资方式和投资用途的差异性很大,其风险也无法一概而论。所以,投资者在面对琳琅满目的资金信托产品(计划)时,还是应保持清醒的头脑,根据自己的风险承受能力,结合前面几个方面,综合分析具体产品的特点,有选择地进行投资。

经过这几年的发展,信托投资理财已经逐渐被人们所认识和接受,但由于信托这种财产管理制度是从国外引进的，加上信托相关的法律和配套政策还不完善，因此，投资者在进行运用信托理财时还需要了解相关的知识，做到有备无患。但无论如何，信托已经来到我们身边，随着信托制度进一步完善，将会出现更多更好的信托产品来满足不同层次人们的理财需求，使投资者有更多的选择，创造更多的财富。

信托产品的选择

收益高、稳定性好是信托理财产品的最大卖点。信托投资瞄准的是中高端客户，实力雄厚的信托公司格外重视客户数据库的建设，对于薪酬较高，但工作节奏快，忙得没时间打理钱财的白领，选择不用太操心的信托投资是颇为合适的。还有一些较富裕的老人，子女在海外工作，不时会寄些外汇回国。老人攒的钱不急着用，也可以投向一些收益较稳定的信托产品。

我们选择信托产品进行投资，可以根据自身的资金实力、税收状况、未来的预期收入以及现金流的分配等因素来确定自己适合的信托产品。最好选择与自己的经济能力、心理承受能力相适应的品种，在收益和风险之间把握好尺度。对于中老年投资者，未来的收入预期不高，资金增值的目的主要用于养老和医疗的，可以选择以项目为主的预计收益稳定的信托产品，而对中青年投资者，未来工作年限还长，预期收入还将增加，相对抗风险能力较强，则可以相应参加一些资本市场运作的信托产品，以获得较高的收益。

若我们预计未来一年内现金的需求比较大，就选择投资一年期限的信托产品，若这笔资金在未来的若干年内变现需求不大，则可以选择投资期限在3~5年的品种，以获得相对高的收益。

进行信托投资，我们首先必须比较全面地了解信托计划的设计质量、信托公司的管理方法和水平、信托财产的运用方向、流动性和收益率、信托的期限以及信托财产的风险性与安全性等，对信托项目所处的地位、行业、领域及赢利能力等进行综合的分析。相同类型的信托产品，我们还需要比较发售信托产品的公司情况，选择信誉良好和资金实力雄厚的信托投资公司发售的信托产品，降低信托投资的风险。

当然，我们还需要了解信托计划的项目情况、信托财产运用方式等要素，关键在于了解其中的风险因素，以及作为受托人的信托公司对这些风险因素的控制强度。选择信托产品必须立足于控制信托风险之上，控制风险的关键在于确认投资者愿意承担怎样的风险及多大的风险，并从该风险中获得适度的收益。我们如果不能根据信托产品的特性判断不同产品的风险，并按照自身承受风险的程度来进行产品的选择，那么，投资信托产品最后不但不能带来期望的收益，还可能带来较大的损失。因此，在进行信托公司以及信托产品的选择时，我们一定得看准了。

从本质上说，信托体现我们社会的一种信用关系。随着国内社会信用体系的不断完善，信托理财的本质会逐渐凸现，信托也会成为常用的理财工具之一。

如何规避信托投资风险

生活中我们该如何购买信托产品、防范投资风险？

我们首先从信托产品暗藏的三处风险点着手来进行具体的分析。

首先是看信托产品的本身。目前信托公司推出的信托产品一般都是针对指定的信托项目，也就是信托资金的具体投向。具体的就要看投资项目所在的行业，我们得看项目运作过程中的现金流是否稳定可靠、项目投产后是否有广阔的市场前景和销路等，这些都预示着项目成功率的高低。

其次我们要看受托人（信托投资公司），必须选择有良好的市场信誉、有稳定经营业绩的公司。我们可以通过了解它的资金实力、资产状况、诚信度、业务水平、人员素质以及历史业绩来确定。我国信托投资公司经历了五次清理整顿后，最近几年还是出现了少数几家问题公司，这都是因为缺乏良好的职业道德，擅自挪用信托资金导致了危机的爆发。所以说，考量一个信托产品很重要的一部分是要看他从哪家公司衍生出来的。

第三就是看信托产品的保证措施是否完备。如果项目出现了问题，原先预设的担保措施是否能及时且有效地补偿信托的本息。许多公司为了以防万一，往往采取双重甚至三重担保措施，来提高信托产品的信用等级。

（1）我们应选择经营规范、有较好口碑的信托公司发行的信托产品。《信托投资公司信息披露管理暂行办法》出台前，我们缺少了解信托公司的渠道，而《暂行办法》出台后，信托公司必须依据《暂行办法》的要求公开披露公司的年度报告及重大事项的临时报告，信托公司的董事会也要保证披露的信息必须真实、准确、完整，因此我们完全可以通过查阅上述报告对信托公司的财务状况、公司的治理情况、风险状况等进行了解。不宜购买治理结构不健全、财务状况不佳、经营风险较高的信托公司发行的相关信托产品。

（2）选定了信托公司之后，我们应重点关注拟定与信托公司签署的信托合同。信托合同是确定投资者与信托公司权利义务的唯一的书面文件，我们一定要仔细研读。在签署合同前，我们应该考虑信托项目的收益达到该公司承诺收益的可能性的几率。比如说，房地产项目从买地、建设到销售直至结算利润，至少需要一两年时间，而股权信托项目在短时间内提升公司的经营业绩，从而产生较为可观利润也不现实。若信托公司承诺收益的可能性到期实现较小，这样的信托产品风险是比较高的，即使到期能够实现信托收益，很有可能也不是来源于信托项目的本身，而是保证人或者是信托公司以其同有资产进行支付的。

（3）信托计划一旦成立后，我们几乎处于对信托财产的失控状态，对信托财产的投资管理来讲是一无所知。所以我们在签订合同时，应该与信托公司就信托财产的审计事宜以及信托计划信息的披露进行明确的约定，要求信托公司定期向委托人、受益人或者其他指定的人员披露信托财产的相关情况，并定期公布信托财产的审计报告。

（4）在信托计划进行中，集合信托计划受益人有权利向信托公司查询与其财产有关的一切信息。根据目前有关信托的法律和法规，在信托计划的任何阶段，信托公司均有义务向相关权利人披露信托财产的管理、运用、收益的相关情况，我们若放弃行使这个知情的权利，无异于在信托本身固有的金融风险之上，又人为地增加风险。

我们把信托作为投资理财的一种工具，必须量力而行，毕竟信托投资也是有机会成本的，在透彻地分析产品之后，再选择合适的来给自己的财产进行增值。在购买信托产品的时候，不要把全部的投资资金都运用在同一款产品上，期限上也要长短结合，收益上不可过分追求高的收益率。因为高收益同时意味着高风险。一般说来，经营作风稳健的信托机构在设计推出贷款类资金信托产品时，是非常关注合作企业的资信状况和融资成本的。在银行信贷无门而主动寻找信托融资的公司或企业，为了解决当前的资金需求常常是不惜高额利率，其实质极有可能是把企业的财务风险转嫁给信托投资者，往往将潜在风险后置，所以我们一定要理智决策，清醒投资。

信托产品的风险随着不同项目的资金运用方向、发行信托产品的公司实力、资金运用的风险控制措施等大相径庭。一般说来，资本实力较强的公司发行的、以贷款方式运用于市政项目并有相应担保措施的信托产品的风险是比较小的。而运用于资本市场，或者是股权投融资的信托产品，在没有转嫁风险的机制下，单个产品的风险是相当大的。

总之，我们进行信托投资前一定要正确估量投资风险。根据有关法规，信托项目运营过程中发生的风险，要完全由投资人承担，信托公司既不承诺信托财产不受损失，也不保证最低收益。只有当信托公司违背信托合同进行擅自操作时，才负责赔偿委托人的损失。信托理财的风险，也体现在预期收益和实际收益的落差上。我们应关注信托公司的风险控制手段，幻想追求低风险下的高收益是不现实的。

最后，在以上判断的基础上，我们可以选择与自己的经济能力、风险承受能力相适应的信托产品。

第十一章 黄金投资理财

导读：黄金作为世界公认的财富等价物，其所具有的投资理财与收藏价值是首屈一指的。由此衍生出的金融产品也具有很好的投资理财功能。比较而言，黄金投资的收益相对稳定，风险性较低。

对黄金的基本认识

要参与黄金投资，在市场中获得投资增值、保值的机会，我们首先必须对黄金的属性、特点以及其在货币金融中的作用有一个初步的了解。黄金投资主要有两种：纸黄金和实物金。纸黄金是指投资者按报价，在账面上买卖"虚拟黄金"获取差价的一种投资方式；实物金是指个人购买金块、金条等实物黄金的投资方式。

1. 黄金的分类

金属可以分为两大类：铁质类和不含铁质类。铁质类的金属包括纯铁和钢，都是产量较多价格相对便宜的金属。不含铁质类可分为3种：贵重金属、基本金属和合金。制造首饰一般使用不含铁质类的金属。

2. 拉力

黄金的拉力异常的强。金是众金属中拉力最强的，据说1安士的金可以拉成50里长。金的可锻性也是首屈一指的，可以造成极薄易于卷起的金片。这些特性令它易于铸造,是制造首饰的佳选。

3. 物理性质

黄金是有着良好物理特性的贵金属,表现为:①熔点高,达摄氏1064.43度,"真金不怕火炼"就是指一般火焰下黄金不容易熔化。②密度大,为19.31克/立方厘米(18℃时),手感沉甸。③韧性和延展性好,良导性强。纯金具有艳丽的黄色,但掺入其他金属后颜色变化较大,如含银合金呈浅黄色或灰白色,金铜合金呈暗红色。④黄金比较容易被磨成粉状,这是金在自然界中呈分散状的原因,我们佩带的纯金首饰经过磨损,分量会逐渐减少。

由于黄金具有开采成本高、开采不易、物理特性良好等特点,在长期的社会历史发展中它不但被人类用作装饰,还被赋予了货币价值的功能。直至20世纪70年代,黄金才从直接货币作用中分离出来,即黄金的非货币化。但作为贵金属,黄金如今依然是世界主要的国际储备。

按性质,黄金可分为"生金"和"熟金"两大类。生金我们又称为"原金"或"天然金",是人们从矿山或河床边开采出来、未经提炼的黄金矿石。而经过提炼的黄金称为"熟金"。熟金中如加入其他元素,则会使黄金在色泽上出现变化,我们通常将加入了金属银而无其他金属的熟金称之为"清色金",而将掺入了银和其他金属的黄金称为"混色金"。k金是混色金成色的一种表示方式,4.1666%黄金成分为1k。黄金成色还可直接用含量百分比来表示,通常我们将黄金重量分成1000份的表示法,如黄金制品上标注9999的为99.99%。

市场上的黄金制品成色标识分为两种:一是百分比,如G999等;另外则是k金,如G24k、G22k和G14k等。我国对黄金制品印记和标识牌都有着严格的规定,一般要求有生产企业代号、含量印记、材料名称等,无印记则为不合格产品。国际上亦如此。

4. 黄金的成色

黄金及其制品的纯度我们称作"成"或"成色"。

我们用"k金"表示黄金的纯度。国家标准GBll887-89规定,每k(英文carat、德文karat的缩写,习惯称作"k")含金量为4.166%,各K

金含金量分别为（括号内为国家标准）：

8k = 8 * 4.166% = 33.328%（333‰）

9k = 9 * 4.166% = 37.494%（375‰）

10k = 10 * 4.166% = 41.660%（417‰）

12k = 12 * 4.166% = 49.992%（500‰）

14k = 14 * 4.166% = 58.324%（583‰）

18k = 18 * 4.166% = 74.998%（750‰）

20k = 20 * 4.166% = 83.320%（833‰）

21k = 21 * 4.166% = 87.486%（875‰）

22k = 22 * 4.166% = 91.652%（916‰）

24k = 24 * 4.166% = 99.984%（999‰）

24k金常被认为是纯金，为"1000‰"，但实际含金量为99.99%，折为23.988k。

由此我们可以看出，黄金拥有许多的特性，是最珍贵、最罕有的一种金属。我们对黄金有了一定的了解，便可以初步判断其纯度、估量其价值。

黄金投资三种类型

与古时候藏金不同的是，现在可以投资的黄金产品非常丰富，产品有纸黄金、实物黄金、黄金期权等。纸黄金是指投资者按报价，在账面上买卖"虚拟黄金"获取差价的一种投资方式；实物金是指个人购买金块、金条等实物黄金的投资方式；黄金期权是购买一定数量标的的权利，期货则是一种定金合约交易。投资者可以根据自己的投资策略选择黄金产品，投资者如果是以长期保值为目的，可以选择实物金产品，若是以短线投资为主，不妨选择纸黄金进行操作。

1. 纸黄金

纸黄金其实就是指黄金的纸上交易，投资者不发生实金提取和交割，他们的买卖交易记录只在个人预先开立的"黄金存折账户"上体现，个人通过把握市场走势进行低吸高抛，赚取黄金价格波动的差价，是一种账面黄金。

纸黄金投资资金门槛比较低，操作也比较简单。年收益约为20%，具有高风险高收益的特点。中国银行的"黄金宝"业务，是最早推出的账面黄金交易系统。"黄金宝"的报价跟随着国际黄金市场的波动情况进行；工商银行与上海黄金交易所设立的交易试点中，也可以对50克的小金条和1000克的AU99.9金条进行账面交易。

相对投资实物黄金，账面黄金交易的门槛更低，只需要10克就可以进行交易。也就是说，投资人拿出千元就可以在黄金市场上小试身手了。纸黄金交易因为免去了实物金条交易的保管费、储存费、保险费、鉴定及运输费等费用的支出，投资中的额外费用降低了不少。但是我们在进行账面黄金交易的时候，需要支付一笔买入卖出的手续费，因此我们在计算自己的获利空间时，一定要把这笔手续费计算在内，只有当金价的涨幅超过了银行设置的交易手续费，才是获利的真正开始。

2. 实物黄金

从某种意义上说，实物黄金最符合人们"藏金"的心理需求。黄澄澄的金条，看得见，摸得着。

广义上的实物黄金可分为纪念性和装饰性实物金，以及投资性实物金。所谓纪念性和装饰性的实物金，前者包括纪念类金条与金币，如"奥运金条"、"贺岁金条"和"熊猫金币"；后者则是指各类黄金首饰制品，其不具有真正意义上的黄金投资性质。真正意义上的投资性实物金具有交易成本较低，与金价保持完全的正相关及连动性。

标准金条是如今黄金市场上最为主要的交易工具，它的形状、成色、规格、重量等都有相应严格的标准，市场上较为常见的是交割单位为50克的AU99.99金条以及交割单位为1000克的AU99.99金条。根据国际惯例，此种标准金条在浇铸成型的时候必须标明其成色、重量，以及精炼厂的编号等等。

实物金条的保值功能比较突出，历来就是作为一种投资的避险工具，它的价格走势常是与其他投资品种的走势相逆的，加之黄金本身具有天然货币的属性，能在很大程度上抵御通胀的风险。不少纪念性实物金，发售的时候都采用限量发售的方式，每个产品上均有相应的编号。这种稀缺性，决定了其收藏价值和增值潜力。投资于这种纪念性实物金，也许还可获得不少高于金条本身价值的"溢价"。

装饰性实物金即我们生活中最常见的黄金饰品，老一辈的人，喜欢用收集黄金饰品的方式来进行黄金投资，不少人家还将黄金饰品作为"传家宝"，世代相传。但是从投资的角度来看，黄金饰品并非黄金投资的首选。

黄金饰品的价格除了金价外，还含有加工、销售费用。从金块到金饰，金匠或珠宝商要花不少心血进行加工制作，而作为一种工艺美术品，是要被征税的，最终到达购买者手中时，还得加上制造商、批发商、零售商等多个环节的利润，这一切费用都由消费者承担。而当我们将黄金饰品变现出售时，即使是全新的饰品，也是按二手饰品来对待，价格不够新品的三分之二。加之黄金饰物在日常使用中，会受到磨损和碰撞，重量会减轻。买价和卖价之间的差距，大大降低了黄金饰品的投资价值。

3. 黄金期权与期货

期权，又称"选择权"，是买卖双方在未来约定的价位，具有购买一定数量标的的权利而非义务。如果价格走势对期权买卖者有利，会行使其权利而获利。如果价格走势对其不利，则放弃购买的权利，损失只有当时购买期权时的费用。

黄金期权是黄金市场上的衍生产品，我国现阶段主要有上海金交所的黄金现货延期交易和中国银行推出的黄金期权，它们均为准期货性的黄金交易，杠杆效应大，收益与风险也随之放大。

黄金期货交易的对象是期交所提供的各期限的黄金合约，报价以人民币提供，交易起点为1手合约，即1000克。

黄金期货的购买、销售者，都在合同到期日前出售和购回与先前合同相同数量的合约，也就是平仓，无需真正交割实金。每笔交易所得利润或亏损，等于两笔相反方向合约买卖差额。这种买卖方式，就是人们通常所称的"炒金"。黄金期货合约交易只需10%左右交易额的定金作为投资成本，具有较大的杠杆性，所以，黄金期货买卖又称"定金交易"。

对于投资者来说，黄金投资中引入期权期货交易，具有收益大、保有权利的特点。但业内人士指出，黄金期权和期货买卖投资战术比较多并且复杂，掌握起来是有一定难度的。因此我们选择的时候一定要对其利弊进行谨慎权衡。

如何进行黄金投资

要进行黄金投资，我们首先得做好各种准备工作，所谓有备而来，方可战无不胜。

1. 我们要做好目标准备

投资时间上可以分为短期投资、中期投资和长期投资，获利要求上分为保值和增值两种，操作手法上则分为投资和投机两种。在投资时间上，我们一定要把握好止损止盈。炒金也是有风险的，因此我们每次交易前都必须设定好"止损点"和"止盈点"，当我们频频获利时，千万不可大意，不能让亏损发生在原已获利的仓位上；当我们面对市场的反转走势，与其平仓没有获利，也不让原已获利的仓位变成亏损。不能让风险超过原已设定的可容忍范围，一旦损失至原设定的限度，不要犹豫，该"割肉"就"割肉"，方可适时控制住风险。

2. 我们要做好组合准备

普通家庭的黄金投资占整个家庭资产的比例最好不要超过10%。当然，在黄金预期将大涨的前提下，我们可以适时提高这个比例。我们可以进行分批介入。因为全仓进入往往风险很大，黄金市场是变幻莫测的，即便有再准确的判断力也不排除出现错误的可能。新手炒金由于经验匮乏，刚开始时投入资金不宜过大，应该先积累一些经验再说。若是炒"纸黄金"的话，可以考虑采取短期小额交易的方式分批介入，每次卖出买进10克，一有利差就出手，此法虽然有些保守，但却很适合新手操作。

3. 我们要做好品种准备

标的分为实物黄金、纸黄金、黄金期货或期权，对于有条件关注黄金市场金价走势，尤其是对有外汇买卖经验的投资者来说，可以选择纸黄金；有比较大的风险承受能力的人可选择黄金期货或期权进行投资；而一般的投资者则适宜选择实物黄金，如金条、金砖等。实物黄金中的纪念性实物金尤其适合个人收藏或馈赠亲友。

对于投资者来说，如何选择适合自己的实物黄金产品，可谓见仁见智。有一点是肯定的，那就是要具权威性，例如交割的平台，成色的认定，就算不能达到最好，也得保证相关机构在业界的权威，实物黄金投资毕竟是拿到手的实实在在的黄金，若不能保证权威性，即使价格再便宜，也不可以保证投资的安全性。

4. 我们要做好信息准备

目前获取黄金投资相关信息的渠道愈来愈多，除银行网点，不少财经类报纸、杂志和网站都提供相关的信息，譬如高赛尔网站、搜狐理财黄金频道、和讯理财黄金频道。要想获得第一手的投资信息，首先我们得关心时政。国际金价与国际时政密切相关，因此，新手炒金一定要多关注一些影响金价的政治信息、经济信息以及市场信息，进而相对准确地分析金价走势，把握大势，方可把握盈利的时机。同时，我们还要对黄金的需求信息进行搜集了解。

5. 我们要做好风险准备

黄金投资和黄金储藏是两回事，20 世纪 80 年代，黄金身价曾经一度飚升到 855 美元/盎司，1999 年黄金价跌到历史大底 255 美元/盎司，所以，我们一定要有风险意识，做好与之相关的经济和心理方面的准备。

那么黄金投资存在哪些风险呢？

（1）以小搏大。对黄金投资者而言，"以小搏大"显然是相当具有诱惑的投资方式。"以小搏大"就是一种保证金交易的方式。付总金额 5%～10% 左右的保证金，即可进行全额的黄金交易。"个人炒金银行贷款九成，1万元能炒10万元"也因此广泛流传于炒金市场。虽然"贷款炒金"业务在使投资功能放大 10 倍的同时，也将风险放大了 10 倍。

（2）外盘投资。一些境外投资机构瞄准了我国巨大的潜在市场以及投资者认知度较低的空隙，大力吸引资金进行外盘投资。他们通常有两种合法身份：一是利用国内公民身份在中国内地设立黄金制品或咨询公司；另一种身份是拥有香港或者新加坡等海外市场的交易席位，方便直接在外盘市场平盘了结。目前国内只有中国银行、工商银行、农业银行和建设银行四家获准参与国际黄金市场，很多代理外盘黄金投资的公司，其实是打了擦边球。

（3）回购风险。回购风险，实物黄金的价值在于财富的储藏和资本的保值。进行实物黄金投资往往让人觉得"手有货，心不慌"。而如果进行实物黄金投资，还需要根据金价的波动，通过黄金买卖来实现盈利。目前国内投资黄金，大多作为一种财产储藏手段，淡化了风险。而黄金作为我们理财的投资渠道，其风险防范却不能忽视。投资实物黄金时，应购买知名度和信誉度较高的公司制造的黄金产品，以后在出售时则会省去不少费用和手续，回购变现的信誉也要考虑。我们对一些非正规企业做出的回购承诺最好避而远之。

黄金买卖不是靠运气，靠运气即使一时能够获得收入，但是结果根本不能控制，我们可以通过一定的分析进行预测。

（1）政治局势。政局动荡通常都会有对金价利好情况的出现，战争使得物价不断上涨，令金价得以支撑。譬如美伊危机、朝核问题、恐怖主义等造成的恐慌、国际原油价格的涨跌以及各国中央银行黄金储备的政策变动等，都对黄金的价格有较大的推进作用。而世界局势相对稳定时则会使金价受到一些不利的影响。

（2）黄金的产量。黄金产量的增减，一定程度上决定黄金的供求平衡。黄金产量最大的是南非，当地的任何工人罢工或者其他特殊情况的发生，都对其产量产生影响。其次，黄金的生产成本也对产量有影响。例如 1992 年黄金生产成本提高，不少金矿停止生产，导致了金价一度推高。而新开采技术或新矿藏的发现，将使黄金的产量有所增加，价格也必受到影响。

（3）政府行为。如果政府需要套取外汇，不管当时黄金的价格怎样，都会沽出储备黄金来获取。当然，政府黄金回收的数据，也是影响黄金价格的重要指标。我们要关注政府的一些扶持政策以及政府铸币用金情况。

（4）黄金需求。黄金除了是一种保值工具以外，更有工业用途和装饰用途。电子业、牙医类、珠宝业等用金工业，在生产上出现的变动，都会影响到黄金的价格。譬如，每年第四季度适逢西方的感恩节、圣诞节以及中国的农历春节等传统黄金需求的旺季，根据此类信息的指示，我们可以分析得知，在年底之前，金价一般会有上涨的空间。

（5）美元的走势。黄金和美元是相对的投资工具，美元的走势一旦强劲，投资美元将获得更大的收益，美元的投资必呈上扬趋势。相反，美元处于弱市的时候，投资者则会减少对美元的投资，投向金市，推动黄金价格的强劲。

（6）通货膨胀。物价指数上升，意味着通货膨胀的加剧。通涨的到来将影响一切投资的保值功能，此时金价升降较大。黄金作为对付通货膨胀的武器，其作用已不如以前，但高通胀仍然会对金价起到很大的刺激作用。

（7）利率因素。利率提高，储蓄存款会获得较大的利息收益，对于无息的黄金，将造成利空作用。相反，利率下滑，则对金价比较有利。

我国个人黄金投资起步时间不长，广大投资者对黄金投资还不是很熟悉。进行充分的前期准备工作，是黄金投资者的必修课。有了充足的知识和信息做铺垫，才能实现更顺利的投资。

家庭黄金理财不宜投资首饰

近期黄金价格屡创新高。业内人士认为，目前国际黄金市场需求旺盛，供不应求的情况不会在短期内改变，而且各种指标长期显示为对金价的利多影响，黄金的长期走势依然看好。随着国际黄金价格的不断上涨，国内市场的金价也是水涨船高。飙升的金价使黄金饰品受到消费者的热情追捧。

1. 存在微调可能长期走势看好

目前，由于各国外汇储备体制的变化，各国中央银行正在提高黄金储备比例。中、印等发展中国家珠宝需求的强劲增长，也使得黄金价格有了长期上涨的基础。据世界黄金协会的统计，全球黄金需求量已连续6个季度增长，去年第四季度以来需求保持了两位数的增长。

同时，从黄金供应方面看，由于供应下降，供求缺口较大。黄金开采量因印尼、南非及澳大利亚等地产量骤降而下降。

由于国际市场原油价格居高不下，加大了通货膨胀的可能。金融市场投机产品如石油、铜等不确定性增大，导致黄金最有可能成为投机资金投机的新产品，扩大了黄金价格的波幅并助推黄金价格的上涨。作为对冲通胀危险的最好的一种工具——黄金，大量的基金持仓是金价的强力支撑，预计未来仍然会有大量的基金停留在黄金市场上，对黄金的需求会进一步加大。

2. 投资需谨慎不投资首饰

对于普通投资者来说，目前国内黄金投资在品种上可分为两大类：一类是实物黄金的买卖，包括金条、金币、黄金饰品等；另一类就是所谓的纸黄金，又称为"记账黄金"。

黄金投资专家表示，实金投资适合长线投资者，投资者必须具备战略性眼光，不管其价格如何变化，不急于变现，不急于盈利，而是长期持有，主要是作为保值和应急之用。对于进取型的投资者，特别是有外汇投资经验的人来说，选择纸黄金投资，则可以利用震荡行情进行"高抛低吸"。

而目前由于人民币升值，给纸黄金投资者的收益带来影响。银行给纸黄金投资者的价格是以人民币计的，但国际市场上的黄金价格是以美元每盎司计。在国际金价不变的情况下，如果人民币升值，则纸黄金价格是下跌的。但这种影响短期来看并不明显，尤其是现在黄金市场正处于大牛市，只有牛市见顶，金价长期不动或者回调的时候，这种汇率变化才值得关注。

　　对于家庭理财，黄金首饰的投资意义不大。因为黄金饰品都是经过加工的，商家一般在饰品的款式、工艺上已花费了成本，增加了附加值，因此变现损耗较大，保值功能相对减少，尤其不适宜作为家庭理财的主要投资产品。

第十二章　个人理财

导读：房产投资作为一种个人投资理财的方式也是一个相对安全的通道。不过随着房地产调控政策的出台，房产投资的空间正在被压缩。而对于购房栖身族来说，了解购房之中必须的技巧无疑会为你的投资带来利益。

投资房地产的技巧与方法

随着居民投资渠道的增多，房产投资已成为百姓追逐的热点，其中不乏跟风炒作者。对普通百姓而言，房产投资是一种重大的投资行为，任何盲目和冲动都是不可取的。在房产投资之前，要先了解一些该领域的专业知识，掌握一定的投资技巧与方法，才能在房产投资中获利。

下面就从房产投资中房产位置、品种和投资方式的角度来介绍投资房地产的技巧。

1. 选择适合的投资位置

所谓位置，就是区位、地段。它决定了房产产品的第一属性。当前，大城市中衡量房产地段是否良好的标准主要包括：

（1）交通方便，但也不宜临近主要街道

与城市的主要商业中心区距离不宜太远；与机场、车站、码头以及风景旅游度假区都有道路相连；可充分满足居住者工作、生活、娱乐和出行的需要。

(2) 配套设施齐全，居住舒适

供水、排水、供电、供气、供热、通讯、有线电视等配套设施的好坏，将直接影响居住者的生活质量。选择市政设施配套好的房产非常重要。如有的房产，在入住后，才发现自来水流出的是黄水，严重不符合生活饮用水标准，居住者不得不再高价购买矿泉水来解决饮食用水。除了市政配套设施，还有公用配套设施如商店、菜场、学校、医院、俱乐部等与之距离的远近以及它们的服务质量，也会对居住者的生活质量产生影响。

(3) 居住环境良好

居住环境一方面是指周围没有污染，空气清新，环境安静，绿化率高；另一方面是指社会治安环境较好，有安全感。大部分居住者经济收入及文化档次比较接近，可使居住者心理感受比较舒适，便于与邻里彼此交流，建立良好的社区环境。

(4) 符合居住潮流

人们对居住环境的认识和要求，随着人们生活水平的提高和生活方式的改变，在不断发生变化。比如，市中心区是受到很多人青睐的繁华地段，但一些有车族却偏爱距城区有一段距离的楼盘。此外，还要考虑建设管理机关对城市的规划，这会改变一些人的居住观念。有的地方现状不是十分理想，但按照城市规划的目标，这里将是交通方便、配套齐全、环境优美的居住区。显然这种位置是十分有发展潜力的。相反，有的楼盘各方面的条件都不错，但市政规划的实施可能会从根本上改变它现在的环境。

总的来说，政府的基础设施投资方向、各区域的功能划分无疑是最重要的因素，因为这才是未来业主的生活中所最看重的方面。

2. 选择适合的投资品种

现在，房产市场上各种档次的品种都有，从别墅、联排别墅到公寓、二手房、经济适用房，从板式小高层到板式跃层、塔式高层等等，不一而足。一些擅长概念炒作的开发商，总是通过品种的翻新来吸引买家的眼球。所以投资者要擦亮眼睛，根据自身的实际情况进行选择。

一般来讲，每个品种都有特定的消费群体，但不是所有的房产品种都有投资价值。一般从长期投资的角度而言，凡过渡性产品经常会是昙花一现，产品的过渡性也会造成客户群的狭窄性。所以选择品种成熟、管理比较到位的楼盘，其客户群无疑将是最稳定而又相对广泛的。

3. 选择适合的投资方式

随着房地产市场的逐步完善和一些房产交易税费的降低，选择房产投资，已经成为了家庭财产保值增值的新时尚。选择以租养贷还是升值转卖？在付款方式上，是贷款或付全款？开始成为投资者首要考虑的问题。

今天热衷于以租养贷的房产投资者，一定要考虑到未来租金波动的实际变化。在某种程度上，"以租养贷"的方式很可能是一种以未来不确定的预期，为投资套牢现实的慰藉。真正意义上的房产投资，要着眼于该项房产的自身价值（地段、产品、品牌服务等内在价值）的增长性，具体表现在其价格上升，而房产的租金收入倒是该项投资的副产品。

对于选择贷款的房产投资者，特别需要注意的是，如同进入证券市场一样，购房投资前最好有足够的心理准备，除非具备良好的心理素质或良好的未来收入预期，否则不要盲目使用贷款投资的方式。毕竟借别人的钱投资，风险更大。银行的贷款利息不能说是可以忽略不计的，加上若干其他的费用（如律师费、保险费等等），十几年下来，要多支付房款总额50~70%的款项。

在家庭理财规划的众多目标中，最现实、最迫切，也是必须实现的目标就是购房。房地产作为一种特殊的商品，其价值较大，往往动辄几十万元甚至几百万元。作为一生当中最大的一笔消费，买房有很多学问。下面就为大家介绍购房时要注意的一些常见问题。希望能对你选择房产时提供一定的参考。

（1）量力而行。不断攀升的房价正在强烈刺激着人们投资房地产的欲望。调查显示，投资买房已成为国内高收入阶层的投资理财首选。然而，理财专家指出，房产投资不要光看到诱人的账面资金，一定要充分考虑房产变现能力差、家庭抗风险能力低的隐患，必须慎重行事，量力而行。有些抵押自己的住房，靠盘活旧房来投资新房，或卖掉自己的住房，靠卖房款来购进大户型、热点区域的房子的行为并不可取。事实上，已经有人为此付出了代价。

（2）不要盲从跟进。房产投资的专业性很强，虽然比不上投资古玩、字画那样高难度，但是普通人并不具备投资房地产的专长，而且对房产投资失败的风险承受力也不强。因此投资理财要从自身的投资偏好、风险承受力、收入支出水平等多方面来考虑。盲目投资房地产不可行，只有在自己具备足够的心理准备及相对较为全面的房产投资知识时，才能进行房产投资。

（3）明确投资策略。投资房地产的策略不同，所采用的方式也有所不同。有些房产易于出租，但是不会有太大的升值潜力；而另外一些房产恰好相反。因此，在决定投资以前，必须确定投资策略。

（4）找到最适合的贷款方式。随着国家贷款利率的逐步放开，有些贷款公司的投资利息比较高；而有些公司的投资利息与别的利息一样；有的公司让贷款人把整个贷款作为抵押。在竞争激烈的今天，购房者必须货比三家才能减少损失。

（5）设定收益预期。因受前阶段房产火暴时期很多人获取暴利的影响，有一些人在投资房地产时将收益预期设定过高。目前，市场上房东频繁返价大多是受这样的心理影响。而事实上，我们在进行任何投资时都应有好的心态，不能将收益预期设定过高，否则往往会因没有及时抛出而导致少获利甚至亏损。所以，一定要保持良好的心态，恰如其分地设定收益情况。

（6）不能急功近利。很多人投资房地产就是为了通过买卖获利，当然，在房产火暴时期，这样的想法是对的，也确实有一部分人通过这样的方式获取了较为丰厚的回报。可在房价处高位及房产趋向理性的市场态势下，这样的想法将难以如愿。因为房价在高位时随时有下跌的可能，这样，将有可能导致投资受损；房产在理性的市场态势下，将不可能再出现房价大起大落的现象，短期内获取暴利是不可能的。

（7）听取专家意见。在作出商业或投资决定时，房产投资者应寻求律师帮助，获得专业性的管理服务。律师的参与也是购得房产中不可缺少的一部分。有律师的帮助能保证合同的完整性以及一切可以接受的变动。另外，多听房地产专家意见，也可以为投资者买房避免很多不必要的麻烦。

以房养房的投资方式

在上海一家金融机构工作的秦先生，两年间，已接连购置了两套住房。他主要是通过投入首付，再将住房简单装修，然后出租，以租金来支付月供。这就是我们所说的"以房养房"。现在这种"以房养房"的投资方式被很多年轻的有钱一族所接受。下面我们就从不同角度来分析"以房养房"的投资方式。

1. 以房养房的三种方式

（1）出租旧房购置新房

假如你的收入情况不允许你选择贷款的方式买房，而恰巧你又拥有一套可以用来出租的闲置房产，并且此套房子所处的地理位置恰好是房屋租赁的热点地区，你可以考虑采用这个方案，将原有的住房出租，用所得租金偿付银行贷款来购置新房。

（2）投资购房，出租还贷

有些人好不容易买了套房，却要面对沉重的还贷压力，虽然手里还有一些存款，但一想到每个月都要把刚拿到的薪水再送回银行，而自己的存款不知什么时候才能再增加几位数，心里就不是滋味。在这种情况下，可以再买一套房子，用来投资。如果能找到一套租价高、升值潜力大的公寓，就可以用每个月稳定的租金收入来偿还两套房子的贷款本息，这样不仅解决了日常还贷的压力，而且还获得了两套房产。问题的关键是要判断准确。

（3）出售或抵押，买新房

如果你手头有一套住房，但并不满意，想改善居住条件，可手里又没钱，一时半会儿买不了新房。如果你将手中的房子出售变为现金，就可以得到足够的资金。你可以将这部分钱分成两部分，一部分买房自住，一部分采用第二个办法用来投资。如果你卖了旧房却一时买不到合适的新房自住,就不如把原来的房产抵押给银行,用银行的抵押商业贷款先买房自住,再买房投资。这样不用花自己的钱,就可以实现你改善住房,又当房东的梦想了。

2. 以房养房存在的风险

(1) 供求关系变化的风险

房产的供给量与客户的有效购买量是动态变化的关系。在供应量超过购买量时,房产的价格一般向下运动。

(2) 房市波动风险

不动产价值的波动性相对股市要小一些,但仍然有波动风险,在某些特定情况下,其波动幅度还很大。尤其是在形成高价的房地产"泡沫"破裂后或经济危机及经济衰退期更是如此。

(3) 按揭还贷风险

如果还贷额占收入或资产比重较大,将来一旦出现没有预料到的事情而发生还贷困难,则房子有被银行收走的风险。

(4) 公共环境风险

房产价值与其所处的公共环境好坏是联系在一起的。公共环境由于城市发展中的问题而发生不好的变化,或者相对其他地区停滞不前而引起的落后等,都会对房产价值构成风险。

(5) 房产落后风险

房产发展总是一代接一代向更合理的设计、更新的建筑材料设备、更符合信息时代需求的方向发展。因此,由于房产落后,会造成房产价值下降的风险。

从总体上看,房地产商手里的空置房越多,"以房养房"的风险就越大。从目前市场上商品房的空置率还比较高的情况来看,以房养房投资承受的风险还是比较大的。因此提醒投资者,一定要慎之又慎,避免因盲目投资而遭受损失。

3. 计算以房养房投资收益

对于普通老百姓而言,房产投资可以说是一项重大的投资行为。因此对投资收益的考虑就一定要慎重,以下推荐两种计算以租养房投资收益的方法：

（1）投资回报率分析公式

（税后月均租金－物业管理费）×12/购买房屋单价

此方法是目前地产投资中最常用的，其考虑了租金、房价及两者的相对关系，套用在股市投资上可类比为市盈率，是选择"绩优房产"的简捷方法。这种方法存在的问题是，没有考虑全部的投入与产出，没有考虑资金的时间价值，并且对按揭付款方式不能提供具体的投资分析。

（2）投资回收时间分析公式

投资回收年数=（首期房款+期房时间内的按揭款）（税后月租金－按揭月供款）×12

此方法类似于股市投资分析中的K线图分析，考虑了租金、价格、前期的主要投入因素，但未考虑前期的其他投入、资金的时间价值因素，可用于简略估算资金回收期的长短，但不能解决多套投资的收益分析。这种方法比租金回报法更深入一步，适用范围也更广，但有其片面性，并不是最理想的投资分析工具。

购房时必须注意的问题

房地产业曾被媒体评为"2003年中国十大暴利行业"之首。所以投资者都有被骗的感觉，都觉得肯定被黑心开发商坑了不少钱。还有一些人认为房地产业确实有利可图，磨拳擦掌想杀进去掘一桶金，于是许多人将目光瞄准了房产这一新兴的投资领域，吸引了不少房产投资人。但是，房产投资不是件简单的事情。每一个买房者在购房时都要注意一些问题。只有搞清楚问题所在，才能在投资房地产过程中获得成功。购房时面临的问题包括风险问题和法律问题。

1. 购房时注意的风险问题

房地产投资风险涉及政策风险、社会风险、技术风险、自然风险、国际风险等,而其中对房地产投资影响较大,同时可以预测和规避的主要风险是经济风险。经济风险主要包含市场利率风险、资金变现风险、购买力风险等。

(1) 利率风险

房地产市场的利率变化风险是指利率的变化对房地产市场的影响和可能给投资者带来的损失。当利率上升时,房地产开发商和经营者的资金成本会增加,消费者的购买欲望随之降低。因此,整个房地产市场将形成一方面生产成本增加;另一方面市场需求降低的状况,这无疑会给投资者、经营者带来损失。

(2) 社会和政策性风险

任何国家的房地产都会受到社会经济发展趋势和国家相关政策的影响,如果经济繁荣,政策鼓励支持,则房地产价格看涨,相反则会看跌。我国也不例外。因此,对投资者来说,这些因素是应该充分考虑的,若投资者不注意经济形势和宏观政策形势的变化,在涨价时或在政策紧缩时买房,很快就可能遭受跌价甚至停滞带来的金额损失。对于社会风险给房地产投资带来的危机,投资者必须引起高度重视。

(3) 自然风险

房地产投资者还要承担自然灾害等人力不可抗拒因素所带来的风险,如地震、洪涝、飓风等自然现象都会使投资者遭受损失。这种风险虽不常发生,但一旦发生,所带来的危害是巨大的,投资者在心理上应有所准备。

(4) 资金变现风险

资金变现风险,就是将非货币的资产或有价证券兑换成货币。不同性质的资产或证券其变成货币的难易程度是不同的,一般来说,储蓄存款、支票等的变现性能最好,股票、外汇、期货和债券投资等的变现性能次之,房地产投资的变现性能较差。房地产资金变现风险主要是指在交易过程中可能因变现的时间和方式变化而导致房地产商品不能变现或延迟变现,从而给房地产经营者带来损失。

2. 购房必须注意的法律问题

房地产买卖合同是国家有关部门订制的标准合同,分为预售房合同和现售房合同两种。通俗地讲，预售房是指政府主管部门已准予销售，但是在未来一段时间后才能交付使用的房屋，一般是房地产在建期间，所以又称期房。现售房是指已经竣工验收合格交付使用并办理了初始登记，可以向买主即时交付的房屋，所以叫现房。

（1）两种合同一般的内容

所购房屋的基本情况（包括房地产名称、建筑结构、层数、位置、幢号、建筑面积等）、土地使用权情况（包括地块编号、土地面积、土地用途、土地使用期限、房地产证号等）、房屋的价格、付款方式、办理房产证的时间、违约责任的承担、发生纠纷的解决方式等。

（2）合同中买主的主要权利

①有权要求开发商按合同约定的时间交付已验收合格的房地产。

②交付使用的房地产如果少于合同规定的面积的，有权要求以面积差额的购房价格退还款项。

③交付使用的房地产装修部分达不到合同约定的装修标准的，有权要求发展商补偿装修的差价。

④有权要求开发商按合同的约定办理房产证。

⑤开发商违约后，要求开发商承担违约责任的权利。

（3）买主的义务

①按照合同约定的付款方式和期限缴交购房款的义务。

②交付使用的房地产如果大于合同规定的面积的，有以面积差额购房价格补交款项的义务。

③缴纳办理《房地产证》应由自己承担的法定税费的义务。

④违约后，承担违约责任的义务。

3. 解决纠纷的方式

解决纠纷的方式有两种，一为向法院起诉；二为向仲裁机构提起仲裁。因两种方式互相排斥对方管辖，故只能一种方式解决，两者的不同在于，法院是二审终审，仲裁一裁终局，但仲裁裁决书与生效的判决书法律效力基本相同，都可以向法院申请强制执行。

如果买主与发展商中一方或双方为境外机构或个人的，选择仲裁时，仲裁机构为中国国际经济贸易仲裁委员会。

4. 签约时要注意的特殊问题

如果买主是境外机构或个人，按照有关规定，还需在当地公证机关办理公证，且合同从公证之日起生效。如果买主是境内组织和个人则不需办理公证，合同从双方签订之日生效。

如果是双方或多方共同购买房地产，则要以双方或多方的名义签署合同，这样才能办理属于双方或多方共有物业的房产证。

对于标准合同中未规定的内容，经买主与开发商约定后，双方可订立补充条款，比如，房屋的装修标准、房屋的配置、房地产占地规划、配套设施等。

精打细算付房款

目前，购房的付款方式并不单一，这为不同经济承受能力的购房者提供了更大的选择余地。在市场上普遍存在三种付款方式，即一次性付款、分期付款、按揭贷款。在选择付款方式时，究竟哪种付款方式更实惠？除了要考虑三种不同付款方式间的区别外，还要综合购房风险、经济实力、未来支出等多项因素，慎重做出决定。

1. 一次性付款

一次性付款，指的是房屋购买人在合同约定的时间内，一次性付清全部的房价款，房屋出卖人则同时转移房屋的所有权。即购房者签约后，将所有的购房款项一次性地预付给开发商。值得注意的是，如果购房资金充裕，不妨选择一次性付款，在楼盘刚开盘或封顶后选择这种付款方式比较合适。

付全款有三大优点，一是一次性付款的最大优点在于能打折扣，节约不少钱。一次性付款都是有折扣的，小的九五折，大的八八折，甚至八二折，这主要取决于该楼盘距离交房日期的远近和业主对整个房地产市场近期涨跌的判断。其二，付全款购房后没有经济压力，因为购房者已经可以不再为房款操心，从容安排以后的金融计划。同时也节省时间，不必进行任何资信认证。第三是转手容易。从投资角度说，付全款购买的房子再出售方便，不必受银行贷款的约束，一旦房价上升，转手套现快。即便不想出售，若发生经济困难时，还可以向银行进行房屋抵押。

但付全款面临的资金压力大，如果不是资金充裕，一次性付款需要筹集大笔资金，也许影响消费者其他投资计划，且损失此项资金的利息，对经济能力有限的购房者压力较大。

另外，对于购买期房的人来说，一次性付款还有可能加大你的购房风险，一次性付款之后所产生的诸如工程延期、造价上涨资金追加等问题，都是购房者所无法掌握的。如果开发商没有按期交房，甚至工程"烂尾"（工程因资金不足等原因无法完成交付使用），那么你就有可能损失更多的利息，甚至全部打了水漂。

2. 分期付款

分期付款，一般是指购房人根据买卖合同的约定，在一定的期限内分数次支付全部房价款。如果手头没有足够的资金支付房款，但却有一定的支付潜力，选择此种方式较好。分期付款一般情况下多是在购买期房时采用，此种情况也称为建筑期付款。购房人交付首期款时与开发商签订正式的房屋买卖契约，房屋交付使用时，交齐全部房款，办理产权过户。

分期付款的优点在于可以相对缓解一次性付款的经济压力，同时制约开发商按时交付。

分期付款这种付款方式一般是买卖双方在合同中约定，根据项目开发的进度，分阶段交付房款，分期付款的最后一笔款项一般都在房屋得到入住时才支付，所以分期付款利用首期付款取得该房屋的部分权利，同时利用分期未付款额督促开发商，保障房屋按时按质交付使用，因此分期付款比一次性付款有着更大的吸引力。

当然，分期付款的缺点是房款支出比一次性付款的支出多，相对按揭贷款的方式，其资金使用不灵活。

3. 按揭贷款

按揭贷款即住房抵押贷款，是购房者以所购房屋产权做抵押，由银行先行支付房款给开发商,以后购房者按月向银行分期支付本息的付款方式。另外,对于有稳定收入,有能力按时还款的人而言是更为合理的一种付款方式,也是市场上使用最多的付款方式。

(1) 办按揭的三大优点

①按揭贷款在分期付款的基础上解决了需要在短时间内筹集大量资金的困难,将大笔资金分解为长期小额资金还贷。

②把有限的资金用于多项投资。从投资角度说,办按揭购房者可以把资金分开投资,贷款买房出租,以租养贷,然后再投资,资金使用灵活。

③银行替你把关。办借款是向银行借钱,所以房产项目的优劣银行自然关心,银行除了审查你本身外,还会审查开发商,为你把关,自然保险性高。

(2) 办按揭的缺点

①背负债务,心理压力大,因为中国人的传统习惯不允许寅吃卯粮,讲究节省,所以贷款购房对于保守型的人不合适。而且事实上,购房人确实负担沉重的债务,无论对任何人都是不轻松的。

②不易迅速变现,因为是以房产本身抵押贷款,所以房子再出售困难,不利于购房者退市。

对于善于理财的人而言,砍价是购物时不可少的一个环节,在购买房子的时候,当然更不能忘记这个重要的环节,因为如果有足够的技巧和耐心,可能节省出大笔费用。

(3) 把房价砍到底价的步骤

①多走几家房产公司和楼盘,多比较,不要轻信销售人员的话。

②要买现房,不要买期房。因为拥有现房的房产商和炒家已经积压了很长时间,心里非常着急,价格上就会相对松些。而且现房房屋质量可以观察,避免了许多风险,也是一种节省。

③针对房产商开出的房价要大胆砍价。可能他们会说你乱砍价,一定不要理会他们。你只要留下自己的电话号码,他们会打电话找你的。

④购买二手房时直接跟房主沟通。到房产中介商处购房,千万不要与中介商的销售员多费口舌,一定要直接与房主沟通,因为房主是最急需抛房的人。大胆砍价,然后让他们打电话找你。当然,这个杀价是在比较了同期、同类型房的平均房价的基础上进行的。

提前还贷先算账

2004年年初，王海涛贷款30万元购买了一套售价40多万元的商品房，还款期限为20年。若按照第一次调整之前的住房贷款利率5.04%，20年内每月还贷约1986元。按照有关规定，在购房人还贷期间遇到央行利率调整，执行时间自第二年的1月1日起。因此，从2005年1月起，按照新利率还贷，即从2005年起的19年内，王海涛的月供变为2031元，每月还款额增加了45元，累计将多还款一万多元人民币。王海涛有些心急，心里开始琢磨是否提前还贷。

正如王海涛一样，其实，大多数"月供族"都为房贷利率调整而担心。日后或许将要面临漫长的调整阶段，如果利息一步步提升，"月供族"势必面临较大的房贷还款压力。所以，王海涛开始考虑提前还贷。他说，提前还贷主要是考虑减小利息压力。

现在，人们的收入和花销经常面临很多难以预期的变化。比如，近日来的加息就为很多"月供族"带来了不小的困扰。现在他们当中的很多人已经开始考虑提前还贷。所以接下来就为大家介绍一些关于提前还贷的知识与技巧。

目前国内有五种提前还贷方式：

第一种，客户将剩余的全部贷款一次性还清，不用还利息，但已付的利息不退。

第二种，部分提前还款，剩余贷款保持每月还款额不变，将还款期限缩短。

第三种，部分提前还款，剩余的贷款将每月还款额减少，保持还款期限不变，减小月供负担。

第四种，部分提前还款，剩余的贷款将每月还款额减少，同时将还款期限缩短。

第五种，剩余贷款保持总本金不变，只将还款期限缩短。

您应该根据自己的收入开销状况选择其一。

李军从事业务工作，因此月收入不太稳定，好的时候收入上万元，差的时候只有三四千元。他在2004年11月购入价值50万元的房子，首付10万元，银行贷款40万元，贷款期限是20年，月供为2648.67元，总利息为235680.73元。2005年初由于发了奖金，加上工作业绩不错，他积攒了6万元。于是打算在8月份提前还贷，以减少利息的负担。

这时有三种提前还贷的方式可以选择：

第一种，月供基本不变，将还款期限缩短。李军提前还贷的6万元抵扣本金后，由于月供基本不变，贷款期限会缩短。经计算，贷款期限将缩短4年，即2020年2月就可全部还清贷款，总共节省利息84674.52元。

第二种，减少月供，还款期不变。李军提前还贷6万元抵扣本金后，因为还款期没有变化，所以每年需还的本金较少，利息相应降低，月供也会下降。经计算，月供款将会由原来的2648.67元减少到2224.43元，总共节省利息35351.31元。

第三种，月供减少，还款期也缩短。经计算，6万元的提前还款，可以把月供减少到2383.77元的同时，把贷款年限缩短一年三个月，即到2023年8月份就可以还清贷款，总共节省利息51379.07元。

由于第三种提前还贷方式比较复杂，处理的相关手续较多，许多银行都不建议办理这种还款方式。相比之下，第一种还款方式节省利息更多，所以采取月供不变，缩短还款期的方式来提前还贷比较划算。

另外，如果你确定选择提前还贷，还必须注意到提前还贷中会遇到的以下问题：

（1）组合贷款要先还商业贷款。公积金账户里的钱才是必须先用来清偿公积金贷款的。如果是其他自有资金，完全可以根据个人的喜好和需求，来决定是先用来还商业贷款还是先用于冲抵公积金贷款。由于商业贷款的利率较高，所以要省利息，就要先还商业贷款。

（2）违约金问题。部分银行在签订的贷款合同中有明确约定，贷款人办理提前还款会收取一定的违约金，购房者必须细心留意。

（3）还贷后要去退保。购房者如果当初申请住房贷款时办理了住房保险，假如全部提前还贷或缩短了贷款期限，可以向保险公司申请退回部分保险费，退保时一定要让保险公司给出具体的计算公式，并作出解释，还要仔细核对保险单和退保单上还贷保证险、财产损失险的费率是否相同。

贷款买房方式细比较

有人称贷款消费是"用明天的钱，圆今天的梦"。如今选择这种圆梦方式的人越来越多，因为每个人都希望生活得更好。而在众多美好梦想中，拥有一套属于自己的房子无疑是最重要的。但购房谈何容易，一套住房起码要十几万元的资金。面对越来越复杂的房贷还款方式，选择哪种方式最节约，哪种方式最适合自身需要，这就需要对目前市场上基本房贷还款方式做个比较，这里主要为大家介绍三种：住房公积金贷款、个人住房商业贷款、住房储蓄购房。

1. 住房公积金贷款

公积金贷款是为支持一般收入的职工家庭购房而设立的一种低息、长期贷款。

偿还方式：公积金贷款本息采取按月等额均还方式，借款人须按借款合同规定，每月到贷款银行偿还贷款本息，也可委托所在单位每月从工资中代扣转交贷款承办银行。待还清贷款本息后，办理抵押登记注销手续。

办理住房公积金的三个前提分别为：

前提一：购房者买房的楼盘是可以办理公积金贷款的（并不是所有的楼盘都可以办理公积金贷款）。

前提二：购房者必须连续足额缴存公积金一年以上。

前提三：90平方米以上的住房首付必须达到三成，且最长贷款年限为20年。

公积金贷款，不是想贷多少就能贷多少，一方面与你缴公积金的情况有关；此外，还有个最高限额。住房公积金可贷额度计算公式：

住房公积金贷款金额（额度精确到千元）＝借款人夫妻双方个人住房

公积金月缴存额之和÷6%×12×0.45×可贷款期限。

根据该计算公式，如果要申请最高25万元贷款额，要求夫妻双方住房公积金个人月缴存额之和或单方住房公积金个人月缴存额达到140元。

办理公积金贷款的程序并不复杂，与一般的商业贷款所需程序差不多。具体程序如下：

购房者将贷款申请资料（与商业性房贷资料基本相同）及缴存住房公积金的个人账号交给开发商——开发商审查合格——签贷款协议。简单地说，在交齐所有资料后，购房者就只需等着签贷款合同了。

2. 个人住房商业贷款

个人住房商业贷款是一种商业性贷款，要求借款人必须有稳定的经济收入，有合法有效的购房合同或协议，自筹20%以上的房款，且能向银行提供有效的抵押、质押或保证担保。

（1）个人住房贷款额度与期限。个人住房贷款的额度不超过所购住房价格的80%，贷款期限最长不超过30年。

（2）个人住房商业贷款利率。个人住房贷款期限一年以内（含一年）的，实行合同利率，遇法定利率调整，不分段计息；贷款期限在一年以上的，遇法定利率调整，于下年初开始，按相应利率档次执行新的利率规定。

（3）个人住房商业贷款偿还

①借款人在借款期内每月以相等的月均还款额偿还银行贷款本息。

②借款人可选择计算机自动扣划或到贷款银行联网储蓄所还款两种方式按月偿还贷款本息。

③如借款人采用计算机自动扣划方式，应在与贷款银行签订《借款合同》的同时，与贷款银行签订《个人住房贷款月均还款委托扣划协议》，并指定用于还款的储蓄卡（或信用卡）的卡号，保证每月从扣款日开始前将不低于其月均还款额的款项存在其指定的扣款账户内。

④如借款人逾期还款或存款不足月均还款额自动扣划不成功的，须由借款人到贷款经办行会计柜台办理还款。

⑤借款人可提前偿还全部贷款本息，已计收的贷款利息不做调整。

⑥在还款期限内,借款人未按合同约定的时间偿还贷款本息的,在接到贷款经办行发出的催交通知书后,必须立即补付欠交的贷款本息及逾期罚息,以逾期额为基数,每逾期一天,计收万分之二点一。

(4)个人住房商业贷款担保方式

①抵押:贷款行以第三人提供的,经贷款行认可的符合规定条件的财产作为抵押物而向借款人发放的贷款。

②质押:贷款行以借款人或第三人提供的,贷款行认可的符合规定条件的权利凭证作为质押权利而向借款人发放的贷款。

③保证:贷款行以借款人提供的,贷款行认可的具有代为清偿债务能力的法人,其他经济组织或自然人作为保证人而向借款人发放的贷款。

④抵(质)押加阶段性保证贷款:贷款行以借款人提供的所购住房作抵押,在借款人取得该住房的房屋所有权证和办妥抵押登记之前,由售房人提供阶段性连带责任保证而向借款人发放的贷款。

3. 住房储蓄购房

住房储蓄是客户为了获得住房消费贷款而进行有目的、有计划的储蓄。住房储蓄贷款较低的利率,是住房储蓄客户在和住房储蓄银行签订合同的时候协商确定下来的,不受资本市场利率波动的影响。

(1)住房储蓄的优势

①贷款利率低且固定不变,融资成本低。

②可享受政府奖励。

③合同灵活可变:可分立、合并、提高、降低、转让等。

(2)住房储蓄的规定

最低存款数为1万元,在银行存期满一年,则最高可贷5万元,贷款期限最长是五年,假如你的存款数在2万元以上,则存满半年,就可得到贷款。贷款限额是存款数的5倍,贷款最长期限是:存款数与存期之积×25/贷款额度。假如存款是3万元,存期两年,则最高可贷额度是3万元×5=15万元,最长贷款期限是3万元×2年×25/15万元=10年。而如果你实际只需贷10万元,则你最长贷款期限可以是3万元×2年×25/10万元=15年。但如果存满半年就要申请贷款的,由最高贷款额度只能是存款数的2.5倍。它的贷款对象和条件基本与公积金贷款相同，利率、贷款限额、最长贷款期限与按揭贷款相同，偿还方式也与之相同。

2004年中国首家真正意义上的住房储蓄银行正式开业。这家银行的市场部人士说，住房储蓄是存款和贷款相结合的产品。客户与住房储蓄银行签署《住房储蓄合同》后，应先在该行进行存款。在完成存款义务后，客户即可从该行获得大幅低于目前市场个人住房贷款利率的住房储蓄贷款。

与目前其他个人住房贷款产品相比，住房储蓄存贷款利率在合同执行期内单一固定，不受货币市场利率波动影响。住房储蓄银行的资金也是封闭运作的，它只向住房储蓄客户吸存，也只向自己的储户放贷，此外不进行任何其他投资，储户的存贷利率差是它唯一的利润来源。目前，住房储蓄存款年利率为0.5%~1%，贷款年利率为3.3%~3.9%。不过，只有存款达到合同金额的50%后，才有可能获得银行的贷款。

对于以上三种购房贷款方法，你可根据自身的情况做出选择。假如你能够得到的公积金最高贷款额度是10万元，你自己拥有资金10万元，那对于不超过20万元的房子，你借助公积金贷款就能够解决。对于地段繁华、交通便利的房子，由于房价较高，所以需要按揭贷款。当然对于缴存公积金的人来说可以采用先用公积金贷款、余额再按揭的组合贷款方式。而住房储蓄贷款优点在于：与公积金相比，它的贷款限额更高，与按揭贷款相比，它不受指定房产项目的限制，对于房子的选择余地更大，就是缴存额度比较大。

4. 二手房贷款

二手房贷款是指购房人以即将通过房产二级市场购买的住宅房或商用房作抵押，向银行申请办理的贷款。目前各银行开办的二手房贷款金额最高为房产评估价的60%，贷款期限与房龄相加不超过25年。

二手房按揭贷款一般来说，有这几方面限制：

①已取得房地产权证的商品房，或立即可以取得房地产权证并入住的商品房。

②房龄：不超过20年的普通住房和不超过15年的其他房产。

③贷款成数：普通住房最高八成，而其他房产最高六成。

④贷款期限：普通住房的房产已使用年限与贷款年限之和最长不超过30年，其他房产的已使用年限与贷款年限之和最长不超过20年（且贷款期限最长不超过10年）。

⑤贷款期限与借款人实际年龄之和不得超过65周岁。

让二手房卖个好价钱

时下在中介公司挂牌的二手房比比皆是，为了让住了十多年的老房子卖出或租出个好价钱，你可能要花点心思，把老房子再打扮一下。

用于出售或出租的旧房再装修，自然不同于自住房，这需要来点换位思考，从购买方的角度考虑，这房子够这个价吗？

当你考虑出卖住宅时，有针对性地整修一新，确实能卖个好价钱。一般而言家庭再装潢有两种方式：一是将资金投入某些舒适的奢侈品，例如你梦寐以求的采暖地板；另一种是遵循实用主义的装潢原则，例如添一个节能热水器或修复漏雨的墙面，这两种思路的装潢对提高住宅的市价效果迥然不同。无关紧要的奢侈品投资一般无法收回。举个简单的例子，哪个房屋买家肯为浴室里新装的豪华电话埋单呢？

以下几个重新装修项目是最有可能获得回报的：

1. 重新油漆

打算卖房子的话，粉刷一新的房屋在市场上更受欢迎。没有人想买看上去陈旧脏破的房子，而粉刷和油漆能弥补这一缺点。据统计，重新粉刷的成本能在卖价中收回74%左右，一套干净、整洁、鲜亮的房屋——这就是重新油漆的卖点所在。

2. 厨房的再装修

对大多数买家而言，厨房是住所的"心脏"。因此卖房前整修厨房可起到事半功倍之良效。需要做或吊顶或油漆甚至重新铺地砖等基础工作。

把油漆剥落并看上去脏乎乎的橱柜给换掉，花费不多，但会使厨房增色不少。需要注意的是如重新装修还是尽量采用传统的设计，这不易过时，并尽量使用国产名牌。这样既经得起岁月考验，又可以得到买主的认同。据统计，重新整修厨房的花销80~87%能在房屋的卖价中得到补偿。

3. 创造新空间

依常理，增加房间空间的功能比简单地粉刷房间更有价值，开销也不大。例如，将房间里原有的三层阁改造成卧室的套间。通常改造费用的69%可得到补偿。

4. 增加一个盥洗室

在家里增添一个设施齐整的盥洗室——包括吊顶、洗脸盆、浴缸和淋浴设施等。出售住宅时81%的开销会得到补偿。

5. 安装宽敞的新窗户

据统计，用新型的标准尺寸的塑钢窗户替代老式的铁窗会使二手房卖出意想不到的好价钱。但是新装的窗户讲究的是标准尺寸而不是花哨的形状和样式。

6. 基础设施的维修和改进

基础设施的完善是房屋物有所值的保证。假设屋子里的厨房装修一新，非常漂亮，但水龙头是漏的，怎么可能卖出好价钱呢？因此，如果决定出售房屋的话，一定要先解决房子结构和配套系统的问题，虽然这些问题可能比较棘手或处理起来比较麻烦，但也必须先处理完毕。然后再动脑筋使其焕然一新，卖出个好价钱。

家庭重新装潢费用的收回取决于以下两个因素：一是住宅所处地段的整体房价水平。当房产市场火暴时，你所付出的重新装修费用轻而易举就挣回来了。二是重新装潢与卖出之间的时间差。装修一新而没有及时出手的住宅，装修费用的回收将大打折扣。因为装修风格随时间的推移很快就会过时。

巧用住房公积金

目前，由于政府的购房政策和新闻媒体的宣传导向，大部分购房者把注意力都集中在了二手房、还款利息上，却很少有人关注住房公积金。据悉，截至 2006 年底，全国公积金专户扣除备付资金后的沉淀资金为 1945.8 亿元，占缴存余额的 24.7%，公积金使用效率处于一个有待提高的状态。

周毅在一家效益不错的国企上班，每月在他的工资卡中都有不少钱作为住房公积金被扣除。现在他的住房公积金卡上已经有 4 万元了。不久前他看中一套房子，他想用住房公积金来付首付，但却不知道如何操作。现在像周毅这样的人大有人在，对于住房公积金的使用一知半解。其实，住房公积金的使用有不少学问。下面就介绍几种巧妙运用住房公积金的方法。

1. 住房公积金额度的灵活使用

根据有关规定，如果夫妇双方都缴公积金，只能用其中的一个，不能双方同时使用。苏先生是国企员工，她女朋友是公司的白领。在结婚前，他们两人先以各自的名义购买了一套房产。因为两个人如果共买一套房子，只能用夫妇一个人的公积金额度 10 万元，而两个人分开买房子就可以各自申请 10 万元的公积金，可以多获得公积金贷款 10 万元。当两套房子全部装修好以后，他们把其中的一套用来自住，另一套房租了出去。这样不仅自己有房可住，而且还可以做到"以租养贷"，减轻了还款的压力。

2. 使用组合贷款的方式

在你申请公积金贷款额度不够支付房价款的情况下，可以同时办理个人住房商业贷款，这种两者相结合的贷款方式被称之为组合贷款。鲁先生以40万元购买了某高层单元,在委托按揭公司办按揭贷款时,他希望可以争取到32万元的公积金贷款。由于办理公积金贷款的条件较严格,有时未必能完全按买家的要求进行办理。32万元公积金贷款是该套物业成交价的八成,办这个额度的公积金贷款的可能性并不高,一来公积金贷款规定不能超过成交价的七成;二来目前公积金贷款的最高限额为25万元。但按揭公司人员发现,因为鲁先生是IT行业的精英人士,收入不菲,是银行的"优质客户",所以他申请占成交价八成的总贷款额,银行是可以批准的。于是,在按揭公司的帮助下,鲁先生与银行等进行了协商,最终办理了33万元的组合贷款,即由25万元公积金贷款和8万元的商业性贷款组合而成。尽管同样是贷款,但商业贷款与公积金贷款的利率相差了一大截。这一笔公积金贷款一下就帮鲁先生省下了好几万元。

3. 公积金存款无利息税

由于住房公积金使用条件比较苛刻,人们总会觉得不划算。可很少有人知道:钱存在公积金账户里是不收取利息税的。在目前国家规定的利率下,钱存在公积金账户里,比存银行活期、零存整取一年期、整存整取一年期要合算。因此,如果你有了一笔闲钱时,应该先还商业贷款,最后再还公积金贷款。

4. 储备"养老金"的途径

住房公积金享受购房低息贷款的权利。缴纳了个人住房公积金,你就自然拥有了申请住房公积金贷款的权利,可以享受到低息购房贷款的福利。如果申请办理30万元的个人住房贷款,贷款期限为30年,办理公积金贷款可节省的利息总额为63720元。在相同担保方式下,公积金贷款中的费用一般也比商业贷款低,而在住房公积金贷款中采用抵押加保险的较高费用的担保方式时,贷款费用一般比商业贷款高,但贷款费用和利息负担之和仍要比商业贷款低,而且保险公司要承担相应的责任和风险。

住房公积金是一项很重要的福利,如果合理规划利用,住房公积金甚至可以为我们准备一份养老金。员工如果一直不动用公积金买房,在退休或遭遇不幸完全丧失劳动能力时，可以提取住房公积金的全部本息余额，这可是一笔相当可观的"养老金"。

5. 灵活使用公积金贷款

现在，人们对汽车的需求越来越高，购车买房几乎成为每个家庭的目标。有的人在买房时资金充裕，就没有申请住房贷款，可不久后需要购车时资金不足，只好申请购车贷款。其实，更好的做法是在购房时申请住房贷款，留出资金购车，这样其实就是巧用住房贷款购车。因为住房公积金贷款的利率要比汽车贷款低。另外，由于住房贷款期限更长，就可以降低每月还款的金额。目前汽车贷款的期限一般为五年以下，同样借款10万元，五年期汽车贷款每月还款要2169.2元，而20年期的公积金贷款每月还款只要608.62元。这样就大大减轻了还款的压力。因此，购房者即使买房时资金充裕，也应该事先考虑其他的大宗消费需求，比如购车、装修、子女教育等，而申请一定比例的购房贷款，比较合算的是申请纯公积金贷款。

6. 利用公积金避税

根据我国个人所得税征收的相关规定，每月所缴纳的住房公积金是从税前扣除的，也就是说住房公积金是不用纳税的。而公积金管理办法表明，职工是可以缴纳补充公积金的。也就是说，职工可以通过增加自己的住房公积金来降低工资总额，从而减少应当交纳的个人所得税。

王先生是北京一家公司的经理，每月的工资薪金所得为1万元，根据个人所得税率表，王先生每月要缴纳1385元的个人所得税。其计算方法是：

（工资薪金净所得10000 - 个人所得税免征额1200元）× 个人所得税税率20% - 速算扣除数375 = 1385元

这对王先生来说是每月一笔固定且不小的"损失"。如果王先生所在公司连续两年赢利，可以申请将公积金缴存比例提高为10%，王先生每月上缴住房公积金为1000元，节省了个人所得税200元。

现在，人们的生活节奏越来越快。跳槽、换工作的情况越来越常见，要提醒大家的是，一定要注意保护自己的"公积金"。签订劳动合同时，员工可以要求企业为其缴纳公积金。当变动工作时，住房公积金本息应转入新调入的单位职工公积金账户下，员工住房公积金账号也作相应调整。这样，你才能充分享受到公积金给你带来的这些无形"财富"。

第十三章　教育投资理财

导读：仅从经济效益角度来衡量，教育投资永远是收益率最高的投资。对于许多正在为孩子的未来教育经费苦恼的人们来说，金融投资理财品种"教育储蓄"与"教育金保险"为人们提供了一条绿色通道。

做好教育理财的规划

根据中国人民银行最新的调查显示，我国城乡居民储蓄的目的，子女的教育费用排在首位，列在养老储蓄和住房储蓄之前。随着民办学校以及公办学校出现"校中校"等新型教育模式的出现，教育费用渐呈水涨船高之势，家长积攒子女的教育经费压力陡增，如何科学地积攒教育基金成为许多家长关心的问题。

针对于此，我们下面将结合三个家庭的实际情况，对怎样做好教育理财规划提出一些比较合理的建议。

1. 理财从教育储蓄开始

李桦和丈夫都是教师，他们的家庭月收入为5000元，除去日常开支和偿还住房贷款，每月结余1500元左右，儿子正上小学五年级。她和先生的理财观念都属于保守型，理财的要求是绝对稳健，有风险的坚决不碰。所以，为了积攒孩子的教育费用，李桦首先看好了教育储蓄。年初她就到银行开立了一个五年期的教育储蓄账户,每月存入 500 元,预计孩子上高中时可以取回本息 38775 元。这样存了一段时间之后,李桦说教育储蓄太麻烦,她觉得现代人最重要的是时间,可这样月月跑银行将浪费大量的时间和精力,便想办理销户,选择其他存款方式。另外,为了追求稳妥,李桦其他收入的打理也均以定期储蓄为主。

理财小建议:

首先,建议李桦将教育储蓄继续下去。李桦之所以要退出教育储蓄,其实是对教育储蓄的规定缺乏了解。教育储蓄存款的次数多少可以由我们自己掌握,储户根据自己的情况和确定的存款总额,可与银行约定两次(即每次 1 万元)或数次就可存足约定的额度。此外,教育储蓄较之其他储种还有一些不可比拟的优势:一是零存整取存法,享受整存整取利率;二是免征利息所得税;三是参加教育储蓄的学生,将来上大学可以优先办理助学贷款。

另外,根据李桦追求稳健的理财要求,也可以选择 5 年期国债,如此国债到期时,儿子上高中,这笔资金正好派上用场。

2. 以实现收益最大化为目标

曾历从事保险营销工作,先生是工厂管理人员,家庭月收入 1 万元,每月结余 5000 元,女儿正在上初中二年级。因为女儿就读的是费用较高的"校中校",入校时一次就缴了 3 万元择校费。曾历和先生打算等孩子上高中时,让其报考北京、上海等地的高中。到大城市上高中,预计每年开支为 2 万元,三年则为 6 万元。因此,曾历的理财目标是在稳健的前提下,积极涉足高收益投资领域。

理财小建议:

开放式基金可以是曾历的首选。曾历从事金融保险工作,对新的理财方式接受较快。开放式基金的净值一般会随股市下跌出现一些回调,但它的特点是持有时间越长,理财效应越明显;同时,一些绩优基金的净值是比较坚挺的,这就要求曾历在选择基金时着眼中长期投资以及学会综合衡量,注重基金的既往业绩以及其净值的稳定性,可以适当申购业绩较好的基金。

曾历的女儿两年之后上高中，高中三年之后上大学，花钱的日子跟着来。这就要求曾历从长计议，提前谋划好孩子上高中以及上大学的开支。集合理财产品是新近推出的一个新的理财品种，曾历可以综合衡量，优中选优。

曾历自己从事保险工作，可以为孩子购买适合14岁以下少年儿童的少儿两全保险（分红型），也可以适量追加教育年金保险，这样，孩子上高中和大学时都会取得相应的教育金，并可享受保险公司每年分派的红利。曾历还有必要为自己和先生购买意外伤害险，这样万一在孩子学习期间家庭发生不测，孩子的教育经费也可以得到保障。加之她自己是保险营销员，把保险卖给自己，提成自然装进自己的腰包，省钱赚钱两相宜。

3. 提前谋划大学教育费用以及创业资金

雷婷婷与先生共同经营一家服装店，雷婷婷当"掌柜"，先生负责跑外。两人的经营思路比较灵活，店铺每月纯利润达到1.5万元。雷女士的儿子今年上高二，受父母的影响，儿子虽然学习成绩不好，但却非常具有生意头脑，但雷婷婷还是希望儿子好好学习，考上大学，将来无论是去找工作还是做生意，没有文化也没有竞争力。因此，儿子两年后上大学的开支也提上了家庭议事日程，还要考虑儿子大学毕业后的就业或创业基金。

理财小建议：

雷婷婷应该从生意赢利中定期积攒教育基金。将赢利投入生意，这种再投资的收益将高于普通的理财方式，但投资毕竟是有风险的，若经营中遇到一些市场变化、经营失误等情况，很可能变成一穷二白，甚而因资不抵债破产。所以，雷婷婷应未雨绸缪，定期从经营赢利中拿出部分教育基金，专款专用，将这些资金投入到开放式基金、人民币理财以及正规的信托产品等理财渠道中，以稳妥为前提，实现保值增值，以增强孩子教育的保障力。

面对孩子未来就业、创业的生存竞争，现在很多经济条件较好的父母开始提前为孩子积攒一定的创业基金。雷婷婷的儿子具有经商天赋，她可以和积攒教育基金一样，每年拿出部分经营利润，设立创业基金。如果将来儿子毕业后准备自己创业，这笔资金将派上大的用场。

总的来说，教育理财规划必须根据自己的具体情况进行合理制定，量体裁衣方可穿得舒适还不浪费。

教育理财方式的选择

教育理财的方式主要有教育储蓄和教育保险，当然也不排除一些风险比较小、收益稳定的投资方式，譬如凭证式、记账式国债和债券型基金、货币基金等。

教育储蓄是一种享受到"两重"国家优惠政策的储蓄品种。它享受着"双重优惠"。

第一重优惠在于零存整取的储蓄形式，却享受定期储蓄的利率。教育储蓄分成三个存款期限：一年期、三年期和六年期。其最低起存金额为50元，每月固定存额由储户自行确定，分月存入。其中一年期、三年期教育储蓄的利率均按照开户日同期同档次的整存整取定期储蓄存款利率计息，六年期的教育储蓄则按开户日五年期整存整取的定期储蓄存款利率计息。

教育储蓄第二重优惠在于它的"免税"。按照国家相关规定，符合要求的教育储蓄在到期提取时不需要缴纳利息税。

我们可以通过实际计算来看教育储蓄究竟能够带来多少优惠。以三年期教育储蓄为例，目前整存整取三年定期存款的利率为5.40%，而零存整取的三年期定期存款利率为3.78%，若以零存整取的方式每月存入500元，三年后我们可以获得本息合计18996.5元，若采取教育储蓄的方式每月存入500元，三年后可获得本息合计20916元。同样是储蓄，选择教育储蓄，收益率提高了近一倍。

但是教育储蓄适用的投资人范围比较小，使用的时候有着严格的规定。例如，教育储蓄的对象为小学四年级以上的在校学生，家长在开设教育储蓄账户时，必须凭子女（学生）的户口簿或者居民身份证，到银行网点用子女的姓名开立存款的账户。享受免征利息税优惠政策的对象，必须为正在接受非义务教育的在校学生，即全日制高中（中专）、大专和大学本科、硕士以及博士研究生。

此外，教育储蓄每个账户的资金不得超过 2 万元，在高中、大学、研究生这三个阶段中，每个阶段可享受一次最高额度为 2 万元的教育储蓄的免税和利率优惠。每份本金合计超过 2 万元或一次性趸存 2 万元的，就不再享受教育储蓄免税的优惠政策。

相对教育储蓄而言，教育保险受关注的程度要稍微高些。自 1993 年友邦从香港引进儿童教育金保险开始，随着中国保险市场的不断成长，目前大部分保险公司均有了自己的教育保险产品，它们一般采用"教育金领取＋保障功能"的形式，有些还扩展出一些"婚嫁金"、"创业金"等领取条款。

与其他教育理财方式比较，教育保险的投资回报率不算高，但它有一个其他理财方式无法复制的优势，即带有一定的保障功能。以子女教育保险 A 计划为例，孩子除在高中和大学可领取教育金外，若缴费期内家长身故或者高度残疾，可以免缴以后的各期保险费，保险合同继续有效。大多数教育金的保险，还可以为儿童附加一些性价比颇好的儿童医疗和意外伤害保险，一些保险公司甚至在其儿童教育金保险之后免费赠送儿童意外医疗保障。我们在选购教育金保险时，可以选择带有这些附加功能的产品，为筹划未来教育金需求的同时，为孩子安排好保障事宜。

总之，做家长的一定要明白，保险不是纯投资的产品，收益不会很高。且这是一项长达十几年的缴费"工程"，在投保前一定要三思而后行。至于是否选择分红型的产品，可从目前的实际经济能力出发。

除了以上的教育理财方式，我们还可以对前面介绍的凭证式和记账式国债进行购买投资，采用滚动投资的方式累积教育金。债券型基金和货币基金的风险较小，也可以定期定额或者定期不定额进行投资，外汇理财方面则可选择期限合适的结构性存款。这些都为风险较小的产品，在期限长短搭配上也比较容易把握和调整。

针对一些家长喜欢将教育金与其他资金混合进行投资的情况，理财专家认为，教育经费还是尽可能"专款专用"为妙。分开投资，可以避免对这部分资金的挪用。总之，教育投资关键应该寻求稳定和安全，不可一味追求收益。

教育理财的特点

目前，随着教育收费的不断提高，子女教育费用需求已经成为家庭理财的第一需求。人民银行最近的调查数据显示，城乡居民储蓄的目的中，子女教育费用排在第一位，位列养老和住房之前。曾有人估算，现在一个小孩在国内读到大学毕业，不包括生活费，学费在15万元左右；如果出国留学，仅留学费用就在30～60万元不等。然而这些仅仅是现在的数字，假设学费以每年3%增长，那么10年后，在国内读到大学毕业的费用将在20万元左右！如此庞大的数字，只有尽早筹备及规划子女教育费，才能使孩子将来的求学道路顺畅。

另外，教育费用从筹集到使用，最长可以有20年的时间跨度，因此还必须考虑通货膨胀因素。如果，由于通货膨胀因素让家长为子女存在银行的教育资金不断"缩水"。那么，只有让子女教育资金的收益增长速度超过通货膨胀速度，教育基金才能谈得上保值和增值。所以尽早做好教育理财，才能有效避免通货膨胀的影响。

总的来说，家庭教育理财就是规划子女教育基金。如同所有投资规划一样，"确定投资目标、规划投资组合、执行与定期调整"是规划子女教育基金的三部曲，其具体内容如下：

1. 确定投资目标

第一步就是计算教育基金缺口，然后设定投资期间，最后设定期望的投资回报率。一般来说，对子女教育的最大可能支出：家庭收入基本生活必需品的开支。因此只要计算出子女的必需教育投资支出或子女的最大教育投资支出，然后求得它们与家庭实际教育费用支出的差额，就可推算教育储备金的数额，然后可以进行多种理财产品组合投资。

积极型投资组合侧重于股票型基金和混合型基金，每月定期定额投资，并分一部分投资债券型基金，也可办理教育储蓄。投资策略应随着目标进行调整，如果先期的积极投资获得较好的收益，可以逐渐将投资组合转为稳健型，投资侧重于债券基金、可转债、银行理财产品等收益适中、风险度低的保本理财产品，降低损失风险。当然，进行教育理财要未雨绸缪，尽早开始，不能临时抱佛脚。

2. 规划投资组合

教育理财应注意风险承受度和收益问题，在小孩不同的年龄段应选择不同的投资。典型的教育周期为 15 年，在周期的起步阶段，父母受到年龄、收入及支出等因素的影响，风险承受能力较强，可充分利用时间优势，作出积极灵活的理财规划。这个时期可以以长期投资为主，以中短期投资为辅，较高风险及较高收益的积极类投资产品可占较高比例，保守类产品所占投资比重应较低。到了教育周期的中后期，则应相应地调整理财规划中积极类产品与保守类产品的比例，使其与所处阶段相适应，以获取稳定收益为主。但无论所处于哪种阶段，教育理财，无疑是越早越好。

3. 执行与定期调整

大多数的教育经费计划皆采用定时定额的方式来投资，主要目的是使回报优于通胀，利用分散投资降低风险，并且要根据每阶段的需要调整组合的投资风险。投资产品的调整主要是根据不同学习阶段。

（1）小学阶段。此阶段可投资于增长型的股票或基金，并随着收入增加而调整投资金额。股票是取得较高收益的一条途径，但同时股票也面临着巨大的风险，投资者应有心理准备面对较高的波幅，如遇到股价下跌，应该有足够的承受力。

（2）中学阶段。此阶段应该仍以投资增长为主要目标，同时为了加强投资的整体平衡，还应该加入债券等稳健型投资产品。

（3）大学阶段。此阶段的投资应该尽量降低风险，可供选择的投资途径为短期政府债券、货币基金或存款等。家长应该妥善计划并能准确计算出每年可以动用的教育费用。

估测教育经费

如今，大多数家庭都只有一个孩子，所以父母都竭尽全力为孩子创造最好的成长环境。在孩子成长过程中，最重要的环节就是接受教育。所以，家长对于孩子教育问题都格外重视。选最好的学校，参加各种补习班、提高班，这些现象已经非常普遍。然而在这些现象的背后，是高额的教育费用。以现在的消费标准估算，家中的孩子从出生到大学毕业，究竟需要多少钱？下面就为大家估算一下。

1. 三年幼儿园

目前北京的普通幼儿园每年的赞助费为2000元，区级示范幼儿园每年赞助费3000～5000元，市级师范幼儿园每年1.2万元，这里不包括每月的学杂费，还有些民办幼儿园，由于硬件设施好，又有外教上课，费用更是高得惊人，每月的费用5500元，一年要5万元！这样算下来，孩子三年的入托费大致需要3.6万～15万元，对于一个普通家庭来讲，这是一笔不低的开销。

2. 小学六年

小学阶段属于义务教育阶段，公办性质的学校收费都相对较低。这时期的主要花费是书本、学杂费、伙食费等。根据规定市一级学校每学期的书杂费为290元，伙食费标准是早餐2元，午餐5元。一个学期下来总支出约是990元。

另外兴趣辅导班的花费也是一笔比较大的开销，如每学期参加书法班380元半年，表演班480元，声乐班每年2000元等。普通家庭的小孩一个学期的开销在3000元之间。以小学六年预算，总开销为4万元左右。

3. 初中三年

进入初中阶段后，一般分为非择校生和择校生。非择校生的费用相对较低，主要费用是书杂费和伙食费。市一级学校每学期的书杂费为460元，伙食费的标准是早餐2元，午餐5元，一个学期的总支出大概为1160元。但初中生在学习用品方面会增加很多额外开销，例如电脑、MP3、随身听、电子字典等。有关调查数据显示，初中生每学期在学习用品方面的平均消费水平为1000元。如此算来，一个初中生的三年总体费用在1.5万元左右。

择校生往往缴纳巨额择校费，例如广州某校择校生在入学注册前要向市财政局缴交4万元的择校费，入校之后择校生的学费、教学都不会跟公费生有任何区别对待。

4. 高中三年

高中的情形与初中差不多，分为非择校生和择校生。非择校生的费用相对择校生较低，主要费用是学费、书费以及伙食费，在都市发达经济圈，重点高中的学费将升至1200元/（生·期），城市高中为800元/（生·期），城镇高中600元/（生·期），农村高中为400元/（生·期）。另外，伙食费的标准是早餐2元，午餐5元，一个学期的费用大约是1870元。外加各种学习用品和补课费用等，每个学期至少要3500元，三年的总体费用2万元左右。而择校生需要另外缴纳3万~5万元不等的择校费。

5. 大学四年

相对于幼儿园、小学、中学、高中的教育花费，大学教育花费要高很多。目前北京市各高校平均学费标准4200~5500元/学年，上海市各高校平均学费标准5000元/学年，广东省各高校平均收费标准4560~5200元/学年。

就一般情况来看，目前一个大学生的花销成本基本上有三类：学习成本，即各种书本费，考各种证件的费用；生活成本，即日常的衣食住行；社交费用及个人时尚用品。生活费每月500~800元，各种考试培训费用2000元每学期，社交及时尚用品每学期也要3000元左右。所以大学每学年大概需要1.5万元左右。四年下来就是6万元。

想要让孩子完成到大学毕业整体的读书生涯，家长得辛苦地准备好15万元。如果加上留学的费用，按现行各国留学费用来算，一般都在30万元左右。

学费来源教育储蓄

朱先生和太太都是普通的公司职员，两人的月收入为 8000 元，除去日常开支和偿还住房贷款，每月结余 2000 元左右，女儿正在上初二。他和太太的理财观念都比较保守，他们希望通过稳健的理财方式进行投资，对于风险较高的产品他们一般不予考虑。当想到为孩子积攒教育费用时，朱先生首先想到的就是教育储蓄，因此今年年初他到银行开立了一个六年期的教育储蓄账户，每月存 270 元，预计孩子高中毕业时可以取回本息 21089 元。

在如今教育费用越来越高的情况下，大部分家长都尽早开始了教育理财计划。教育储蓄作为最传统的一种方式，成为大部分家庭的首选投资方式。但在进行教育储蓄时，有许多知识需要了解。下面就为大家介绍一些教育储蓄的基础知识。

1. 教育储蓄的定义

教育储蓄是居民个人为其子女接受非义务教育（指九年义务教育之外的全日制高中、大中专、大学本科、硕士和博士研究生）而每月固定存额，到期支取本息的储蓄。

2. 教育储蓄支取方式

教育储蓄到期支取时，储户必须凭存折和学校提供的正在接受非义务教育的学生身份证明，到储蓄所一次支取本金和利息，这样才能享受利率优惠和免征利息税。一年期、三年期教育储蓄按开户日同期档次整存整取定期储蓄存款利率计息，六年期的按开户日五年期整存整取定期储蓄存款利率计息。

3. 教育储蓄存款方案

精明的储户很容易就发现，教育储蓄的计息本金越大，所得利息与免税优惠就越多。由于教育储蓄最高存款的限额为 2 万元，要获得国家免税优惠效益的最大化，首先就要尽量用足限额。根据不同存期，我们很容易得到教育储蓄每月约定存款的最佳方案，就是以六年为期，每月存款大约270元。

尽管六年期的本金总额较一年期和三年期的都少，但利息却是最多的，年均1137.24元，而三年期和一年期年均利息的分别只有1049.76元和804.81元。可见，储蓄期限越长的品种，享受的利率和免税优惠就越多。一般来说，学生从初中升到高中时，也就是从义务教育阶段到非义务教育阶段，家庭的教育费用就开始骤增，所以通常不要选择与子女结束接受义务教育时间相同的存期。如孩子尚有一年即上高中，若选择一年期的教育储蓄是极不经济的，而应选择三年期或六年期的。教育储蓄利率较高，可以用好用足国家给予的利率优惠政策，以得到更多的实惠。

在使用教育储蓄时，还要注意教育储蓄存在的局限性：

（1）可以办理教育储蓄的投资者范围较窄

只有小学四年级以上的学生才能办理教育储蓄。按银行规定，支取教育储蓄款必须开具非义务教育的入学证明，否则不能享受利率优惠和免税优待。这样就将长达九年的义务教育费用排除在外。教育储蓄对象是在校小学四年级（含四年级）以上学生。

（2）教育储蓄的投资金额比较有限

教育储蓄的存款最高为2万元，因此，单凭教育储蓄肯定无法满足孩子教育金的准备。以现在培养一个大学生的费用为例，每月生活费约为400元左右，每学年的学杂费少则四五千元，多则六七千元。普通高校四年下来总共的费用在3万~4万元之间，2万元远远不够。而一旦孩子有机会出国留学，这笔费用更是要以50万至近100万元来计算。

同时，家长在准备为孩子教育储蓄的时候，还必须考虑到存款利率变动带来的风险。由于教育储蓄按开户日利率计息，如在升息前存入，且选择的存期太长，储户不能分享到升息的好处。

为人父母者莫不望子成龙，教育是头等大事，自然要充分保障，但未来的花费也许不是一笔小金额，需要早日打下基础。教育储蓄作为一种特殊的零存整取定期储蓄存款，不失为一个好的选择。

分担学费之忧的教育保险

耿女士从事销售类工作，先生是某外企的中层管理人员，其家庭月收入1万元，月结余为3000元，儿子正在上初中二年级。因为儿子就读的是缴费较高的私立贵族学校，其学费每年开支大约要1万元，其他相应的生活费也比较高。耿女士和先生打算让孩子考取北京、上海等地的大学。但到大城市上大学，预计平均每年开支为2万元，四年为8万元。因此，耿女士的理财目标是在尽量稳健的前提下，取得较高的收益。

耿女士有朋友是从事保险工作的，所以她通过朋友为孩子购买适合14岁以下少年儿童的少儿两全保险（分红型），同时适量追加教育年金保险。这样，孩子上高中、大学时都会取得一笔教育金，并可享受保险公司每年分派的红利。耿女士还有必要为自己和先生购买意外伤害险，这样万一在孩子学习期间家庭发生不测，孩子的教育经费也会得到保障。

教育储蓄险一般都是在孩子上初中、高中或大学的特定时间里才能提取教育金。比如，投保年龄在0~9岁之间的孩子，12周岁时就可以领取基本保险金额的10%作为初中教育金，15周岁时可以领取基本保险金额的15%作为高中教育金，18岁时可以领取基本保险金额的25%作为大学教育金，25岁时可以领取基本保险金额的50%作为创业基金，60周岁后每年可领取基本保险金额的13%（女性为12%）作为养老金，直至身故。而10~12岁投保的孩子就不能领取初中教育金，13~15岁投保的孩子就不能领取初中和高中的教育金了。

在投保时间上，考虑到教育保险相当于将短时间急需的大笔资金分散开逐年储蓄，投资年限通常最高为18年，所以越早投保，家庭的缴费压力越小，领取的教育金越多。而购买越晚，由于投资年限短，保费就越高。也就是说教育保险投保越早越划算。

据有关资料显示，目前各家寿险公司的保费收入中，儿童教育分红类保险占了相当大的比例，这主要有两方面的原因：一方面是与中国人望子成龙心切，注重儿童教育的传统有很大关系。另一方面是儿童教育保险相对银行储蓄而言也有着其独特的优势，能够帮家长为孩子建立一份长期教育保障计划，使得孩子在每个阶段都有足够的经济实力支撑，保证其顺利成长。教育保险主要有以下优势：

1. 投资回报较高

根据保险监管部门的规定，保险公司必须要把分红保险的大部分盈利以分红的形式分给被保险人，所以儿童保险的投资回报一般要比银行储蓄要高，再加上保险公司具有资金规模庞大、投资渠道广、专家专业理财等不可比拟的优势。这些优势使保险公司有很强的投资盈利能力。

戴先生2001年为儿子投保了一份平安保险公司的"世纪彩虹"保险，一次交清保费2.5万多元。2002年分红时分得红利629元；2003年分得536元；2004年分得少一些，但也有近300元。戴先生说，投保这份保险除了到孩子读大学时每年有固定的保险金额领取外，现在每年还有分红，而且不用承担投资风险，这两年的分红虽然低些，但其他投资方式也好不到哪里去，其实把这三年的分红摊下来算算，与存银行相比还是挺合算的。

2. 豁免保费功能

豁免保费是指保单的投保人如果不幸身故或者因严重伤残而丧失交保险费的能力，保险公司将免去他以后所要交的保险费，而领保险金的人却照样可以领到与正常交费一样的保险金。

向女士家境并不宽裕，但爱子情深的她还是省吃俭用地在2002年为儿子投保了一份儿童教育保险。2004年8月，向女因车祸致残丧失了生活自理能力，也由此为家庭带来了一笔数额不小的债务。事后她以无钱交费为由提出退保。但保险公司的工作人员告诉她，她儿子这份保险有豁免保费功能，也就是说以后的保费不用再交了，到她儿子读高中时依然每年可领2000元的高中教育金，到读大学时每年可领3000元的大学生教育金。这一意外的消息令向女士及其家人都感激不已，也庆幸当初为儿子办了这么一份保险。

一份带有豁免保费功能的儿童保险，不仅平时可以为孩子储蓄一笔教育金，更重要的是当意外事故发生时也可以保障孩子的将来有一笔充足的教育基金。也正因为这一点，使教育保险与银行储蓄产生了本质的区别，避免了很多家庭悲剧的发生。如果一旦有什么意外事故发生，银行储蓄能领到的只是本金加一些利息，而保险领到的可能是所交保费的几倍甚至几十倍。

目前，各家寿险公司均有以主险、附加险等形式推出的教育保险。与银行储蓄不同的是，教育保险在为孩子储备教育金的同时，还为孩子的成长提供各种保障。

另外，教育保险产品有分红型和非分红型两种，具有储蓄、保障、分红和投资等多项功能，优势在于可以强制储蓄，保障性强。但就保险而言，与其重金投资于孩子的保险，不如偏重于对大人的保险。此类产品在教育理财的基本配置中不宜过高，一般可占整个理财组合的1/5左右。

避免家庭教育投资的误区

望子成龙、望女成凤是每一个家长的美好愿望。为了实现这个愿望，大部分家长都在教育上投入了大量经费，并且他们认为只有花大钱，才能有美好的将来。为此，他们做什么都值得，所以慢慢他们发现教育花费占家庭开支的比例越来越大。面对高额的教育费用，聪明的家长都开始了教育投资。但在投资的时候往往会出现一定问题，这主要是由于投资误区造成的。

1. 教育投资中的误区

（1）无长期的理财计划

大部分家长都认为孩子小不需要考虑理财问题，等孩子长大了再进行投资理财也不晚。然而事实却恰恰相反，教育理财应该尽早规划，并且一定要设定一个长期的规划。

如果从孩子小的时候开始就进行投资理财，买基金是一个非常适合的方式，基金非常适合长期投资。比如说你孩子今年才1岁，到他未来上大学积攒学费，中间会有十几年的时间，投资基金有一个长时间的投入，会有一个非常好的收入。

以一只年收益率为12%的基金为例，初期投资1万元，六年时间收益就可以翻一番。如果尽早投资，到孩子18岁上大学时就可以拿到8万的收益，收入十分可观，普通工薪家庭可以优先考虑这种定期定额的购买方式。

（2）投资于短期冒险产品

有些家长为了赚取学费，选择一些收益较高的投资方式，但高收益的背后是高风险。对于教育理财，应该以稳健的投资方式为主，尽量避免风险较高的投资方式。

如果你的孩子明年要上学了，而你拿准备上学的费用去买股票或者基金，那么一个结果就是可能赚了一倍或者50%，另外一个结果可能就是这个学费没了，所以五年之内要用的钱应该是尽量采用教育储蓄。

（3）孤注一掷的投资

如果您投资是为子女积攒教育金，那一定要做好风险控制，并考虑组合投资方式，而不是选择单一的投资品种。对于现在高额的教育费用，单一的投资方式显然是不够的。

在孩子上小学时，家长可以为孩子开一个教育储蓄账户，定期为其存入一定的金额。但这部分费用很难担负起将来高中、大学的花费。所以，最好再为他购买一定的教育保险。这样就可以尽量减轻将来家长要面对的负担。根据子女教育基金宁多勿少的原则，有条件的家长还可以选择其他的投资途径。如股票、基金等。

2. 教育理财投资应该注意的问题

（1）注意教育规划的时间问题

子女教育规划在小孩不同的年龄段应选择不同的投资产品。在小学和初中阶段，孩子的学习成绩和以后的发展方向也未定型，父母应该从较宽松的角度使准备的教育金可应付子女未来不同的选择。值得注意的是要考虑到通货膨胀的影响，所以最好选择比较积极的投资方式，例如股票型基金。如果您的孩子已经初中毕业，则可以选择注重当期收益的投资工具，例如：高配息的海外债券基金。就投资的角度而言，长时间累积下来的复利效果是很可观的。因此，子女教育规划应该及早行动，在小孩出生前就可以开始。

（2）注意教育理财的风险承受问题

所有的理财规划都依据于客户本身的风险偏好。积极进取型投资者一般要求高收益率，但同时也要担负一定的高风险；保守型投资者不愿意承受高风险，一般注重于低风险的品种。由于子女教育基金的风险承受能力较弱，一般不建议投资高风险品种。

另外还要提醒大家的是，教育金毕竟不是越多越好，所以不必因为筹集的压力选择高风险的投资工具，因为如果本金遭受损失对以后子女的教育安排的不利影响会更大。所以，投资还是要以稳健为原则。

（3）注意教育理财的经济资源问题

家长所掌握的经济资源也是规划要考虑的问题之一。经济实力强的一般可以选择教育保险作为基础投资。另外，由于其风险承受能力较强，还可以考虑投资较高风险品种。而经济实力较弱的，要养成教育储蓄的习惯，正是这样的习惯性储蓄才能为你的子女教育打下坚实的基础。

（4）注意培养孩子独立理财问题

当家长面临让人头痛的教育费用时，往往都不愿意让孩子参与其中。其实孩子上小学以后，家长应该帮助孩子掌握一些最基本的理财知识，如储蓄，并让孩子进行适当尝试。这样不仅可以帮助孩子养成良好的理财习惯，还可以培养孩子勤俭节约的习惯。

其实，让孩子接触理财知识还是帮助父母减轻压力的良方。当孩子在理财过程中享受金钱积累的乐趣时，也能体会钱财的来之不易。有了这种意识他们就不会乱花钱，父母的负担就可以降低很多。

教育投资工具比较

父母们在为子女进行教育规划时最常遇到的问题就是教育金的投资安排问题。目前市场上最常见的教育金投资手段为银行提供的教育储蓄以及保险公司提供的教育保险产品。两种投资手段都具有免税、安全等优势，那么他们之间又有怎样的区别？父母们应该如何根据自己家庭的需求与条件来进行选择或搭配呢？其他的教育理财渠道又有哪些？接下来就为大家分析教育投资的不同渠道与其相应的特点。

1. 教育储蓄

教育储蓄的最大优势在于采用零存整取定期储蓄的方法，获取整存整取的存款利息，还可以免缴利息税。其最低起存金额为50元，最高为2万元，存期分为一年、三年和六年三个档次。一年期、三年期的教育储蓄按开户日同期同档次整存整取定期储蓄存款利率计息，六年期按开户日五年期整存整取定期储蓄存款利率计息。

教育储蓄另一个优惠政策是免除利息税。享受免征利息税优惠政策的对象必须是正在接受非义务教育的在校学生，其在就读全日制高中（中专）、大专和大学本科、硕士和博士研究生时，每个学习阶段可分别享受一次2万元教育储蓄的免税优惠。这意味着一个接受非义务教育的在校学生，可以在三个时段分别享受到2万元的共计6万元教育储蓄的免税优惠。

值得注意的是，通过教育储蓄的方式筹措教育金，的确能够获取较大程度的优惠，零存整取的方式也利于"细水长流"的积累。家长们可以考虑在2万元的资金范围内，每月为适龄的子女进行教育储蓄的积累。存款期限的选择也要与子女的年龄相匹配，一般来说，六年期教育储蓄适合小学四年级以上的学生开户，三年期教育储蓄适合初中以上的学生开户，一年期教育储蓄适合高二以上的学生开户。

另外还要提醒大家的是，对于大多数工薪阶层来说，在选择教育理财产品的时候，不能仅从收益率考虑，而是要综合来看。教育储蓄虽是"鸡肋"，但是收益有保证，加上是零存整取，可以保证家庭现金流的充沛。

2. 教育金保险

相对教育储蓄而言，教育保险受关注的程度要高些。十几年来，自1993年友邦从香港引进的儿童教育金保险开始，伴随中国保险市场不断成长，目前绝大部分保险公司都有了自己的教育保险产品。但总体来看，运作模式也都差不多，一般都采用了"教育金领取＋保障功能"形式，有些还会扩展出一些"婚嫁金"、"创业金"的领取条款。

与其他教育理财模式相比，教育保险的投资回报率并不算高，但教育保险有一个其他理财模式无法复制的优势，就是可以带有一定的保障功能。以五家大中型内资公司都有销售的子女教育保险A计划为例，孩子除在高中、大学可领取教育金外，若缴费期内家长身故或高度残疾，可免缴以后各期保险费，但保险合同继续有效。大多数教育金保险，还能为儿童附加各类性价比较好的儿童医疗和意外伤害保险，花旗人寿甚至在其儿童教育金保险之后免费赠送儿童意外医疗保障。家长选购教育金保险时，最好能够选择带有这些附加功能的产品，在筹划未来教育金需求的同时，为孩子解决后顾之忧，安排好保障事宜。

不过从理财的角度出发，教育保险也不要多买，适合孩子的需要就够了。因为保险金额越高，每年需要缴付的保费也就越多。总体来讲，保险产品重的是保障功能，如果只看其投资收益率，它甚至可能比不上教育储蓄，更不用说其他投资工具了。

另外还要提醒大家的是，保险不是纯投资产品，收益不会很高，而且这是一项长达十几年的缴费"工程"，家长在投保前要三思而后行。至于是否要选择分红型产品，则要从目前的实际经济能力出发。另外，作为储蓄成分相当大的儿童教育金保险，孩子投保时年龄越小，保费可用于累积增值的时间越长，越有利于今后获取较多教育金。

3. 其他投资方式

除了以上的教育储蓄和教育保险，其实教育理财的渠道还有不少，只不过都没有形成气候和品牌。比如，光大银行推出了一种新的理财产品，把理财时间拉长到四年半,他们认为这是第一款主题型理财产品,时间正与教育阶段相符。阳光理财教育计划,时间四年半,预计年收益率4.13%,持有满期累计收益率预计18.58%。不过投资者也可选择提前终止,但年收益率会有所下降——持有两年提前终止,预计年收益率2.10%;持有三年提前终止,预计年收益率2.80%。产品仍是通过本、外币市场和货币市场,利用债券、票据及其他衍生工具进行投资,以获得高于同期普通储蓄存款的收益。至于这个期限设置,是为了与教育周期匹配,时间和资金流上都与教育费用的支出紧密契合。

在金融机构提供的教育理财产品中,还可以根据一定理财知识和技巧,进行组合投资。

比如,凭证式和记账式国债的购买和投资,可以采用滚动投资的方式累积为教育金。风险较小的债券型基金和货币基金,则可以定期定额或定期不定额进行投资,外汇理财则可以选择期限合适的结构性存款。这些都是风险较小的选择,而且在期限长短搭配上容易把握和调整。如果你的理财技巧更高,还可以采取"风险投资+安全垫"的方法进行保本式投资,甚至按照自己的意愿对"安全垫"进行放大。

基金定投也比较适合孩子教育金储备。基金定投比起教育储蓄除了能获得更好的收益外,从长期来看,其风险也较小。在具体基金配置上,教育金储蓄应稳健为宜,建议选择一只指数型基金加一只配置型基金的组合投资。基金定投属于被动的简单化理财,坚持长期投资,定投的优势才能真正显示出来,由于老基金已经接受了市场检验,不妨选择老基金。

总之,教育投资关键应求稳定、安全,不能一味追求收益,至少安排一定比例的低风险投资产品,以保证这部分资金的安全。针对一些家长喜欢将教育金与其他资金混在一起投资的情况,理财专家认为,教育经费应尽可能"专款专用",分开投资,这样可以避免对这部分资金的挪用,避免不必要的被动。在家长个人进行组合教育金理财的过程中,更应注意这一点。

不同收入情况下的教育理财计划

中国有句俗话叫"书中自有黄金屋",在这种传统思维的感染下,人们更加重视教育的力量,很多人都视读书为改变命运的重要途径,所以现在大部分家庭都格外重视孩子的教育。然而在教育投资上,大部分家长都比较盲目。其实规划子女教育和规划教育理财都是要根据家庭情况来定的。下面就为大家介绍不同家庭收入情况制定的相应理财计划。

1. 家庭月收入4000元的教育理财计划

邓女士和先生都是国有企业的员工,两人收入相差不多,都在每月2000元左右。家庭经济来源就是夫妻两人的工资和奖金,由于邓女士和先生的理财观念相对保守,除了一部分银行存款外,他们几乎没有进行其他的理财投资。

邓女士在金钱方面非常谨慎,出于未雨绸缪的考虑,她在儿子10岁时就购买了一份教育保险:保险合同规定从儿子10岁起年缴保费3000元,到儿子上了初中就可每年获得1000元教育金,考上大学后每年的教育金增加到3000元,大学毕业后还可一次性获得一笔创业基金。

邓女士的儿子今年13岁,初中二年级学生,就读于公立中学,学费为每学期1000元。这样,每年学费正好由保险教育金抵消。儿子成绩还可以,就是英语比较差。邓女士为儿子报了一个补习班,每学期需要花费2000元。

邓女士一家的财务状况分析:

家庭年收入:7万元;

固定年支出:3万元;

金融资产:10万元定期存款;

固定资产:自住房一套;

福利保障:夫妻两人均有社保;

家庭责任：养育孩子学习成才；

理财建议：邓女士夫妇同属工薪阶层，家庭财产积累一般，收入来源单一，家庭责任压力较大。

邓女士家庭属于典型传统经济家庭，对单位依赖较大，收入单一，创富增收意识不足。因而很需要接受一些理财理念的熏陶，所谓你不理财，财不理你，其应尽早建立多样化收入来源，资产合理配置，从而提高资产收益水平和风险抵御能力，合理安排日常各项开支。建议邓女士首先认知、接受货币市场基金，在为孩子准备了中学和大学教育金后，再为儿子买一份意外及医疗保险。

孩子的健康成长是每位家长最大的心愿。孩子成龙成凤既需要其自身有学习的兴趣和动力，也离不开家长坚定的鼓励和支持，因而尽早准备一笔成才专项基金非常重要。五年后上大学每年3000元是远远不够的，对于保守投资型的邓女士，除了定期存款和货币基金外，国债也是一个不错的投资品种，而且可以免税，可以留意银行何时有卖。

2. 家庭月收入8000元的教育理财计划

曹先生是一名公务员，每月收入在4000元左右，单位逢年过节都有补贴，年实际收入约为5万元。曹太太在是私营企业当会计，月薪3000元。

曹先生两年前换房，目前房贷月供为1500元。新房首付为30万元，加上装修费用15万元，去掉这部分支出，曹先生家目前尚余5万元左右的存款。

此外，高先生每月抽出2000元购买货币基金定投。

曹先生的女儿目前在一所寄宿制高中念高一，中考时发挥得不好，分数没有上线。当时曹先生刚买完房，手头正紧。但为了让女儿上一所好高中，还是向亲戚借了5万元作为女儿的赞助费。出了赞助费后，女儿属于学校的"自费生"，学费也比普通学生翻了一倍，每年3000元，再加住宿费一学期600元。女儿的生活费定在每月400元，每周回一次家，还要陪她买买东西逛逛街，估算下来每月仅花在女儿身上的日常开销就要六七百元。女儿从小学拉小提琴，高先生一直督促她不能放弃。但学琴的费用水涨船高，如今已达到一小时100元，每周一次。

曹先生的财务状况分析：

家庭年收入：8.5 万元；

固定年支出：5 万元；

金融资产：5 万元定期存款，每月 2000 元货币基金定投；

固定资产：自住房一套；

家庭负债：1500 元/月按揭，5 万借债；

福利保障：夫妻两人均有社保；

理财建议：曹先生家庭中等收入，收支稳定，未来教育费用有压力。

两年前购置新房和女儿通过赞助上高中，将曹先生的家底几乎耗尽，说明曹先生在统筹家庭理财方面还有不足。虽然曹先生夫妇均有比较完备的福利保障，但还是建议应该购买一份长期寿险、重疾和意外险，女儿也应该购买一份简单的意外及健康医疗险，以此来平衡高先生家庭的潜在风险。

在现金管理方面，建议曹太太给家庭的财务做一个统计，梳理一下家庭的各项收支，提高资金的使用效率，降低一些随意性支出。未来三年应该是曹先生家庭休养生息、增加家庭储蓄、逐步储备女儿的高等教育准备金的时期，相信曹先生每月 2000 元的货币基金定投也有此意。只是货币基金作为短期的现金管理工具和低风险的金融产品，2.0% 左右的预定收益不是很适合曹先生的更高增值需要，建议将此定期投资再提高一些转为市场优质股票基金，具体哪些基金合适和如何进行策略投资，曹先生可以找本地专家当面咨询学习一下。平时持续向教育基金里面投入资金，在未来女儿升学等需要大额支付时支取。

3. 家庭月收入万元以上的教育理财计划

马先生经营一家自己的服装厂。近几年营业状况很稳定，每年到手的收入都在 50 万左右。马太太是外企的公关经理，年收入约 10 万元。马先生和太太在市区拥有一套复式楼房，作为自住房。由于房地产市场越来越好，一年前马先生又在开发区内贷款投资了一套商业店铺，用于出租，来偿还贷款。马先生和马太太各有一辆车，每年花在车上的开销达到 5 万元左右。此外，马太太热衷于给家里人购买各种保险，所以每年花在保险上的钱也要达到近 2 万元。由于马先生做生意的原因，手头的资金流动性很大，所以家中存款并不多，大约在 10 万元左右。

马先生的女儿今年 16 岁，中考时因为几分之差，与理想的重点中学失之交臂。一番权衡之后，马先生和妻子决定提前实施女儿的留学计划，将她送到加拿大读高中。如今女儿一年的学费加日常生活开销共计约 15 万人民币，而且女儿将来要继续在加拿大读大学，到时开支还会有一定的上涨。

马先生的财务状况分析：

家庭年收入：60 万元；

固定年支出：55 万元；

金融资产：10 万元定期存款；

固定资产：复式房一套（自住），复式房一套（空置），私家车两台；

家庭负债：2 万元/月按揭；

福利保障：夫妻两人均有社保；

理财建议：马先生家庭属于高收入高支出家庭，家庭资产稳健协调度不足，预支压力较大。

经过咨询加拿大的留学机构确认，按现在的费用水平，小孩到加拿大读书本科四年，每年约 12 万元。但该数据为现在的数据，以后的费用可能增长，可以按年均 5% 增长率计划将来的教育费用加以计算。

所以马先生还要为女儿准备 50 万元的本科费用，该笔资金要达到 5% 的年均收益率，按中国金融市场相关投资品种的历史表现，比较有效的投资安排为：银行存款 60%、债券 10%、基金 25%、股票 5%，即每年初将 7.4 万元、1.2 万元、3.1 万元和 0.6 万元分别投资到银行存款、债券、基金和股票。

考虑到资金的安全性，马先生应该将该笔资金分成五等份，在三年后全部转移到基本没有风险的储蓄或债券产品。

申请国家助学贷款的流程

教育费用由学校制定统一的收费标准,对任何学生一视同仁,不会因为学生的家庭经济条件富裕与否而有所差异。教育产业化改革后,孩子读大学的最大障碍已不是高考的分数线,很大程度上取决于父母的财力。虽然学校也可能提供奖学金,但有限的名额使大多数要求获得资助的学生根本指望不上。这时国家助学贷款就可以为同学和家长解决问题。那么,如何使用助学贷款呢?下面就为大家介绍使用助学贷款需要了解的知识。

1. 如何申请国家助学贷款

为体现国家对经济困难学生的优惠政策,国家将对接受国家助学贷款的学生应承担的利息给予50%的贴息;国家助学贷款实行一次性申请,每个学生原则上在校期间只能申请一次贷款。银行每年集中一次审批,一次签订合同。贷款按照年(月)发放(学费贷款分年发放,基本生活费贷款分月发放)。学生贷款申请应直接向所在学校有关部门提出,银行不直接受理学生的个人贷款申请;国家助学贷款可以异地担保,可以异地选择担保人。地方院校国家助学贷款规模由各地区根据地方财政情况制定。

2. 申请贷款的手续

申请贷款的学生首先应在新学年开学前后10日内凭本人有效证件向所在学校提出贷款申请,领取国家助学贷款申请书,申请国家助学贷款承诺书等有关材料,并如实填写。学生贷款金额:所在学校收取的学费+所在城市规定的基本生活费-个人可得收入(包括家庭提供收入、社会等其他方面资助的收入)。其中,学费的贷款金额最高不能超过贷款学生所在学校的学费收入标准,生活费的贷款金额最高不超过学校所在地区的基本生活费标准。一般情况下,每年助学贷款的上限为8000元。

申请贷款的学生须如实提供的材料:

(1)本人有效身份证及复印件(未成年人须提供法定监护人的有效身

份证证明和同意当事人借贷的书面证明）。

（2）提供家庭主要成员收入证明或其他渠道取得收入的证明材料。

（3）采用自然人保证担保的，须提供保证人户口簿、有效身份证及复印件、工作单位、联系方式、收入证明材料和同意为借款人担保的证明；采用企业法人保证担保的，须提供保证人的企业法人营业执照副本及复印件、上年度和近期财务报表以及同意为借款人担保的证明；采用质押担保的，须提供质物清单、质物；采用抵押担保的，须提供抵押物清单和抵押物权属证明等材料。

3. 申请国家助学贷款流程

（1）学生提出申请

学生在规定的时间内向所在学校机构提出申请，领取《国家助学贷款申请审批表》等材料，如实完整填写，并准备好有关证明材料一并交回学校国家助学贷款经办机构。

（2）学校机构进行贷款初审

学校机构在全国学生贷款管理中心下达的年度借款额度及控制比例内，组织学生申请借款，并接受学生的借款申请。

（3）经办银行进行贷款审批

经办银行在收到学校提交的《信息表》和申请材料后，在20个工作日内完成审查。

（4）与学生签订借款合同

贷款申请被批准后，学校根据经办银行提供的借款学生名册，在10个工作日内完成组织学生填写、签署借款合同及借据的工作，并提交经办银行。

（5）贷款的发放

经办银行在与借款学生签署借款合同及借据后20个工作日内，会将首年学费、住宿费和生活费贷款统一划入学校在经办银行开立的指定账户。

（6）贷款的偿还

借款学生在使用助学贷款完成学业后，应重视自身信用，按时归还贷款。

对于申请到助学贷款的同学，在还款时还要注意一些问题：

借款学生和经办银行应在签订借款合同时约定还款方式和还款时间。可采取灵活的还本付息方式，可提前还贷，或利随本清，或分次偿还（按年、按季或按月），具体方式由贷款人和借款人商定并载入合同。还款时间最迟在毕业后第一年开始。学生所借贷款本息应当在毕业后四年内还清。

建立个人信用登记制度是有效防止借款人违约的重要措施。贷款银行对违约的借款人有权按合同约定采取停止发放贷款、提前收回贷款本息等措施。借款学生不能按期偿还贷款本息的，按中国人民银行有关规定计收罚息。贷款银行定期在公开报刊及有关信息上公布助学贷款违约比例和违约借款人姓名、身份证号及违约行为，同时公布其担保人姓名；依法追究违约借款人及担保人的法律责任。介绍人、见证人不负连带责任。

申请助学贷款的同学一定要按时还款，否则对于那些逾期未还清国家助学贷款本息的毕业生，其接受单位或工作单位负有协助经办银行催收贷款的义务，并在其工作变动时，提前告知经办银行；经办银行有权向其现工作单位和原工作单位追索所欠贷款。

第十四章　创业投资理财

导读：创业是每个青年人的梦想，如何创业却是每个青年人的迷茫。对于许多创业成功者来说，其成功的过程很简单，只有两个步骤，一是明白自己适合做什么，二是把职业当成事业，并找到成就感。

做好创业前期规划

每一个步入社会的人都渴望拥有一份自己的事业，不少人将自己的职业当成事业用心经营，也有人愿意自己创业打下属于自己的王国。那么，我们在准备创业前，应该做怎样的前期规划呢？

1. 确定自己想干什么

确定自己想干什么就是确定自己的创业方向，不知道自己想去哪里，通常将哪里也去不了，同理不知道自己想干什么，通常就什么也干不了。需要注意的是，我们在确定自己想干什么之前，一定要对自己的能力进行客观的评估，预测自己要去的地方或者要干的事情是否在自己的能力范围之内。只有先认清自己，才能对自己的事业进行正确的选择，树立明确的事业目标，从而制定切实可行的发展计划。确定自己想干什么，其实也就是找到自己的兴趣所在，所谓兴趣是最好的老师，我们找到能够点燃自己激情的事业，方可全力以赴，发挥自己的最大潜力，达成目的。

2. 知道自己适合干什么

我们在选择事业的时候，明确了自己的兴趣之后，还要看看自己究竟适合干什么。有时候我们最愿意做的事情并不是最适合我们自身条件的。与自己的特点吻合的事业才是真正适合自己的事业。俗话说"性格决定命运"，我们要确定自己究竟适合做什么事情，首先要对自己的个性有一个明确的了解。性格比能力重要，因为能力是可以通过一些途径在一定时期内得到提高的，但是性格是长期的习惯与行为，是很难突然改变的。譬如，一个很内向、容易害羞的人就不适宜选择销售类的工作；而性格开朗的人，可能容易成为不错的销售人才。当然，自己所学的专业或自己的某项特长以及自己的资金充足与否，也是确定自己是否适合某个事业的关键因素，我们最好在自己熟悉的领域里寻找创业的机会。

3. 明确社会需要什么

我们的事业最终是要面向社会取得收益或成就，因此我们在考虑了自己的内在因素之后，一定要明确这个社会到底需要什么。所谓内外因结合共同推动事物的发展，是指社会的需求和未来的发展前景对创业规划有着至关重要的影响。假如我们选择了自己想做又适合做的事业，但是社会没有需求或者供大于求，成功的道路将布满荆棘和坎坷。衡量社会的需求以及发展前景是一件颇为困难的事情，因为社会的发展受到很多因素的综合影响，其变化具有不确定性，因此我们在选择事业时，一定要综合权衡、统筹考虑，力争做到择己所爱，扬己之长，同时又能满足社会需求。

万事开头难，对于创业者来说，拥有足够的自知、自治是起步的首要条件。制定了科学合理的创业规划，我们可以开发自己的潜能，发挥好个人专长，不断修正前进方向，最终获得事业的成功。

创业第一步要学会理财

创业从理财开始，也就是说创业从培养我们的创业理财能力起步。

俗话说：人有两只脚，但钱有四只脚。钱总是跑得比人快，人追钱的速度赶不上钱的速度，但是我们却可以充分利用"钱追钱"，这就是理财的重要性。

道理虽浅显，但很多创业者尚不解其意。在多数创业者眼中，最易被忽略的恰是创业资金的积累、创业过程中对资金进行巧妙运用以及对有限资金的合理分配，也就是忽略了创业中的理财活动，一味地人追项目、项目追钱，结果愈追愈辛苦，愈追愈累，被钱牵着鼻子走，甚至被钱远远抛在后面。

八年时间，秦红英从一个下岗女工到现在担任三个公司的老板、身价上千万，其成功的秘诀就是十几年来养成了精打细算的理财习惯，使得她的企业财务状况一直保持良好。

秦红英从小家境贫寒，下岗前就极为重视理财，每月都取出家庭收入的20%作为家庭储蓄，十几年雷打不动。为确保这项家庭储蓄可持之以恒，不因特殊需求而更改，秦红英非常重视每一分钱的去向，可谓把钱用在刀刃上。秦红英及丈夫以前均在工厂上班，厂里发放的劳保工作服即是他们日常生活的主要着装，家中每年的服装购置费用主要集中在女儿身上。自女儿出生开始，秦红英就自己动手为女儿做衣服。起先，她把自己年轻时的衣裙改小给女儿做套装，女儿慢慢长大后，她常到布料店购买小布头来做衣服。女儿上中学了，对妈妈做的衣服样式开始有异议，此时，秦红英到弟弟开的一家小服装店，在年底积压的服装堆里，格外细心地从中翻腾出一些衣服，回家后再根据女儿的身材与要求进行修改。

1997年秦红英下岗，那时她已经积攒下6万元的存款。她从中取出4000元作为创业启动资金，办起了一个小型服装加工厂，开始了自己的创业生涯。

如今，平日里家中每一笔开销，秦红英都做了详细的记录。在大件物品的购买上，她从来不赶潮流，总是耐心等待。人家争着换大彩电的时候，秦红英花700元从二手市场购买了一台21英寸的彩电，她家现在使用的29英寸彩电，是2003年才花1900多元购买的。

由这个故事我们可以发现，平日生活中善于理财、懂得运用自己手中现有资金的人，往往其创业的进展也将比较顺利，因为这些创业者永远会对自己手中可供利用的资金做到心中有数。这往往使得他们从创业开始就巧妙地掌控局势，自如应对各种困难。在企业财务管理的范畴内，很多成功的企业都会高度重视使用能够直接影响企业发展的稀缺资源——资金，使其达到最有效的配置。企业理财能力的好坏，直接关系到它的兴衰。对大企业来说如此，对创业者更是如此。

创业者除了会管理已有资金，更需要懂得如何配置极为有限的资金，让自己手中的钱来帮助自己追逐财富。

并非所有具备理财能力的人均适合创业，但创业者必须具备一定的理财能力。只有这样，才能保证创业过程中少遇到资金问题，资金的风险性才可以尽可能地降低，企业的效益才会更高。

你适合创业吗

如今，只要你留意就会发现，无论是报纸、杂志，还是网络、电视，都有意或无意地为我们讲述着成功人士的故事，并且这些故事总是渲染成功人士如何轻松获取第一桶金，然后一步步走向成功。这给很多人造成一种创业也不过如此的错觉，可事实上，成功企业家轻描淡写自己的事迹不过是谦虚而已，创业远比我们想象的要复杂得多。

现在创业已经成为很多年轻人的话题，可很多人都没有深刻考虑过创业需要的条件和影响创业的因素，更不知道自己适不适合创业。下面就分别来介绍创业需要的自身条件和影响创业的因素。

一个人能否成为一个成功的创业者要具备以下条件：

1. 决策能力

在企业里，你随时要作出决定，当你面对一些对企业发展有重大影响的决定时，必须要果断决策，绝不能优柔寡断。创办一个企业，不仅需要处理大量的事务性问题，还要为企业制定规章制度，即便是只有一两个人的小店铺或家庭企业也不能例外。企业虽小，但面临的环境以及经营发展不断变化带来的挑战却不小。因此，创业者需要具备相当的领导与决策能力。

2. 创新能力

一个人能不能成为创业者创新能力很重要，如果你没有一定的创造性思维，就很难在创业的道路上有大的作为。成功的创业往往就成功在创意上，所以创新能力越强，创业成功的可能性就越大。

3. 承受风险的能力

在市场经济中，机会与风险共存。只要创业，就必然会有风险，事业的范围和规模越大，伴随的风险也就越大。没有承担风险的意识与能力，创业时就会缩手缩脚，裹足不前，创业的理想也就会成为空谈。敢于承担风险是创业者对事业追求的一种积极的心理状态。

4. 企业管理能力

当今市场经济社会中，小企业要生存、要发展，创业者必须具有良好的经营管理能力。俗话说："麻雀虽小，五脏俱全"。小企业虽小，但它也和大中型企业一样，天天与人、财、物打交道。如何把现有的人、财、物，通过管理，赚取最佳的效益；如何调动每一位雇员的积极性使之全力以赴为企业工作；如何使自己的产品或服务项目被社会认可，受用户欢迎，这些都需要通过创业者良好的经营管理来实现，需要依靠创业者所建立起来的高效的管理体系。

5. 交际能力

在创业的道路上，人际关系具有重要的促进作用。良好的人际关系可以帮助创业者排除交流障碍，化解交往矛盾，降低工作难度，提高客户的信任度，从而提高办事效率，增加成功的机会。并且良好的人际关系还有助于创业者在遇到困难时及时得到朋友的帮助。

中国人办事讲究"天时、地利、人和"。以上我们讲了成功创业需要"人和"方面的条件，接下来谈谈"天时、地利"，简单地说就是影响成功的外部因素。

1. 资金因素

俗话说，"巧妇难为无米之炊"，对于创业者来说，拥有足够的资金是创业最基本的条件。对资金支出与收入有清醒的认识，才能定以合理的利润率，使自己的生意一帆风顺，保持资金流转畅通，让创业成功的机会大大增加。

在此要提醒大家的是，不具备创业能力的人，仅仅靠钱去创业，那也是盲目创业，最终你的钱会变成别人的钱。而那些有创业能力的人，也不要因为没有足够的资金放弃创业，因为资金不是决定创业成功与否的决定性因素。

2. 团队因素

创业的成败不仅仅取决于创业者一个人，还要看他是否有一个良好的创业团队。因为一个人的智慧和能力都是有限的，团队可以弥补个人的很多不足。特别是在当今这样一个竞争异常激烈的时代，个人单打独斗的力量就显得更加单薄。而组成一个团队，充分调动多个人的智慧，充分发挥各自的长处，无论在思路方面，还是实际操作方面，都会大大加强。要善于团队合作，要善于整合各种资源，从而在多方面都打造长板，打造多个优势！

同时要提醒大家注意的是，组建核心团队是慎重的事情，不要为了追求团队而组建团队，大家一定要在某些方面有共识，所谓"志同道合"。而且核心团队成员最好看问题要有一定的高度和深度，要努力一开始就搭建"精英团队"。

3. 竞争因素

俗话说"知己知彼，百战不殆"，创业者必须对市场竞争情况及各自优势认识清楚，透彻分析，并部署出明确的竞争战略。在如今这个社会中，竞争无处不在，可以说没有哪一行哪一业没有竞争的了。正因为有竞争，才使企业发展更加快速，社会发展才会多元化。所以说创业者必须到社会的浪潮中接受洗礼。只有竞争过才会知道自己与对手的差距、自己对市场认识的不足。

这里要提醒大家，在竞争中要遵守一定的规则，避免不正当竞争的出现。有些创业者在创业之初，为了取得收益总是会想些有新意的做法。但由于经验不足，他可能不知道自己的新意可能已经损害了别人的利益。

4. 项目因素

创业初始选项目就是最大的工作，因为项目的好坏是决定创业成功与否的关键因素。现在，创业项目越来越多了，然而好的项目却很有限，所以就需要有创业意向的人主动发掘好项目。在主动寻找好项目的过程中，要通过科学的前期规划、多角度观察、理性分析、有效的资源分析与整合、成熟高效的运作技能、良好的商业心态等，这些重要的、必不可少的环节与因素来作为支撑，才可能保障找到好的创业项目。

另外还要提醒大家的是，如果想创业成功，不要只看项目的好坏，还要琢磨自己是否爱好这个行业、喜欢这个项目。因为只有喜欢才能全情投入，才能保证成功。

通过以上对创业需要的"天时、地利、人和"几方面的分析，你觉得你具备创业条件了吗？我想很多人对于自己适不适合创业一定有答案了。最后还要告诉大家在创业过程中，成功者有之，失败者有之，成功者的经验和失败者的教训都是一笔难能可贵的精神财富。

请把你的职业当成事业

在工作时，我们常常看到这样两种情况：有的人按部就班，上级交代什么，自己就做什么，上班常迟到，期待能早退，天天抱怨工作辛苦，至于工作完成的质量如何并不关心，日复一日，年复一年，工作水平不见提高，自己也日渐颓废；而有的人工作时热情高涨，上班来得早，下班走得晚，不但保质保量完成工作，而且会对工作提出一些合理化建议，长期如此，工作水准日上台阶，个人的薪水、职位也一路直升。为什么同样一份工作，不同的人会用不同的态度来对待而得到不同的结果呢？答案很简单，前一类人只把工作当成工作，而后一类人把工作当成自己的事业。

职业和事业，虽一字之差，却有天壤之别。事业往往是指把职业工作当成莫大兴趣，当成终身事业。而职业则不同，职业只是在工作时间处于职业状态。一份职业对于从业群体中的任何一个个体来说,其认知和感受程度都应该说是差不多的,而能改变的只有个体的心态。以积极的心态来面对职业,并将它当作自己追求的事业,那工作起来就会心情舒畅,充满激情和创造力,就可能有所建树。反之,消极地面对工作,被动地应付差事,就会索然寡味,难以有所作为。

职业生涯的最高境界,便是职业与事业的统一,简单地说就是把职业当作事业。

苏琳大学毕业已经三年了。在毕业以后,她尝试过很多工作。比如电话业务员、酒店前台、保险客服。这些工作她在做了一段时间后都选择了辞职,并且每次她都能为自己找出理由,电话业务员太枯燥,酒店前台太累,保险客服没前途,结果三年下来她始终找不到一个适合自己的工作。一次同学聚会,她看到平日的好友陈芳,发现如今的她已经是一家广告公司的销售部经理了。苏琳羡慕得不得了,就找陈芳取经,想看看她是怎么做出今天的成就的。陈芳给苏琳的答案让她大吃一惊。原来陈芳毕业以后就到了这家广告公司当业务员,当时的陈芳工作非常认真,不懂就学,不会就问。时间长了,陈芳身边的同事换了好几回,可她还是像往常一样勤勤恳恳地工作。老板十分喜欢她的工作态度,最后破格提拔她成为全公司最年轻的一名经理。苏琳在吃惊之余也开始反省自己频繁变动工作的现状。

以上苏琳遇到的问题,几乎是每一个求职者,不管是大学毕业生,还是失业人员,都可能遇到过的。频繁更换工作,其实就是没有把职业和事业两者很好结合的后果。那么,怎样才能做到把职业当作事业呢?

1. 把工作置于首位

许多刚刚参加工作的人觉得不适应——过去自己掌握课余时间、灵活安排学习和娱乐活动,这样的生活被严格的一分不差的坐班制取代了。这时,人们难免会感到时间紧张、工作繁重。但是,如果能把工作置于首位,一切以本职工作为中心,合理地安排工作和业余生活,经过一段时间,人们是完全可以习惯的。

2. 在工作中寻找乐趣

刚参加工作时,人们由于刚刚进入一个陌生的环境,常常出现手忙脚乱、不知所措的情况。要解决这个问题，除了尽快地熟悉工作内容，还要在工作中找到自己的乐趣。只有在工作时保持开心的状态，才不会觉得枯燥厌烦，才能真正地投入工作，而不是简单应付工作。

3. 提高工作技能

有些人不能适应职业工作，很大程度上是因为自己具备的知识和技能与工作要求不相符。解决办法，就是在本职工作中丰富自己的知识，提高工作技能。在这里，除了要有坚强的毅力，还须掌握科学的方法和具有足够的自信心。对于新参加工作的人来说，在职业工作中出现各种不适应，是必然的，但同时我们也应看到，它只是一种暂时的现象，人们大可不必太过忧虑。如果能够正视这种现实，同时以积极的态度和行动对待，那么，大多数人一定可以摆脱"困境"，并从职业工作中得到无限的乐趣和享受。

4. 在工作中获得成就感

人的职业成就感是一种主观体验，对于成功，每个人会有不同的要求和想法；要求和想法不同，职业所能提供的满足感也会有所不同。当你从事的职业最终为你带来收获时，你也会感受到一份成就感。你可以仔细地分析一下，目前你从事的职业给你的人生带来的成就感，你就会对你的工作有所认识，并且明白这份工作对你的人生的意义。

选择职业是一门学问，干事业却是一种智慧。有人认为，凡智慧只能从学问中来，先做好学问才能拥有智慧。在当前的就业形势下，作为求职者来说，要想一走出校门就找到与自己的理想、志向相吻合的职业是很难的。要想做到职业和事业的双赢，有一句老话是应当记取的，即"干一行爱一行，三百六十行，行行出状元"，就算你所从事的职业或你即将走上的岗位与你心中的事业不吻合也没有关系。因为凡能成就大业者，不一定是因为他选中了好职业，而是把职业当作事业一样对待，才有机会成就大业。

第十五章　保险投资理财

导读：在许多人看来保险只是一种生活保障。事实上，保险也是一种投资，更是经济社会运行规则中很重要的一部分。保险的功能不仅仅是保障未来，也是经济社会运行中的一种宏观安全措施。不过，从投资的角度来说，如何获得最佳回报也存在鲜为人知的技巧。

人身保险投资的基本常识

保险是家庭经济生活的稳定器，是家庭理财中最基础的避险工具。它在家庭理财中扮演的角色，如同现金一样，不可或缺。

保险大体上可以划分为三类：社会保险、商业保险和政策性保险。

1. 社会保险

社会保险是在既定的社会政策的指导下，由国家通过立法手段对公民强制征收保险费，形成保险基金，用以对其中因年老、疾病、生育、伤残、死亡和失业而导致丧失劳动能力或失去工作机会的成员提供基本生活保障的一种社会保障制度。

社会保险最鲜明的特点是两个：

一是强制性。也就是说，凡在法定范围的公民，不管你愿意，或者不愿意，都必须参加，没有选择的余地。

二是基本生活保障性。也就是说，它对生活的保障是低水平的。

2. 商业保险

商业保险可分为：人身保险、财产保险、再保险。

再保险是保险人（保险公司）通过订立合同，将自己已经承保的风险，转移给另一个或几个保险人（再保险公司），以降低自己所面临的风险的保险行为。也就是说，再保险就是"保险人的保险"。

社会保险、政策性保险和再保险，在个人理财中可供研究的"弹性"较小。故在本文中不列入讨论的范畴。

人身保险是以人的生命和身体为保险标的的保险。人身保险种类的划分，到目前为止，世界上尚无统一的原则和标准。按保险责任划分，可分为人寿保险、人身意外伤害保险、健康保险。从家庭理财角度划分，可分为保障型产品、储蓄型产品、投资型产品。

3. 政策性保险

政策性保险是为了体现一定的国家政策，如产业政策、国际贸易政策，国家通常会以国家财政为后盾，举办一些不以营利为目的的保险。政策性保险由国家投资设立的公司经营，或由国家委托商业保险公司代办。这些保险所承保的风险一般损失程度较高，但出于种种考虑而收取较低的保险费，若经营者发生经营亏损，将由国家财政给予补偿。常见的政策性保险有出口信用保险和农业保险等。

财产保险投资的基本常识

财产保险是以财产及其相关利益为保险标的保险。它包括财产损失保险、责任保险、信用保险、保证保险、农业保险等。

财产保险是投保人根据保险合同约定，向保险公司交付保险费，保险公司按保险合同的约定对所承保的财产及其有关利益因自然灾害或意外事故造成的损失承担赔偿责任的保险。财产保险的核心原则是损失补偿原则，即"有损失，有补偿"，"损失多少，补偿多少"。在财产保险中，有很多种类，与家庭生活直接相关的主要是两类，一类是家庭财产保险，一类是驾驶员第三者责任保险。

家庭财产保险的主要优点是，花较少的钱，可以获得较大的财产保障。当家庭财产遭受自然灾害和意外事故时，可以从保险公司获得经济上的补偿，使其恢复到遭受保险事故前的经济状况。

灾害损失保险的标的包括被保险人的自有财产，由被保险人代管的财产或被保险人与他人共有的财产。这些财产通常包括日用品、床上用品；家具、用具、室内装修物；家用电器、文化、娱乐用品；农村家庭的农具、工具、已收获入库的农副产品等。有些家庭财产的实际价值很难确定，如金银、珠宝、玉器、首饰、古玩、古书、字画等，这些财产必须由专业鉴定人员进行价值鉴定，经保险公司与投保人特别约定后，才可以进行承保。保险公司通常对以下家庭财产不予承保：损失发生后无法确定具体价值的财产；如货币、票证、有价证券、邮票、文件、账册、图表、技术资料等；日常生活所必需的日用消费品，如食品、粮食、烟酒、药品、化妆品等；法律规定不允许个人收藏、保管或拥有的财产，如枪支、弹药、爆炸物品、毒品等；处于危险状态下的财产；保险公司从风险管理的需要出发，声明不予承保的财产。

家庭财产灾害损失的责任包括：火灾、爆炸、雷击、冰雹、洪水、海啸、地震、泥石流、暴风雨、空中运行物体坠落等自然灾害和意外事故。保险公司对因下列原因造成的损失不承担赔偿责任：战争、军事行动或暴力行为；核子辐射或污染；电机、电器、电器设备因使用过度、超电压、碰线、弧花、漏电、自身发热等原因造成的本身损毁；被保险人及其家庭成员、服务人员、寄居人员的故意行为、或勾结纵容他人盗窃或被外来人员顺手偷摸、或窗外钩物所致的损失等。

盗窃险的责任为正常安全状态下，留有明显现场痕迹的盗窃行为，致使家庭保险财产产生的损失。除自行车、助动车外，盗窃险规定的保险标的范围与家庭财产、灾害损失险完全一样。

驾驶员第三者责任险，是指被保险人以第三者依法应负的民事损害赔偿责任为保险标的的保险。即保险公司同意代被保险人（已投保此险种的驾驶员）赔偿根据合同规定的被保险人有法定赔付责任的全部赔款，它包括个人伤害责任和财产损坏责任。

在现代社会生活中，汽车已越来越多地进入家庭。随着中国国民收入水平的提高和中国加入WTO，汽车进口关税的降低和非关税壁垒的撤除，更多的家庭将拥有私家车。在现代社会生活中，有交通工具，就会有交通事故的发生。在一般情况下，交通事故的善后处理，特别是人员伤亡的处理是一件非常棘手的事情。这是因为，财产的损失往往是可以用货币衡量出来的。而人的身体和生命的价值却是无法用货币来衡量的。因此，一起车祸发生后，如果单靠当事人双方来处理，都将难以承受。但是，如果将这种风险转嫁到保险公司，并由公安交警机关和保险公司按照法定赔付责任来处理，情形就好多了。从家庭理财的角度出发，因事故而引发的经济补偿责任就由保险公司承担了。

最需要买保险的人群

1. 中年人

主要是指40岁以上的工薪人员，他们往往是上有老、下有小，还要考虑自身退休后的生活保障，因此必须考虑给自己设定足够的"保险系数"，使自己有足够的能力承担家庭责任，也为晚年的生活提前做好准备。

2. 身体欠佳者

目前，我国正在进行医疗制度的改革时期，在原有的职工负担一部分医疗费、住院费的基础上，要适当加大职工负担的比例。这对于身体不好的职工来说，与公费医疗时相比，有很大差别，因而他们迫切需要购买保险。

3. 高薪阶层

由于这部分人本身收入可观，又有一定数量上的个人资产，加之自然和不可抗力的破坏因素的存在，他们也急于寻找一种稳妥的保障方式，使自己的人身和财产更安全。保险能为他们提供人身及财产的全面保障计划。

4. 岗位竞争激烈的职工

主要指"三资"企业的高级雇员和政府部门的公务员，他们比一般人更有危机感，更需要购买保险，以寻求一种安全感。

5. 少数单身职工家庭

单身职工家庭经济状况一般都不富裕，无法承受太大的风险，因而，他们也迫切需要购买保险。

保险的品种选择

初次购买保险的人面对名目繁多的各类险种，常常不知所措，其实保险是有很严格的分类的，我们可以根据个人的具体情况进行选择。目前市面上的保险，主要分为以下三种：人身保险、财产保险和投资保险。

1. 人身保障型保险

人身保障型保险是以人的生命和身体为保险标的，同时以人的生存、疾病、伤残以及死亡为保险事故的保险。被保险人遭遇事故时，保险人依照约定给付保险金。按照保障范围，又分为以下三类：人寿保险、人身意外伤害保险以及健康保险。

人寿保险是以人的寿命为保险标的，以人的生存和身故为给付条件，细分为死亡保险、生存保险和两全保险；人身意外伤害保险以人的生命或身体为保险标的；健康保险是以被保险人的医疗费用支出、疾病导致的残疾、生育或因为疾病、身体伤害不能工作而减少收入为保险责任的保险。

2. 财产保障型保险

财产保障型保险指投保人根据合同约定，向保险人交付投保费用，而保险人按照合同约定对所承担的财产以及有关利益因意外事故或自然灾害造成的损失承担赔偿责任的保险。

3. 投资型保险

投资型保险属于创新型寿险，是一种收益共享的投资工具，主要包括分红险、万能险和投资联结险。

分红险是指保险公司按照一定的比例，以现金红利或增值红利的方式，将上一会计年度的分配盈余分配给客户的一种投资保险；万能险是一种非约束性，缴费灵活，保额可调整的寿险；投资联结险就是将保费分为两部分，小部分购买保险保障，大部分划入专门的投资账户，由保险公司的投资机构进行运作。

我们了解了保险的大体分类，即可以根据具体的情况进行相应的保险投资分析。

（1）意外伤害型保险和定期消费型寿险

如果家庭顶梁柱发生意外或者疾病，收入就会减少甚至是个人及家庭经济生命的终止。这种情况下，个人及家庭面临严重的经济困扰，如住房贷款、老人赡养、子女生活教育、家庭的正常生活等等将无法保证。

为预防这种问题，我们可以通过提前购买意外伤害型保险和定期消费型寿险来解决。这些保险的特点是保费比较低，又具备颇高的保障性。选择投保的保险金额一般是被保险人未来5年到10年的年收入。被保险人发生意外或者疾病，保险公司将一次性赔偿投保的保险金额，从而使个人及家庭的经济得到保证。也可以考虑采用价格低廉的定期寿险形式，然后附加意外和普通医疗保险。比如选用一个重大疾病的两全保险，既含有长期重大疾病保障，又有生存养老金的领取。

（2）重大疾病型保险

当生命面对疾病的威胁时，我们应该如何保证对生命进行最大限度的救助，同时又保证家庭财富没有大的缩水，购买重大疾病型保险就是解决这个问题的经济有效的方法。

重大疾病型保险品种较多，有消费型和储蓄型之分，又有不分红型和组合分红型的区分等。重大疾病型保险比较适合中年人投保，四五十岁处于人生生理的又一个调整期，出现疾病的几率比较高，购买此类保险便于保证疾病的及时治疗。

(3) 女性专用保险品种

考虑到女性的特殊需要和购买力，保险公司有专设的女性癌症保障、女性重大疾病骨质疏松症、特定手术、意外整形手术等等。这些都是在常规的养老保险、健康保险、意外保险以外，专门为女性设计的保险类型，各险种搭配往往细致入微，比较贴切女性的需求。因此女性可以考虑单独购买。

(4) 养老型保险

这类保险主要实现针对受益人养老金的保证性、安全性和长期收益性，通过一次或逐年固定投入累积出充足的养老金，存入的保费相对冻结，可以用来实现未来养老的主控权，长期获得稳定的收益，使人安享有尊严的晚年生活。

保险的品种是丰富多样的，我们在保证自己生活正常开支的前提下，尽可以根据自己的需求进行细致地选择。保险品种无所谓好坏，不求最好，只求最适合。

保费支出的合理范围

如今，人们的保险意识越来越强。在选择购买保险时要考虑的因素也越来越广泛，其中保险费用的支出是购买保险的重要因素。投保者应根据家庭年收入情况、家庭成员情况、选择险种情况来设置保费比例。下面就从这三个方面来介绍如何设置合理的保费支出。

(1) 保费占家庭收入比重

保险属于安全层面的需求，我们购买保险要为生活提供将来的保证，因此不能太少，因为过低的保费支出意味着不能带来足够的安全保障，但是也不能过高，因为保费越高越意味着现在要面临很大的支出，会带来较大的生活压力。因此，保费支出应该与自己的实际收入相联系，一般说来大约相当于年收入的15%保费支出是最为适宜的，也可以根据自己的实际情况稍加调整。保费支出不要低于5%，也不要高过20%。

40岁的丁先生，配偶35岁，已有自住房产（无按揭），家中有一个10岁小孩，他的年收入为8万元，配偶年收入2万元，家里一年生活费用支出在3万元左右。就基本保障而言，丁先生的年保费应在7000元左右（7万×10%），保额适合确定在70万元左右（7万×10倍）。也就是说，丁先生应购买保额在70万元左右的综合性保险商品组合，包括意外保险、重大疾病保险，年保费在7000~10000元之间较为适宜。

(2) 在家庭成员中优先为谁投保

支出同样的保费，为不同的家庭成员投保，会有不同的保险利益。应当掌握的一个原则是优先为家庭经济支柱投保。经常遇到这样的情况，父母为子女教育金保险一掷千金，但在为自己投保时却斤斤计较。理性地思考一下，真正为孩子提供保障的绝不是保险公司，而是父母的收入。如果家庭经济支柱发生了意外，收入中断，那么谁来为孩子的成长支付教育金？谁来为家庭的日常生活费用提供开支？合理的做法是大人在自己保障充分的基础上，再为小孩投保。

张先生今年40岁，工作10年，个人年收入约10万元。孙女士年收入8万元左右。他们的儿子8岁多，父母都有养老保险。张先生为儿子将来的教育购买了分红储蓄型保险，年交保费约2000元左右，交费期20年。无其他商业保险，也无贷款负担。

张先生夫妇的投保存在一定的误区。忽视了保险的最重要功能——保障功能，只从投资收益角度简单看待判断保险的作用。保险现状存在相当问题，保险利用顺序有误。家庭主要收入贡献者的风险保障严重不足。商业保障性保险在为大人购置充足之前，不应先考虑投保孩子。

(3) 优先选择何种保险

购买保险首要考虑的应该是保险的保障功能，只有在保障比较充分的基础上，再去考虑衍生的投资理财功能。

李先生夫妇都是刚工作了两年的白领，收入差不多，每人都买了年近3000元保费的保险，可内容却大不相同。李先生的保险偏重保障，涵盖了1万元的住院费用报销保险、100元/天的住院津贴保险、20万元意外伤害保险、1万元意外医疗保险、10万元重大疾病保险和30万元定期寿险，年交保费约2800元。而李太太的保险则比较偏重储蓄投资，她投保的是保额

6万元的分红寿险，没有附加险，年交保费2988元。

如果发生了意外事故需要住院治疗，那么前者将能得到保险公司充分的赔付；而后者却因不符合保险理赔的条件，得不到任何补偿。

（4）影响保费的因素

一般情况下，影响保险费计算的因素有保险期间、保险责任、交费期间、交费方式、被保险人的性别、年龄、职业及身体健康状况、投保金额等。

一般的情形大致为：保险金额越高，保险费越高。养老保险的保险费较高，死亡保险则较生存保险便宜。保险期间方面，生存保险及两全保险的保险期间越长，保险费越便宜；死亡保险则反之，期间越长，保险费越贵。在交费方面，年交的保险费会多于半年交，半年交会多于月交，两个半年交的保险费会多于一个年交保费，六次月交的保费会高于一次半年交的保费。在性别方面，死亡保险一般是女性的保险费较男性的保险费便宜，这是因为女性平均寿命高于男性。

年龄和顺序对保险的影响

不同的年龄层，需求会有所不同，每一个年龄区间，都有其不同的人生目标，针对这样的一个需求，保险商品规划便要随时做修改，像是年轻人，在投资方面的需求就会多一点，中年人则偏重退休规划重保本等，每个年龄阶段，保单最好都要随时做检视。

下面简单就生命周期的几个阶段进行介绍。

1. 儿童的保险

随着生育率逐渐下降，每个子女都是父母捧在手心的宝贝，因此及早替小孩规划一份完整的儿童保单，也是替他的人生理财跨出第一步。从小孩出生后30天就需要开始考虑购买保险，越早购买价格越相对便宜，可以获得相对较高的保险利益保障，同时由于投保早，交费的积累期长，资金增值会比较高。

儿童保险的规划，注重在医疗险保障，学龄前儿童抵抗能力较差，容易得上一些流行性疾病，所以建议多买住院医疗补偿型险种。同时有能力的家长，还应替孩子再规划一笔教育基金，通常储蓄险或是投资型保险都是不错的选择。

值得注意的是，应该正确对待儿童保险在家庭整体保险中的地位。家庭投保应以孩子的父母为主，孩子为辅。为孩子买保险不一定要以孩子的名义进行，父母才是孩子最可靠的"保护伞"。

2. 年轻人的保险

由于年轻人要面临将来的结婚生子或是房贷的压力，投保计划重点应该是把钱存下来，如果收入稳定，不妨以累积人生第一桶金当作目标，通过定时定额的方式购买投资型保单，强迫自己储蓄。另外再经由传统寿险规划，来附加医疗、防病等其他险种，把基本保障给做足。如果经费充足应以购买终身型险种为主。另外因为年轻人工作属性的问题，意外险的规划更是不可少。

值得注意的是，同样的险种、同样的保额，保费会随被保险人年龄的增长而增加。等年龄较大、身体状况恶化时再买保险，很有可能因年龄和健康原因而被拒保，即使通过了核保，也要支付较年轻时更多的保费。因此，年轻人很有必要未雨绸缪，及早购买保险。

3. 中年人的保险

中年人都面临着繁重的家庭负担，所以购买保险的计划不能太单一。首先设定一个家庭经济支柱保额，保额的设定十分重要，建议寿险及人身意外事故险的保额，大约在家庭年收入的10倍。另外还要考量保险事故发生时，你及家人可能面对的经济损失及新增负担，例如面临的负债（车贷、房贷）问题等。

需要警惕的是，目前市场上不少重疾险只保到65岁，这意味着保户在65岁以后罹患疾病将没有保险保障，而如果这时才去补买终身型重疾险，往往为时晚矣。因为很多保险公司不为65岁以上的老人保险，而且即使这时有适合自己的产品，也会直接面对高额的保费。因此，中年人越早买保险对自己和家庭越有利。建议中年人尽量购买保障期长的保险，最好是终身保障型保险。

4. 老年人的保险

随着医药的进步，现代人寿命都比以往延长许多，因此老年人的保单，已经不再像年轻人偏重投资层面，也不中年人那样注重保额多少，能够富足退休生活，才是最关键的。

对于一部分没有医疗保险的老人来说，看病花费大，想购买保险的愿望很迫切。然而，保险公司专门为老年人设计的保险产品少之又少，即使有些可以投保，保险条款规定也相当严格。首先是年龄限制。目前，保险公司推出的意外伤害保险一般都把投保年龄限制在65岁以下，养老保险、重大疾病保险多数限制在60周岁，最低仅为55岁。其次是保费高。投保人年纪越大，保费就越高。现在不少寿险产品都将50岁作为价格分水岭，消费者最好在此之前投保。此外，大多数保险公司都要求对超过50岁的投保人进行体检，体检不合格很可能被拒保。因此，老年人投保更须尽早。

5. 买保险需要考虑的顺序问题

现在，保险消费已经成为家庭消费中很普通的一种消费方式了，为家人或自己购买一份保险的现象也越来越普遍。与此同时，保险作为一种理财方式的看法也逐渐被大家所认可，现在投资型保险已经开始受到追捧。

当很多人听说保险也可以作为一种投资时，顿时亮了眼睛，而把保险最原始的那种保障功能抛到九霄云外去了。直到现在，还有很多人对分红险、投联险、万能险情有独钟，再往下就是带点储蓄功能的教育险、养老险，而对健康型保险和寿险、意外险却很少关注。其实这种看法是十分不科学的，在选择保险时应该注重保障型保险的比重与顺序。下面就介绍科学的保险计划的顺序。

科学的保险计划，应该先从意外健康险做起，有了这些最基本的保险，再去考虑其他的险种，也就是说如果没有任何的商业保险，买保险一般应该按下面的顺序：

意外险（人寿险）→健康险（含重大疾病、医疗险）→教育险→养老险→分红险、投资险、万能险

保险理财首先就是要做好风险的转移，即保险保障，这是一个根基。做好了保险保障之后才去做其他的消费安排和投资理财，没有保险保障的投资如同空中楼阁，经不起风吹雨打。所以在险种的选择上，先选择意外险、健康险，再选择教育险、养老险、分红险等其他险，才是科学的理财。

只有选择对的保险顺序，才能在风险来临时，做到万无一失。相反，如果没有一个合理科学的风险顺序，那么保险就起不到其真正的作用。

28岁的丽丽是白领一族，刚刚参加工作四年，大学学的是外语专业，所以一毕业就进入了外企。慢慢地手上有了一些积蓄。2005年初，一位进入保险公司做业务的亲戚向丽丽推荐了其所在公司的两种热卖保险产品，一种意外伤害险和一种投资联结险，丽丽选择了投资理财型的联结险。她认为自己还年轻，身体好得很，不会出现什么意外情况，而投资联结保险的收益还比较可观。于是花了6000元买了投资联结险，而没有买意外伤害险。

2006年夏天，丽丽遇到了一起车祸，她在这起车祸中头部受到严重创伤，导致眼睛失明。虽然事后她从司机那里得到一些赔偿，但也只是杯水车薪。失去工作对她和她并不富裕的家庭来说都是巨大的打击。这时她想起了曾买的一份保险，可是一翻起保单她后悔不迭：买的是投资联结险而不是意外伤害险。

节省保费的技巧

人们在选择保险时，一定要学会精打细算，这样可以为我们节约不少保费。那么怎样才能在不影响保险数量与质量的前提下，节约更多的保费呢？接下来就介绍几个节约保费的好方法。

1. 学会算清明细账

戒烟、减肥能够帮助我们节省保费的道理大家都清楚，但是到底能省多少呢？保险公司对于有不良生活习惯和健康隐患的投保人保险费用至少要提高一倍，那么要我们回归健康生活又何乐而不为呢？

2. 学会把公司的保险福利收入自己的袋中

许多企业和公司把购买人寿保险作为对员工的一项福利，如果你也享受到了这项福利，那么你就一定要注意，不能让这种保险"半途而废"。因为每个人都可能会因为各种原因离开某家公司，因此最好的办法是把公司为员工购买的人寿保险作为自费购买的相关保险的一个补充，这样就使人寿保险能够延续下来，才能保证未来的收益。

3. 学会选择"低负担"保险公司

一些保险公司在出售人寿保险的时候手续费很低，甚至为零，知道了这一点，就意味着应该选择那些保单上的金额相对较少的公司。这些保险公司大多为行业龙头，或者是某个细分市场的领导者，例如专做职业女性服务的保险公司。

4. 学会考虑健康问题

比如 37 岁的吴先生最近在体检中查出有糖尿病，因此他打算购买人寿保险。业内的朋友建议他选择"对糖尿病友好的"保险公司投保。有不少保险公司，尤其是有悠久历史的保险公司，它们对疾病有不同的分类，并且对严重程度也区别对待。例如，糖尿病患者不再作为一个整群出现，而是在"医药可控制"到"非常严重"之间分成不同等级，保险费用自然有很大的差别。

5. 学会避免隐藏费用

保费大多在每个月会按时、自动地从我们的账户上划走，非常方便。但是，在每个月打对账单的时候，还是要问问自己这种支付方式是否合适，这些钱花得是否值得。因为，有的时候年付比按月支付要便宜 15%～20%。所以，不要在不知不觉中损失了很多本来可以省下来的费用。

6. 弄清到底买了些什么

有些保险公司在谈论人寿保险的时候，避免直接说"人寿保险"这个词，而是会用一些委婉的说法，例如用"保障抵押"或"退休养老计划"等加以包装，甚至很多保险公司都要求保险规划师不要用最直白的说法告诉潜在的客户。但是，我们应该清楚自己是在购买人寿保险，尽管保险规划师一直强调它规避纳税等方面的价值，但是他们不会强调硬币的另一面：高手续费、长年累月的定期缴纳，以及一旦提前终止所受到的巨大损失。所以，一定不要被包装所诱惑，要弄清某个保险方案是不是真正适合你。

平时，我们选择了自己要上的保险项目后，就应该缴费了，这时就面临着一个如何缴费的问题。如果能选择适合的缴费方式，也可以为我们省下不少的保费。

保费缴纳方式一般分为趸缴、年缴、月缴和限期年缴。

一般而言，凡保障类的保险产品，宜选择较长的缴费方式。因为保障类的产品，投保者的意图本是用尽可能少的经济投入，转移未来可能发生的较大的经济损失。比如人寿保险、重大疾病保险等。

另外，大多数保障类产品在保险责任设计中，还向投保者提供"豁免条款"，即当出现全残或某些约定的保险事故情况下，投保人可以免缴余下的各期保费，而且保障还可能继续有效。这样一来，选择较长的缴费期就更能够规避经济风险。

储蓄类的保险产品，应选择较短缴费期。因为相同的保额，或相同的储蓄目标，在缴费期较短的情况下，总的支付金额也较少（不考虑货币的时间价值）。特别对于年纪较大的人群，如果要选择这类保险产品，最好是能选择短期期缴或是一次性付清保费。比如一个 50 岁的老人投保某公司的一份 10 万元额度养老险，五年期缴每年缴费需要 20100 元，而一次性缴费只要 89000 元。

另外，当产品具有分红或投资功能的时候，在较短的缴费期内完成缴费义务，意味着在合同初期，就能享有比较高的分红权益或是投资账户累积基数。保险产品又都是复利计息的，如果在较短的时间内完成保险合同所规定的缴费义务，也就能充分利用复利的效果来达到多多累积财富的目的。

选择更好的买保途径

梁先生是一位刚刚过了不惑之年的成功人士，他的妻子也拥有一份不错的工作，小孩已经上小学四年级了。自从建立了家庭、有了孩子以后，梁先生深深感觉到自己不能再像单身一人时那样天马行空、无所顾忌，而是在无形中产生了一种重大的家庭责任感。当已为人父的梁先生开始为孩子设计各种完善的抚养计划和教育计划时，他决定为自己和妻子购买一份完善的保障，并为孩子适当地购买一些具有储蓄和保障双重功能的保险。但梁先生除了乘飞机时购买过航意险之外，对其他商业保险所知甚少，并且现在保险公司的产品宣传广告随处可见，确实令人眼花缭乱，梁张先生一时无从下手。接下来就为像梁先生一样不了解买保险途径的人介绍几种常见的买保险的途径和注意事项。

1. 购买保险的途径

（1）保险公司代理人销售

这种途径是保险公司销售人员主动上门，为客户分析保障需求，量身订制保险组合计划，让客户足不出户即可了解保险产品的特色。此种途径是目前保险市场上最普遍的一种途径，通过十多年的发展，保险公司代理人作为保险行业的先锋队伍，早已被人们所熟知。他们为推动我国保险行业的发展立下了汗马功劳，不仅拉动了保险公司保费收入的大幅攀升，同时将保险观念带进了千家万户，使更多的客户增强了保险意识，客户对保险需求的释放也促进了保险市场的发展。

通过保险公司代理人销售的这种模式，有利于使保险这种无形产品及专业的保险条款，通过代理人物化及感情化的语言为客户解释得更加通俗易懂。客户享受这种服务时可以在家里坐享其成。这种购买途径的不足之处是由于保险代理人社会地位不高、没有归属感和安全感，加上繁重的业绩压力，导致保险代理人的专业水平和从业素质参差不齐。在这种情况下常出现一些保险代理人误导、欺诈等事情，有些客户被蒙骗后直至保险利益兑现时才发现与代理人当初所描述的情形大相径庭。

（2）保险中介机构代理

保险中介机构是活动于保险经营机构之间，或保险经营机构与投保人之间，专门从事保险业务咨询与招揽、风险管理与安排、价值衡量与评估、损失鉴定与理算等中介服务活动，并从中收取佣金或手续费的机构或个人。保险中介机构主要类型为专业保险代理公司、专业保险经纪公司、保险超市等，它们分别代表投保人的利益或保险人的利益，或两者兼而有之。近年来，保险中介发展很快，整体实力有所增强，已经成为保险市场上一支活跃的主力军。

保险中介的优势在于，它能够代理多家保险公司的产品，客户不用另外付费就能在众多保险公司的产品中进行选择，构成一套适合自己的保险组合。与保险公司的代理人相比，它的不足之处在于客户想购买保险产品需要亲自前往，而目前各中介公司针对个人寿险没有完全开放的现状影响了客户对这一购买途径的认知。

（3）银行代理

银行代理保险于20世纪80年代起始于欧洲，像法国、西班牙、瑞典、奥地利这样一些银行代理保险相对发达的国家，其保费收入已占到寿险市场业务总量的60%，成为寿险产品销售的主要渠道。我国的银行代理保险才刚刚起步，自1997年银行保险业务开办以来，银行保险持续升温。银保产品收益一般高于银行同期存款又兼具保障功能，很能吸引一部分客户。

这种购买途径的优势在于，客户利用去银行办理储蓄业务之便，即可将银行代理的保险产品进行了解和比较。投保后，保费会在银行账户自动扣缴。因为银行网点星罗棋布，人们免不了要去银行办理储蓄业务，与保险中介相比，这种购买途径更为方便；与保险公司代理人上门服务相比，一家银行可以同时代理几家公司的储蓄分红产品，选择的余地更大。

2. 在选择保险过程中应注意的问题

(1) 慎重选择保险代理人

在购买保险过程中,保险代理人的选择是很重要的。一位优秀的保险代理人,不但能为客户设计出切合个人需要的保险计划,而且能为之提供优质的售后服务。而一个不称职的保险代理人,非但不能提供以上服务,还有可能误导客户。选择一个合格的保险代理人要注意以下几点:

①要核实保险代理人的真实身份。很多保险代理人都是上门推销,所以要查看他的证件以防止假冒,同时还可以通过电话来证实业务员的身份。

②看其业务知识是否娴熟。好的保险代理人,业务知识相当娴熟,具体表现为保险理念正确、对保单条款熟悉,并能根据不同客户的经济能力、家庭特点及保险需求等,将不同的保险产品进行搭配组合,使客户的利益得到全面充分的保障。

③看其是否介绍不承保范围。好的保险代理人不但会把保险利益讲得很详细,而且会把不承保范围和理赔规定也说清楚。这样的保险代理人才是可信的。因为任何保单都有不承保范围,有的保险代理人故意遗漏此项,把保单说成什么都保、什么都赔。结果投保人等到申请理赔时才发现被误导了。碰到这类职业道德不佳的保险代理人,一定要特别当心。

(2) 选择恰当的保险经纪公司

在选择保险经纪公司时,要考虑以下几点:

①公司是否依法成立、证照齐全。

②公司的理念、经营模式、企业文化等。

③公司在市场上的口碑如何,是否有过不良记录。

④能否在一定程度上领导和代表着这个行业的发展方向。

⑤公司的服务模式是否专业,是否切合自己的实际需求等。

(3) 通过银行和邮局等代销渠道购买保险

中国人的一大传统是有钱就存银行,银行在老百姓的理财生活中扮演了重要的角色。现在不少的保险产品也摆上了银行的柜台,加上销售人员的推荐,越来越多的消费者开始在银行买保险。通过银行和邮局购买保险更加方便快捷，并且避免了上当受骗的危险。同时，在银行和邮局购买保险会比通过保险代理人更优惠。这可能是许多客户都不太清楚的事实。保费中，有一定的比例是管理、发行成本，而银行、邮局这些网点出售保险成本较低，保费较低也就不是什么奇怪的事了。

不过需要注意的是，在购买银保产品时，万万不可将保险公司和代销银行划等号。由于保险产品是通过银行销售的，很多对银行信誉有着天然信赖心理的消费者不自觉地将银行与保险公司挂上了钩，再加上一些销售人员不负责任的误导，不少消费者误认为保险的收益将有银行作保证，便没有仔细阅读保险条款。这样做带来的危害就是，当消费者急需用钱时，只能按保单的现金价值退保，非但享受不到分红收益，甚至有损失本金的危险。事实上，保险公司与银行间只是合作关系，银行只提供销售渠道赚取手续费，并不承担任何的担保责任。

适时调整保险组合

随着人生的变化起伏，在等待实现各种需求之际，你会发现自己的愿望也已经发生了变化。制订保险规划也是一样的道理。当人到中年，已经积累了一定的财富时，蓦然回首，有些产品已不是中年人所需。处于人生的不同阶段时保险需求是会变化的，为此，保险消费也不适宜一步到位，必须及时调整。也就是说，保险规划必须根据每个人所处的人生不同阶段来分类，大致看出在什么时候需要什么保险，然后根据人生阶段的推进和变化"逐步进行，逐级调整"。当你是一个社会新鲜人时，你也许有很强烈的保险意识，想把自己需要的产品都买了，但此时你的经济能力有限，你只能花钱买最需要的保障，而不是所有保障。等到自己的条件逐渐改善的时候，人们的保障内容也将随之增加。

保险作为家庭理财中的一个部分，与家庭理财的目标是息息相关的。普遍而言，不同的人生发展阶段，应该关注和制定不同的家庭理财目标。借用自然界的发展规律，人的一生可以分为"春耕、夏种、秋收、冬藏"

四个阶段。安排保险计划，就是为了保障这些阶段的顺利进行。

那么，这些阶段中具体的风险又何在？人们最熟悉的可能就是"生、老、病、死"。小孩成长教育、生病或残疾、老年退休养老甚至死亡……这些事件如果处理不当，都会对我们最亲爱的家人构成财务上的风险和危机。不同时期，个人和家庭的人身保障重点就是依据这些风险而来。

根据自己的人生阶段，分步安排自己和家人的保险，不仅可以获得合适的保障，而且不会影响自己的经济状况。

薛先生今年40岁，现在距离他第一次买保险已经整整过去10年了。当时薛先生刚刚在东莞开了一家小厂。在保险推销员的强力推荐下，他买了一份意外伤害险和少额的终身寿险。

两年以后，薛先生成家了，他的工厂也由原来的小规模扩大了许多。薛先生的工作变得越来越忙碌，这时他就在太太的建议下又购买了重大疾病保险附加住院补贴保险。此外，根据保险销售员的推荐，寿险也开始被他们所重视，所以他为自己又买了一份两全寿险。

2005年，薛先生因胃病住院，出院后很快获得了保险公司的理赔金，让他感受到了保险的好处。于是，他又为自己和妻子买了养老保险，并为孩子上了意外伤害综合保险。

如今，薛先生觉得退休后的养老生活似乎离他越来越近了。按照他目前的生活水准，将来靠一点微薄的退休金很难维持如今的生活质量。所以薛先生考虑为自己和妻子买了一些投资联结险，准备作为今后的养老基金。

这些年来，薛先生通过不断地调整自己的保险计划，也成为保险公司的VIP客户。像他这样按照人生的发展和财富的累积，循序渐进地购买保险并且作出合适的调整，具体险种有增有减，具体额度边增边减，不让自己"吃力"，也不让自己的家庭"缺乏安全感"，在经济成本和保障性能之间找到一个平衡点，这才算是打造了一份家庭保险的"黄金组合"。

根据上面的例子，我们可以大致为不同阶段的人生作一个保障规划：

20~30岁为单身期，以寿险保障为主，辅之部分的医疗保险和意外险。

30~40岁为家庭成长期，寿险、医疗、子女教育保险都要充分考虑，有余力的再考虑自己的养老。

40～50岁的人生，健康医疗和养老保险迫不及待需要全面提高。

50岁以后，医疗和养老成为基本的两大问题。

关于买车的保险

随着有车族的日益壮大，车险也成为众多消费者关注的问题。车就像人一样，难免会有个磕磕碰碰或者意外发生，给车买保险图的是买个踏实，买个放心。但是面对繁杂的险种还有各色的投保渠道，我们难免有些茫然，不清楚自己买的险种是否合适，付出的保费是否合理。

1. 了解保险的险种

（1）交强险（必须购买）

是指由保险公司对被保险机动车发生道路交通事故造成本车人员、被保险人以外的受害人的人身伤亡、财产损失，在责任限额内予以赔偿的强制性责任保险。机动车交通事故强制责任险责任限额6万元当中，包含了死亡伤残赔偿5万元，医疗费用赔偿8000元、财产损失赔偿2000元。而被保险人在交通事故中无责任，赔偿限额分别按照以上三项限额的20%计算。

（2）车辆损失险（选购）

负责赔偿由于自然灾害或意外事故造成的车辆自身损失。这是汽车保险中的主要险种。若不保这个险种，车辆碰撞后的修理费保险公司不负责赔偿，全部得由自己掏腰包，比如快报废的车辆，修理费用很低就不用上此险种。需要注意的是，车损的赔付最高限度是你的投保金额、车辆当前价值较低的那个，换句话说，即使你按照20万元甚至更高的金额进行投保，多花的钱都是白花的。

（3）第三责任险（选购）

由于交强险仅限额6万元，因此，大家需要考虑购买商业三者险。至于额度，可根据自己的情况判断，主要因素还是自己驾驶的熟练程度，如果驾驶经验丰富，可以考虑少买或不买，但对大多数刚考到驾照的车友，建议购买一定额度的商业三者险。

（4）全车盗抢险（选购）

全车丢失才会赔付，车上的部件丢失是不赔的。当然车辆丢失时车内的其他财物不管多贵重，也算白丢。如果你的停车位置比较可靠，上班有单位停车场，回家小区停车也很可靠，那么可以考虑不买该险。反之，建议购买盗抢险。

（5）不计免赔特约险（选购）

在车损、三者等险种出险的时候，交警的判断很重要，如果对方全责，就不用你的保险公司出钱，但如果你负有一定责任（全责、同等责任、部分责任等），你的保险公司就有权根据你的责任比例大小有一定比例的免赔率。但由于该险种保费很贵，如果你的交通意识、驾驶水平、停车安全程度很高，购买此险种意义不大。

（6）自燃损失险（选购）

这是1997年新增加的险种，它赔偿因本车电器、线路、供油系统发生故障或运载货物自身原因起火燃烧给车辆造成的损失。这个险种的价值不是很大，但费率却不低（0.4%）。在现实中车辆自燃事故的发生很少，10万元以上的中、高档车自燃的就更少了。另外，车辆自燃如果与质量有关，生产厂家应付赔偿责任。所以不推崇该险种。

（7）车上责任险（选购）

因交通事故造成司机、乘客意外伤害险来赔偿损失，买此险种，完全是一种心理安慰，图个放心。如果你购买了人寿险中的意外伤害险，则可以考虑不购买。

（8）玻璃单独破碎险（选购）

如果你的汽车不是很高档，该险的价值不是很高。原因在于费率太高：国产轿车车费率为0.15%，进口轿车为0.25%。例如一辆价值12万元的车风挡险的保费是180元，但一块前风挡才300元左右，可以不考虑。

（9）无过错责任险（选购）

撞人或车后，保险车辆一方无过错，不应承担赔偿责任。但出于某种原因，实际已经支付了对方而无法追回的费用，由保险公司负责赔偿。但每次有 20% 的免赔率，即最多赔 80%。一般家庭轿车投保意义不大。

（10）新增加设备损失险（选购）

当你自己为车辆安装了空调、CD 音响、防盗器、真皮坐椅等不是车辆出厂时所带的设备时，可以考虑投保新增加设备损失险。投保后，在这些设备因事故受损时可以得到保险公司的赔偿。这些设备一般都安装在车内，发生事故时很少能撞到。所以购买价值不大。

2. 根据需求选择险种

（1）是否购买了人身意外险

在投保了意外伤害寿险的情况下，不必通过车上责任险来取得保险，但一旦发生事故，从法律的角度讲，与你同车的亲戚、朋友即使投保了意外伤害寿险，也不能相应承担你应承担的赔偿责任。

（2）存放地点是否安全

建议有车族购买盗抢险和车身划痕险，以保障您的权益。购买这些险种是以您的实际车龄为依据的。

（3）是否经常跑长途

例如，如果您在北京周边 500 千米内行驶，选定 500 千米省内行驶可节省保费开支。

（4）谁经常开此车

驾驶人员的指定与否直接与保险费多少有关。如指定驾驶人员，非指定驾驶员开车出现事故，理赔时有相应免赔额。

（5）驾驶技术的优劣直接影响投保险的种类

如果是新手，建议购买车辆损失险、第三者责任险、划痕险、玻璃单独破碎险、不计免赔特约条款、司乘险、盗抢险等。尤其是购买第三者责任险时最好选择 20 万元（由于交通安全法的出台，发生交通事故时，交通法主张保护弱者，相应给第三方的赔偿限额上调）限额的保障，这样才能满足您一旦发生意外所造成损失的赔偿。

关于买房的保险

房贷保险即个人抵押商品住房保险，是一种保证保险。险种分别为"商品房抵押贷款保险"和"住房抵押贷款综合保险"。其中"商品房抵押贷款保险"是针对所购房屋安全的财产险，一旦贷款所购房屋遭受火灾、爆炸、暴风、暴雨等袭击并发生事故时，所造成的损失由保险公司负责偿还；而"住房抵押贷款综合保险"，则是为防范购房人因人身意外或失业时无法偿还贷款的风险，一旦投保人在保险期间内因疾病、意外事故造成死亡或高度残疾而无法偿还购房贷款，或投保人因个人无法抗拒的原因失业达一定时间以上，以致无法偿还购房贷款时，由保险公司偿还出险后尚需偿还的购房贷款本息。

房贷保险的基本操作模式是：房产商将商品房销售给需要贷款的业主，业主向银行申请贷款，银行要求业主将所购的房屋进行抵押，并向其指定的保险公司购买房贷保险，银行凭借房屋抵押贷款合同和房贷保险等给予贷款。

长久以来，部分购房者对房贷险产生抵触情绪，一是因为房贷险有强制性，在操作中往往由银行来指定保险公司；二是对于房贷险中的"贷款信用保险"存在一定的争议，买保险的是购房者，当他们无力继续偿还房屋贷款时，受益的却是银行。所以，房贷保险一直被冠以"霸王条款"的恶名。

自2005年10月中国工商银行率先取消强制房贷保险后，以房产抵押担保方式申请个人贷款的人，可以自主选择所抵押房产购买保险事宜，房贷险不再是获得贷款的必要条件。那么，我们购买商品房贷款的时候，到底还需不需要买保险呢？答案是肯定的。理由有二：

一是提供基本的风险保障。房贷保险主要承保房屋损失，包括由于火灾、爆炸、暴风、暴雨、台风、洪水、雷击、泥石流、雪灾、雹灾、冰凌、龙卷风、崖崩、突发性滑坡、地面突然坍陷、空中运行物体坠落及外来建筑物和其他固定物体倒塌等原因造成的房屋直接损失，将由保险公司负责赔偿。

二是若丧失还款能力，保险公司代还。房贷保险将保障延伸到人，当保险人因意外伤亡丧失还款能力的时候，保险公司负责向银行偿还剩余贷款，这样就避免了被保险人发生意外事故后给家庭留下偿还压力。特别是有些房屋贷款者就是家庭主要收入来源提供者，一旦遭遇不测，没有房贷保险会给家庭造成很大的经济负担。

1. 选择房贷险小诀窍

（1）在缴费方式方面

有趸缴和年缴两种方式可选。从保险条款上看，年缴房贷险最省钱，其中公积金贷款只能采取贷款担保的方式。此外，担保公司规定，生活困难人群如果不能按时还贷，逾期罚息可以减免，中低收入家庭购房也可享受担保费的折扣。

房贷险在一次性缴费方式下，发生意外时，保险赔付金额以当月贷款余额来计算，而在年缴方式下，赔付金额根据当年保单保额来计算。相比较之下，万一发生意外时，年缴方式更为实惠。

（2）争取折扣

有些资深的保险经纪人能获得六至七折的折扣保单，然后他们再以七折或七五折转卖给客户，但发票上仍然注明是六折。这样，保险经纪人可获取10%~15%的佣金，客户也得到了相应优惠。但如果消费者不懂得"询价"，那么这个差价很可能会被经手的房产中介赚去。

（3）要看清保险责任

一定要购买经2001年修改以后的、包含人身意外保障责任的"新保单"。

2. 关注房贷险新险种

保监会的数字显示，自从取消强制房贷险后，2006年1月份到11月份间，全国房贷险保费收入为6.3亿元，同比下降了59%。北京的一个调查显示，新购房中10个人中有8个人都选择不买，甚至交过保费的人选择退保。在此情况下，新品房贷险肯定将层出不穷，而条款也更加诱人，购房者买房的时候不妨多加关注。

第十六章　退休规划

导读：退休并非清静地休养，对有些人来说，退休则是创业的开始。不过在人生整体发展战略上，当你盛年之时，你即应该对暮年有一个理性的规划，并对老龄化的来临攒足充足的生活资本。

养老保险制度常识

养老保险制度在一个国家里具有越来越重要的意义。它不仅提供了一种社会稳定机制，还对经济的发展有重要作用。当前养老金制度改革是一个世界性的趋势。

基本养老保险亦称国家基本养老保险，它是按国家统一政策规定强制实施的为保障广大离退休人员基本生活需要的一种养老保险制度。在我国，1990年之前，企业职工实行的是单一的养老保险制度。

1. 养老保险

养老保险是社会保障制度的重要组成部分，是社会保险五大险种中最重要的险种之一。所谓养老保险（或养老保险制度）是国家和社会根据一定的法律和法规，为解决劳动者在达到国家规定的解除劳动义务的劳动年龄界限，或因年老丧失劳动能力退出劳动岗位后的基本生活而建立的一种社会保险制度。

我国的养老保险由三个部分组成。第一部分是基本养老保险，第二部分是企业补充养老保险，第三部分是个人储蓄性养老保险。

(1) 基本养老金

在我国实行养老保险制度改革以前，基本养老金也称退休金、退休费，是一种最主要的养老保险待遇。国家有关文件规定，在劳动者年老或丧失劳动能力后，根据他们对社会所作的贡献和所具备的享受养老保险资格或退休条件，按月或一次性以货币形式支付的保险待遇，主要用于保障职工退休后的基本生活需要。

1997年，《国务院关于建立统一的企业职工基本养老保险制度的决定》中明确规定：基本养老保险只能保障退休人员的基本生活，各地区和有关部门要在国家政策指导下大力发展企业补充养老保险，同时发挥商业保险的补充作用。目前，按照国家对基本养老保险制度的总体思路，未来基本养老保险目标替代率确定为58.5%。由此可以看出，今后基本养老金主要目的在于保障广大退休人员的晚年基本生活。

(2) 企业补充养老保险

企业补充养老保险是指由企业根据自身经济实力，在国家规定的实施政策和实施条件下为本企业职工所建立的一种辅助性的养老保险。它居于多层次的养老保险体系中的第二层次，由国家宏观指导、企业内部决策执行。

企业补充养老保险与基本养老保险既有区别又有联系。其区别主要体现在两种养老保险的层次和功能上的不同，其联系主要体现在两种养老保险的政策和水平相互联系、密不可分。企业补充养老保险由劳动保障部门管理，单位实行补充养老保险，应选择经劳动保障行政部门认定的机构经办。企业补充养老保险的资金筹集方式有现收现付制、部分积累制和完全积累制三种。企业补充养老保险费可由企业完全承担，或由企业和员工双方共同承担，承担比例由劳资双方协议确定。企业内部一般都设有由劳、资双方组成的董事会，负责企业补充养老保险事宜。

(3) 个人储蓄性养老保险

职工个人储蓄性养老保险是我国多层次养老保险体系的一个组成部分，是由职工自愿参加、自愿选择经办机构的一种补充保险形式。由社会保险机构经办的职工个人储蓄性养老保险，由社会保险主管部门制定具体办法，职工个人根据自己的工资收入情况，按规定缴纳个人储蓄性养老保险费，记入当地社会保险机构在有关银行开设的养老保险个人账户，并应按不低于或高于同期城乡居民储蓄存款利率计息，以提倡和鼓励职工个人参加储蓄性养老保险，所得利息记入个人账户，本息一并归职工个人所有。

职工达到法定退休年龄经批准退休后，凭个人账户将储蓄性养老保险金一次总付或分次支付给本人。职工跨地区流动，个人账户的储蓄性养老保险金应随之转移。职工未到退休年龄而死亡，记入个人账户的储蓄性养老保险金应由其指定人或法定继承人继承。实行职工个人储蓄性养老保险的目的，在于扩大养老保险经费来源，多渠道筹集养老保险基金，减轻国家和企业的负担，有利于消除长期形成的保险费用完全由国家和企业"包下来"的观念，增强职工的自我保障意识和参与社会保险的主动性，同时也能够促进对社会保险工作实行广泛的群众监督。

2. 退休费用社会统筹

职工退休费用社会统筹是职工养老保险制度的一个重要内容，指由社会保险管理机构在一定范围内统一征集、统一管理、统一调剂退休费用的制度。具体办法为改变各企业自己负担本企业退休费的办法，改由社会保险机构或税务机关按照一定的计算基数与提取比例向企业和职工统一征收退休费用，形成由社会统一管理的退休基金。企业职工的退休费用由社会保险机构直接发放，或委托银行、邮局代发以及委托企业发放，以达到均衡和减轻企业的退休费用负担，为企业的平等竞争创造条件。

3. 社会统筹和个人账户相结合的基本养老保险制度

社会统筹与个人账户相结合的基本养老保险制度是中国在世界上首创的一种新型的基本养老保险制度。该制度在基本养老保险基金的筹集上采用传统型的基本养老保险费用的筹集模式由国家、企业和个人共同负担；基本养老保险基金实行社会互济；在基本养老金的计发上采用结构式的计发办法，强调个人账户养老金的激励因素和劳动贡献差别。

因此，该制度既吸收了传统型的养老保险制度的优点，又借鉴了个人账户模式的长处；既体现了传统意义上的社会保险的社会互济、分散风险、保障性强的特点，又强调了职工的自我保障意识和激励机制。随着该制度在我国实践中的不断完善，必将对世界养老保险发展产生深远的影响。

退休金的存投规划

面对人口老龄化的大潮及养老保险体系的不完善等严峻形势，国家有关方面正在出台各种应对措施。但理财专家指出，中国未来老年人的绝对数量实在太大了，单纯依靠社会养老很难解决某些现实问题，所以，不仅是老年人，中年人和年轻人也应及早进行养老理财规划。

1. 老年人退休金储投计划

老年人在养老理财时，应以投资安全为主，着眼于有一定收益保障的投资工具，如果条件允许还可适当配以小比例的积极性投资。

在储蓄方面，除交纳固定的养老金外，一部分人已经开始为自己养老作计划或将养老理财部分纳入自己的理财计划，这些计划主要集中在人们熟悉的储蓄等方面。

在进行养老储蓄时，要掌握一定的储蓄技巧。比如采用"递进储蓄法"，假如手头有6万元的积蓄，可以按照2万元为单位分别存一年、两年、三年三种定期存款。一年下来，就可将到期的2万元，转存成三年定期。两年后，存单全部为三年定期。这种储蓄方式既可以随时调整，又能获取银行存款的最高利息。

在投资方面，可以选择货币基金，其有"准储蓄"之称，除具有和银行存款一样安全的特性外，而且可随时兑付，从收益上来看，平均年回报率高于银行一年期定期存款。在保证流动性和低风险的情况下，货币基金的一般收益都能达到2%以上。货币基金不收取赎回费用，管理费用也较低，转换灵活，收益还是免税的。

此外，还有各种债券或者债券型基金，因为债券本身具有还本付息的特点，风险小，收益稳定，这样就可以使老年生活有保障。特别是国债，因为有国家的信用作为保证，可以在养老计划中起到基础的保障作用。通常情况下，中长期国债的收益率不仅高于定期存款的收益，而且国债的利息收入不需要交纳利息税。在目前加息预期背景下，投资人可以用低于票面价值的价格买进中长期国债，获得的收益率更要高于票面上所规定的收益率。

2. 中年人退休金储投计划

中年人的养老理财，应注重通过各种投资途径让自己和家庭的资产保值增值，以便抵抗通货膨胀带来的危害。

中年人在准备养老金方面，有两件工作要做：一是合理分散风险，二是合理进行稳健投资。只有将这两部分调节好，才能有效地积累养老金。建议采取稳健的投资策略来分配投资组合，例如可以选择投资股票型和投资债券型开放式基金相结合的模式，做到收益平衡。此外，企业的可转债也是可以考虑的养老金投资方式。可转债兼具了股票和债券的双重身份。作为债券的一面，能够在保底前提下收回债券的面值和票面利息收益，有效地保障了养老资金的安全性；而作为股票的一面，它赋予了投资者将债券转换成股票的特殊权利。另外，还有外汇理财新品。从目前理财市场品种来看，外汇理财产品虽属于保本型投资，风险较低，但收益相比较而言属于偏高。

在保险方面，考虑到现在的医疗体系并不十分完善，建议适当购买重大疾病保险和住院医疗保险，同时还可以采用15年年交的方式购买养老保险，以达到养老保障的目的。

3. 青年人的退休金储投规划

青年人的养老理财，应选择积极的投资方式，以取得良好的投资收益为目标。但在投资时还是要注意稳健型投资方式的搭配。

在储蓄方面，据《全球退休生活角度调研》显示，中国在职人员中，每个月为养老平均储蓄625元。虽然与其他国家相比并不高，但是与受访退休人士平均每月966元的退休金水平相比，这一储蓄资金已占到退休金的60%。所以年轻人一定要养成储蓄的习惯，以备养老路上的不时之需。

保险投资是最适合年轻人的，投保养老险越早越好，因为保费与投保年龄成正比，且在红利的积累上也更合算。根据个人经济能力和发展周期等因素，一般30岁左右投保养老险比较合适。据介绍，临近退休时购买保险，需要支出相当大的费用，会给当时的经济生活带来沉重的负担。虽然10周岁保费支出会比25周岁的少，但从时间成本方面考虑，25周岁以前投保年金保险不够科学，购买年金保险最合适的年龄是25周岁。

由于年轻人的风险承受能力较高，可以选择积极型投资项目。例如股票投资、基金。可以拿出一部分资金，放在定期定额的开放式基金中。可别小看了资金积累的效应，每年投资1万元（平均到每个月只有833元），如果年投资收益可以达到10%，40年后就可拥有442.59万元，就算只坚持投资了30年，总资产也可以达到164.49万元。如果年均投资收益只有5%，连续投资30年也有66.439万元，40年则为120.8万元。

总之，不同人生阶段的不同人士，对于保障、储蓄和投资功能的需求应各有侧重。30~40岁的人士，应保持较高比例的投资，辅以部分的保障，为自己今后的生活做好充分的准备；有经济压力的40~50岁人士，应该侧重在保障方面，然后辅以提前的退休准备，如储蓄、投资等；50岁以上的人士，资金筹备侧重转为退休方面，投资也要更加追求稳健。

及早规划退休后的收入来源

在年轻人的眼里，养老似乎是很遥远的事。其实不然，时下的年轻人应该明白，未来的养老金收入将远不能满足我们的生活所需。退休后如果要维持目前的生活水平，在基本的社会保障之外，还需要自己筹备一大笔资金，而这需要我们从年轻时就要尽早进行个人的理财规划。我们进行养老理财规划时，首先就是要考虑选择什么样的理财产品。下面就介绍几种适合用于养老理财的产品。

1. 储蓄

由于其低风险、能保本的特征，一直是深受保守型投资者青睐的资金投资方式，是退休金筹划中必不可少的一项。

很多人都以活期储蓄的形式来配备应急资金，但是不准备应急资金，遇到突发事件时又不知所措。针对这种情况，银行已经推出了收益较好、流动性也较强的产品来代替活期存款。

工行推出的"利添利"账户理财业务。"利添利"账户理财业务能将客户活期账户的闲置资金自动申购客户指定的货币市场基金或短债基金，实现闲置资金的有效增值；当客户的活期账户需要资金时，"利添利"账户理财业务可以自动赎回货币市场基金或短债基金，保证客户资金的及时使用。

2. 基金定投

投资基金是一种常见的理财方式。它具有投资起点低，管理水平高，收益共享，风险分担和灵活方便等特点。对于采取定期定额小额注资的投资策略，专家将其称为"基金定投"。

基金定投最大的好处是可以平均投资成本，自动形成逢高减筹、逢低加码的投资方式。长期下来，时间的复利效果就会凸显出来，让平时不在意的小钱在长期积累之后变成"大钱"，充分保障养老金的需求。

假如，你从30岁开始，每月定投1000元，选择稳健型基金，假设年收益率平均为6%，在60岁退休的时候，就能积累起超过100万元的养老基金。

基金定投的神奇功效就在于其复利效应。从投资学角度看，资金经过长时间的复利，累积的效果会非常惊人。从历史资料来看，英美股市的长期平均年报酬率高于8%。在一个长期发展阶段看，一国经济总是会逐步增长。所以说，只要有一定的时间积累，基金定投就能将复利效果发挥到极致，平均成本法和时间魔力可使投资者获得可观的回报。

在我国，据工行海南分行的测算统计，他们代理销售的六只基金，只要假以时日，在基金定投的情况下，保守型的基金可以达到年5%的收益率，积极型的基金甚至可以达到10%。以每月存1000元零存整取，按现行利率计算，五年后本利得 64，392 元，而投资于积极型的基金可得 77，171 元，整整多了 1 万多元。

3. 保险

保险是国内外流行的养老产品，被称为社保之外的第二笔养老钱。经过多年的发展，国内目前的商业保险养老产品已经渐成体系，产品线非常丰富，目前市场上比较流行的商业养老险产品有两全保险、万能险、投连险等。

保险作为一种养老工具，有着很多优势。首先，对于保障较少的人来说，可以通过购买养老险再附加医疗、意外等保险，达到花较少钱获得较高保障的目的；其次，保险可以作为一种强制性储蓄，一旦开始缴费，就要连续缴纳，直至期满，中途一般也不能提前领取，这样恰好就满足了养老资金"专款专用"的特点。最后，养老保险大多兼具分红功能，通过分红，投资者不但能获取收益，也能很好地抵御通货膨胀。所以，购买养老保险是一种理想的养老理财途径。

小郭夫妇今年都刚满 30 岁，到了而立之年的他们开始考虑养老问题。在观察了众多投资理财产品后，小郭夫妇发现保险比较适合工薪阶层的他们储备养老金。所以，他们就找了专业的保险经济师为他们订制了一份养老保险。下面就和大家一起来看看小郭夫妇的养老保险是如何买的。可以作为您购买养老保险的一种参考。

夫妻的年龄 30 周岁，每月只需要支出 1161 元，就能拥有 77 万元的保障！

丈夫：

一、重疾保险金：十类重大疾病保障 20 万元。二、残疾保险金：最高保障为 50 万元。身故保险金：终身保障 30 万元。三、医疗补偿金：最高可享受 1 万元意外伤害医疗费用补偿。四、豁免保费：发生重大疾病后获得最高额给付，且免交以后保费，合同继续有效。五、附加功能：可转换权益、保单借款、减额交清。

妻子：

一、残疾保险金：最高保障 5 万元。二、身故保险金：最低保障为 5

万元，交费期内每年递增 3000 元；交费期满即 49 岁后，终身拥有 12 万元保障。三、生存保险金：每三周年返还 3000 元，可用来购物、旅游、休闲、养老等，越长寿，领得越多。四、医疗补偿金：最高可享受 1 万元得意外伤害医疗费用补偿。五、保单红利：分享保险公司的经营成果，红利领取灵活方便。六、附加功能：保单借款。

4. 以房养老

房产可作为个人养老基金的补充。在理财师看来，年轻时，用结余的钱置房，年老时，靠经营房产如出租、出售、向银行抵押贷款等多种形式来补充养老金的不足。

可以说房产投资，从长远来看是一种积极而有效的理财方式。年轻的你也许现在还没意识到，今天你辛苦地供房，可能正是为将来的养老做准备。理财师表示，买房养老的好处在于：首先买房具有强制储蓄的功能，每月必须支付一定比例的按揭款；其次，房价及租金价格与通胀水平基本保持同步，能规避通胀所带来的风险。

以家住北京年逾 80 的夏老夫妇为例，目前在二环附近有一套 80 平方米的房子，市值近百万元。夫妇俩退休金合计 3000 元，按理说，这笔退休金也够老两口开支了，可谁又没有个头疼脑热的？由于身体不好，现在夫妇俩每月光看病吃药就花费数百。再说，两人年迈多病，儿女们不放心，请了个保姆，月工资还要 800 元，这样下来，老夫妻俩就入不敷出了。

针对夏老夫妇这种情况，理财师提出了"以房换养"的思路。具体做法是，陈老夫妇将房产出租，拿着租金住进养老院，靠租金收入支持养老费用。我们可以帮陈老夫妇算笔账：按市价，陈老夫妇的房子目前每月能收到租金 2000～2500 元，目前北京养老院一对老人的基本花销在 1500～2000 元之间，两者基本相抵。此外，住进养老院后，陈老夫妇也就不用再请保姆，可以省下 800 元的保姆费。而两夫妇 3000 元的退休金，除掉常规药费后也算手头宽裕。在物质生活得到改善的同时，夫妇俩的精神生活也将丰富得多。而且，儿女们也可以安心工作。

以上就是为大家推荐的几种储备养老费用的常见方法。这些方法各有各的特点，大家在选择时一定要根据自己情况进行投资。不过在此要提醒大家的是，一定要及早规划退休后的收入来源。这里用我们常讲的一句话"人无远虑，必有近忧"和大家一起共勉。

购买养老保险的方法

漫漫人生路，谁都会老，谁都渴望不管什么时候都拥有快乐、富裕的生活。聪明人的眼光不仅关注现在，更关注未来。养老保险就是每个人手中的种子，只要按时浇灌，在你需要的时候，它就会回报丰硕的果实。

"四个老人＋一对夫妇＋一个孩子"，随着我国第一代独生子女进入婚育年龄，这种"421"模式在现代家庭结构中日渐典型。这样的家庭面临着沉重的经济负担。据第四次人口普查资料推算，大批独生子女父母将从2015年开始陆续进入60岁。另一方面，目前空巢家庭越来越多，许多老人子女不在身边，子女赡养老人往往"有心无力"，需要更多的社会服务机构来代替子女为老人提供生活服务，以及适当地精神照料。所以把目光投向社会养老保险之外的商业保险，对于这样的家庭就显得十分重要。简单地说，就是在相对宽裕的收入中"挤"出一部分，量力而行，为自己购买一份养老险，作为日后养老的经济补充。

提到养老保险，很多人首先想到的是社会养老保险，也就是每月从我们工资中所扣除的养老金。社会养老保险是国家强制实施的一种养老保险制度，它的主要目的在于保障基本生活需求。但现在大部分人对退休以后生活质量的要求更高了，社会养老保险显然已经不能满足他们的要求。

现在很多人把目光投向了个人商业养老保险。此种保险已经成为养老的一种有效经济补充。由于个人商业养老保险可以根据自己的能力进行灵活自主的规划和选择，所以购买商业保险已成为目前人们规划养老生活最主要的方式。

由于个人商业养老保险种类不少，如何投保也是有技巧的。为此，我们给购买养老保险的人提供了一些投保原则，以供参考。

从一定意义上来讲，养老并不能算是一种风险，因此购买养老险时一定要搭配一些意外、大病保险，才能真正抵御风险。另外，购买养老险应当遵循滚动投保原则。养老保险主要包括传统养老险和两全险。购买后者，无论被保险人在保险期间身故，还是保险期满依然健在，保险公司均要返还一笔保险金。

传统养老险与两全险最大的不同是，传统养老险基本都是每年领取养老金，而两全险一般是隔年领取，因此，投保两全险要把握好间隔连续。比如，每隔五年领取保险金的两全险，可每隔一年趸缴投保一份，连续投保四份，到第五年时，投保的第一份保险已经可以领取生存给付金，第六年时又可以领取第二份保险到期的给付金，以此类推。另外，消费者也应该记住下代投保原则，即给下一代投保一份两全险是父母养老的最佳选择。两全保险具有生存给付功能，父母不仅可以用生存给付金养老，而且由于子女年龄小，所缴保费也便宜得多，这样，可以用省下的钱为自己购买一份意外及大病保险，以抵御突发风险。

选购养老保险时，一定要从自身的特定需要出发，确定合理的保险金额。因为养老保险都是长期合同，一旦购买，就要跟随你一辈子。能否购买到称心如意的险种，关系到家庭在未来十几年甚至几十年能否得到所需保障，千万马虎不得。如果不考虑清楚就匆忙投保，到时候一旦后悔起来又去退保，就可能导致不必要的损失。通常，我们在为自己选择保险保障金额时，主要根据对保险保障需求的大小以及自身的负担能力大小这两个因素来决定。

在考虑养老保险保障的需求大小时，首先应大致估算出自己的财务总需求。例如，退休生活费用，自己收入突然中断时抚养子女、供养配偶所需的费用等，再减去目前自己可能承担的额度（如储蓄、投资所得、社会保险等），即得出应该由商业保险来补充的额度，可参考下面公式：

商业养老保险需求 = 财务总需求 − 可能承担的额度

在考虑经济负担能力时，主要在缴费的方法上进行研究。同一个险种，往往有多种缴费方法，如一次缴清全部保费的趸缴方式，按年、半年、季、月缴纳的分期缴费方式等。从根本上说，并不存在"哪一种更优惠"的问题，应该看哪一种缴费方式对自己更合适。如果经济情况允许，一般尽量不要选择期缴方式，可选择趸缴期领，即一次性缴清保费，若干年后按合同约定分期（按年或按月）领取养老费。

最后，要为大家分析一些在投资养老保险时应注意的问题。

（1）通胀风险不可不防

在购买养老保险时必须充分考虑到购保期间通货膨胀的因素，因为养老保险是一种年金保险，即投保人在年轻时定期缴纳保险费，等到合同约定的年龄就可以开始持续、定期地领取一定的养老金。一般来说，从购买养老保险到领取养老金，这中间可能相隔10年、20年乃至更长的时间。较长的周期使得我们不得不考虑到通货膨胀的可能性，而通货膨胀导致我们今天在购买养老保险时，不能确定将来领取养老金时，其真正的价格相当于今天的多少钱，其实际购买力可能会大打折扣。

专家提醒，为规避通货膨胀的影响，风险承受能力较强的市民，在选择养老保险时，可优先考虑分红型养老保险，且要注意待选产品保障侧重点的不同。有消费者认为，当前人民币正处于加息周期，现在买传统养老保险就好比选在股票最高点时入市一样划不来，而分红型寿险和健康险受利率影响较小。

（2）分清身故责任

目前在市场上，有两种养老保险的给付形式，消费者在购买前应该搞清楚。比如，同样从40岁缴费到60岁，一种保险责任是期间被保险人病故，除了退还已缴纳的保费，还附有一笔身故保险金。另一种保险责任则是当被保险人在缴费期间病故时，仅退回保费，但被保险人60岁以后领取的养老金会比前者丰厚。

这两种保险方式没有优劣之分，要视消费者的偏好而定，最大的不同是养老保险只要被保险人存活，就可以一直领取养老金，比较适合有家庭长寿史和身体健康的人。

（3）养老要趁早

商业养老保险这类产品有个特点，年龄越轻，每期所缴纳的费用越少，如果想买保险，则宜早不宜迟。一般保险公司对50周岁以上的消费者购买养老保险，会有一定的限制。如超过51周岁（含）人员投保，均需接受体检；购买重大疾病保险，缴费期一般只能选择五年付清或一次性缴清。此外，与重大疾病保险相似，50周岁以上须缴纳的费率一般要高一些。

其实，大部分保险公司都有投保年龄限制，目前国内保险公司最高的承保年龄是 80 岁，但只对老人的意外出险进行保障。在这种情况下，不仅子女为父母投保应及早动手，中年人投保防老也应趁早，这样才能保证不会因为年龄问题被卡在保险公司门外。

退休金的管理方法

梅小姐今年 28 岁，大学毕业后一直在广东一家会展公司工作。月收入为 1 万元，还有五险一金等福利保障。梅小姐收入在同龄人中已经算是中高收入了，她为此颇为沾沾自喜。然而，某天当梅小姐在看新闻时，看到关于社保养老金替代率过低的报道，她开始担心起将来的退休以后的生活。

一般来说，一个人退休后，其消费会有所减少，退休后的退休金比工作时的工资低，是很合理的。但如果养老金替代率过低，这些人退休后的生活质量将受到极大的影响。以国际经验来说，如果个人养老金替代率能保持在 60%～80% 这个区间，个人的退休生活能保持和工作时差不多的水平，但当养老金替代率低于 50% 的时候，老年的生活将会比较困难。

我们以梅小姐的具体情况，首先计算她退休后能拿多少工资。

根据我国现行社保养老保险条例来算，个人养老金 = 基础养老金 + 个人账户养老金。其中，基础养老金 = 退休上年度本市职工月平均工资 × 20%。2005 年，广州市的平均工资为 2820 元。按照目前社会平均寿命约 75 岁，故国家设定退休后所能享受的平均年限是（75 - 60）× 12 个月 = 180 个月，个人账户养老金（月领）= 退休时社保养老金个人账户余额（元）/180 个月。

梅小姐目前的工资是 1 万元。从理论上，我们可以根据以上数据推算出梅小姐退休后可以拿多少退休金。假设梅小姐今年已经 60 岁，社保养老金个人账户余额已达到 10 万元，那么她每月领取的养老金为：2820 × 20%

+100,000÷180＝1120 元。

对于梅小姐来说，这 1120 元显然不够她将来退休后每月的开支，那么除了进行其他投资来获取更多的养老金外，还有没有什么方式可以帮助梅小姐解决将来的养老生活呢？答案是肯定的。其实很简单，就是要善于管理退休金的使用。简单地说就是在"开源"的同时也要注意"节流"。下面就为大家介绍一些管理退休金的方法。

1. 选择适合的城市养老

在选择养老的城市时，要考虑自己的生活成本与该城市的消费水平是否相符合。很多人希望能够在大城市养老，因为大城市的医疗设施和城市建设都比较齐全，所以相对来讲会比较方便。但是，大城市的消费水平也很高。相对于大城市高昂的生活成本，退休之后安家在中小城市还是比较合算的。同样一笔钱，在大中城市只能用 10 年，在中小城市可以用 20 年甚至 30 年。在美国，退休时把原先的大房子卖掉，换一套较小的房子，或是搬到风光明媚、物价便宜的小镇生活，已成为流行趋势。

2. 退休金要稳健投资

退休金对于老年人来说就是生活的全部指望，所以，如果用退休金进行投资时一定要注意安全性。对于风险承受能力较低的老年人，应该按计划提取退休金的一定比例进行稳健型投资，如基金、次级债券等，但不建议进行风险性较大的投资。

3. 避免负债

从年轻时就开始投资年金型产品。在退休之际，如果还背有债务，如房屋贷款等，就需要考虑重新配置自己的资产了，如将大屋换成小房，以尽量减少负债。建议大家年轻时就要未雨绸缪，树立正确的理财观念。如及早开始储蓄，做长期理财规划，并购买适当的年金型保险、医疗保险等，这无疑是保障退休生活的最佳方式。

4. 选择适合的养老方式

传统的养老方式主要是靠子女，而现在大多数老年人都不和子女一起居住，单一的依赖子女已经很不现实。有些家庭条件好的老人开始选择请保姆的方式。我们要向大家推荐的是选择在养老院养老。由于养老院的收费比较适中，对于退休金不是很高的老人来说很划算。另外，养老院的设施也比较齐全，例如棋牌室、健身室、茶水一应俱全，还配备了无障碍设施。老人们不仅可获得专业护理，还能和一群同龄人共同相处。

在掌握了以上规划退休金的技巧的同时，有一些关于退休金理财中的误区还是要提醒大家注意的。

（1）依赖固有的退休金——固有的退休金政策还存在于人们的脑中。有一部分人总觉得退休后，单位的退休金会跟着社会工资一起涨。所以并不担心将来的养老费用没着落。但他们忽略了将来能够拿到的退休金已经完全不能满足人们的基本生活需要了。

（2）对自己的退休金完全没有一个系统的规划——有些人总是抱着"车到山前必有路"的思想，对退休金和养老理财都没有进行全盘规划。

（3）指望靠子女会负起赡养老人的义务——20年后，中国逐渐步入老龄化社会，一个年轻的家庭需要面对四个老人，将所有的期望都寄予刚刚开始立业的子女并不现实。

（4）不相信专业意见——对于退休后的财务计划，要多听专业意见，不能想当然、毫无章法地规划养老费用。

减轻医疗负担的搭配

在我国，60岁以上的老年人约1.3亿，占全国人口10%左右。资料显示，我国已于2000年进入了老龄化社会。假如人口老年化以每年3%的速度递增，预计到2020年，我国60岁以上人口占到总人口的比重将突破16%，届时对养老金的需求将是目前的10倍以上。独生子女政策也在改变着我国的家庭人口结构，"养儿防老"的传统养老模式已不适应现代社会发展的需要。

目前，绝大部分的老年人都是把手里的闲钱放在银行储蓄。调查表明，医疗保健成为老年人消费支出大头，占每月消费的40%左右。而且呈现出年龄越大，医疗保健消费支出越大的特点。很多老年人原来的退休金就不高，随着医疗体制改革的不断深化，面临着更大的经济压力。在这种重压之下，很多人开始将目光投向多样的商业保险。

然而，保险公司业内人士指出，由于风险太高，目前保险公司还没有专门针对老年人的医疗险种，可以满足老人投保需求的保险总的来说只有两种，一种是专门的老年险，如友邦的永安保、安心保，新华人寿的美满人生，以及中意人寿推出的乐天年老年意外伤害保险，泰康人寿推出的"康寿保"老年意外保障计划等。另一种则是一些保障年限相对放得比较宽的险种。如中国人寿推出的"国寿康宁重大疾病保险（分红型）"，其责任涵盖终身，即使65岁以后出现意外，同样能获得保障。

虽然选择不多，但有理财分析师认为，老人随着年龄增长，主要在意外和疾病两方面存在风险。通过合理的选择搭配，老年险可以在一定程度上可以减轻养老压力。那么，老年人应该如何进行投保呢？接下来就为大家介绍一种老人投保的方案。

徐阿姨今年55岁，她想趁着自己目前身体仍然健康，多买几份健康保险，以备将来潜在的疾病风险。我们以瑞福德"金福寿"保障计划为例，其为趸缴型，徐阿姨一次性支出3万元，一旦投保，即可无条件每年连续获得表中所列的保障，不会因健康等原因终止保障（其中重大疾病为一次性给付）。免体检，只需健康告知，70岁以后每年领取所交保费10%的护理金，累计金额为本金的1.5倍。

选择二期缴型。我们为徐阿姨综合了市场上比较受欢迎的保险产品，制作了一张综合保障计划，由于该计划更突出保障被保险人的重大疾病、住院医疗补贴、意外医疗保障，费用也不高。该计划的特点是：消费型的一年期险种的年缴保费较少，合计978元，占年缴保费的16.67%，但生命关爱终身重疾险的年缴保费会随年龄变化而变化，住院医疗险三年后核保通过可保证续保至65岁，在意外保险套餐中，提供给徐阿姨10万元、15万元、40万元因风险不同造成的意外风险保障。

据调查统计，中老年人对价格较高的返还型寿险相对兴趣较小，他们往往希望花少量的钱买到更高的保障，因此就要到一些保险公司专为中老年人设计的细分市场中去寻找适合自己的保险。

不过各大保险公司也已经注意到了这些需求,从一些新出的产品来看:阳光财险推出的"老益壮"骨折医疗保险,定位 50~85 岁人群,不需体检即可单独承保的骨折定额给付保险产品,并首次将最高承保年龄延长到 85 岁;首家专业健康保险公司中国人保健康推出了关涉老年人长期护理的保险,开启了我国目前尚属空白的长期护理保险市场。

除此之外,目前个别保险公司推出的住院津贴险还可以单独投保。这一险种可以在投保人住院期间每日给付一定数额的保障,且个别住院津贴险规定,投保三年未发生理赔的,第四年保险公司保证续保。这类险种也适合一部分老人购买。

退休理财小技巧

在做退休规划时,因执行的期间可能长达数十年,期间充满了许多不确定因素,很多人便认为退休规划相当困难而且不切实际。其实退休规划并没有想象的那么困难,只要系统地为我们梦想的退休生活制订目标,再通过明确的计划按部就班好好执行,并定期检视,根据实际情况做适度的调整,梦想的退休生活定会呈现在我们生活的方方面面。以下技巧可供大家参考:

1. 规划退休早上心,记账方法挤出钱

如今许多中青年被誉为"三明治"般的夹心族人群,因为他们在养育子女、孝养父母的同时,还要兼顾自己与另一半的生活,经济负担相当沉重,很容易将自己的退休规划摆在最后。这一族群对于退休规划最常见的通病就是"没有规划"。

其实,这种理财规划是不对的。许多理财专家指出,因为退休金的积累需要一个较长过程,而这笔钱的需求以及这个积累时间的需求均是"刚性"的,故退休金的准备要谨慎遵守"早比晚好、晚比不好"的原则。

我们常说:时间是挤出来的。生活中的余钱也可以"挤出来"。要从

较紧张的生活支出中"挤出钱来",有两个方法可以运用。

一个办法就是利用记账控制支出,当钱不够用时,节流比开源更重要。家庭各方面开销较大的中青年,更应通过"记账"的方式,先掌握每月的固定开销,再慢慢地从中减少不必要的支出,有余钱自然就可存下来。只要支出控制成功,生活就将变得轻松。

2. 巧用"账户管理法"

当每月固定支出得到控制后,我们可以进一步采用"账户管理法",也就是不同的花费类别由不同的银行账户来支付。每月拿到薪水后,我们可先依照规划的预定金额转到各账户,再由这些账户直接扣款以支付各类生活所需。先进后出、量入为出的办法,每月余钱将可得到大概的预估,以便进行计划性投资。

3. 规划和调整家庭资金的分配比重

我们发现,很多家庭最常见的通病就是没有规划,所有的支出都混在一起。譬如孩子的养育和教育费用,双方父母的赡养和医疗费用,都混在一起用,没有区分账户对待,也没有统一的筹划,家庭财务状况混乱。而后,因为照顾家人的开销大,便牺牲了自己的退休规划。

到了35岁特别是40岁以后,为了自己将来的养老所需,我们最好检视家庭的每月支出,并且采取恰当的家庭资金分配比重。清偿房贷、子女教育、孝养父母以及自己的退休金准备,这四大花费最好同时进行,因为这都是"刚性的需求",不可因为计较准备顺序,耽误了其中某一项费用的准备。我们唯一能做到的就是调整资金分配的比重,确保专款专用。

4. 基金和投资型保单较适用

从有限资金里"挤"出钱后,我们不要全部存到银行里,因为是为自己夫妻俩退休规划进行的长期资金积累,所以我们可综合选择一些投资工具,以长期投资的方式,让资产增值。基金、投资型保单、年金险均是不错的退休投资工具。进行退休规划,我们以50岁为分水岭,50岁之前规划重心在于资产的增值,50岁之后则应该着重资产的保值。

5. 尽早为自己建立一个退休金账户

每月从收入中拿出一定的金额,用以定期(不)定额买基金、投资长期绩优股等。最关键的是此账户的钱必须只进不出，方能达到长期投资和强迫储蓄的目的。

对于责任重的人来说，在进行退休规划的同时，也应考虑到家庭责任的风险分摊，因此不可忽略保险的重要性。

6. 保险对于中青年人而言，不是理财工具，而是生活必需品

身为家庭的重要经济支柱，一定要有足够的保障，一旦不幸身故或者残废，失去了养家糊口的能力，至少还有保险理赔金可以照顾家人。

若经济能力许可，可从月收入中挪出3%~10%的资金放在风险的规划上。很多人之所以会陷入经济窘境，往往均发生在自己的孩子尚年幼，然而家中长辈却不幸生大病需要大笔医疗或者看护费用时。这批人在自身的风险保障的规划上，也应首重医疗保障。

如今，养儿防老的传统观念日趋薄弱，对于退休生活的期待只有一种：自给自足。要满足这个期待，就是要有足够的退休金为后盾，因此，我们在忙于照顾家人的同时，一定不要忘为自己着想，做好养老规划，这样才能过上自在的退休生活。

第十七章　税务理财筹划

导读：照章纳税是公民的义务与责任，税收也是社会公共建设的资金来源。积极纳税与合理避税并不矛盾，而对人们来说，了解这些知识有助于理解国家的财税政策，并有利于正确实施合理避税的方法与途径。

税收的基本知识

税收是国家凭借政治权力，按照法定的标准，向居民和经济组织强制地、无偿地征收用以向社会提供公共产品的财政收入。关于税收，我们需要了解如下概念。

1. 纳税申报

即纳税人按照税法的规定期限和内容，向税务机关提交有关纳税事项的书面报告的法律行为，是界定纳税人法律责任、纳税人履行纳税义务的主要依据，是税务管理的重要制度以及税务机关税收管理信息的主要来源。

2. 纳税申报的方式

《征管法》第二十六条规定："纳税人、扣缴义务人可以直接到税务机关办理纳税申报或者报送代扣代缴、代收代缴税款报告表，也可以按照规定采取邮寄、数据电文或者其他方式办理上述申报、报送事项。"目前，纳税申报的形式主要有以下三种方式：

（1）直接申报。是指纳税人自行到税务机关办理纳税申报。

（2）邮寄申报。是指经税务机关批准的纳税人使用统一规定的纳税申报特快专递专用信封，通过邮政部门办理交寄手续，并且向邮政部门索取收据作为申报凭据的方式。

（3）数据电文。是指经税务机关确定的电子数据交换、电话语音以及网络传输等电子方式。

除上述方式外，实行定期定额缴纳税款的纳税人，可实行简易申报、简并征期等方式进行纳税申报。

3. 纳税义务发生时间

即纳税人何时负有纳税的义务。我国《增值税暂行条例》第十九条规定："销售货物或应税劳务，以收讫销售款或者取得索取销售款凭证的当天为增值税纳税义务发生时间；进口货物，以报关进口的当天作为增值税纳税义务发生时间。"确定纳税义务发生时间是计算纳税期限内应纳税款的前提。我们需要在纳税年度终了后三个月内向主管税务机关办理纳税申报。譬如2007年度的，需在2008年1月1日到3月31日期间申报。

4. 常见税收种类

（1）工资、薪金所得，是指个人因任职或受雇而取得的工资、薪金、奖金、年终加薪、劳动分红、津贴、补贴及与任职或受雇有关的其他所得。

（2）个体工商户的生产、经营所得，是指：个体工商户从事工业、服务业、饮食业、手工业、交通运输业、商业、建筑业、修理业以及其他行业生产、经营取得的所得；个人经政府有关部门批准，取得执照，从事办学、医疗、咨询以及其他有偿服务活动取得的所得；其他个人从事个体工商业生产、经营取得的所得；上述个体工商户和个人取得的与生产、经营有关的各项应纳税所得。

（3）对企事业单位的承包经营、承租经营所得，是指个人承包经营、承租经营以及转包、转租取得的所得，包括个人按月或者按次取得的工资、薪金性质的所得。

(4) 劳务报酬所得，是指个人从事翻译、法律、审稿、广播、录像、讲学、设计、雕刻、装潢、安装、录音、演出、影视、经纪服务、介绍服务、制图、化验、测试、会计、新闻、广告、表演、医疗、书画、展览、咨询、技术服务、代办服务以及其他劳务取得的所得。

(5) 稿酬所得，是指个人因其作品以报刊、图书形式发表、出版而取得的所得。

(6) 特许权使用费所得，是指个人提供著作权、商标权、专利权、非专利技术以及其他特许权的使用权取得的所得；提供著作权的使用权取得的所得，不包括稿酬所得。

(7) 财产租赁所得，是指个人出租建筑物、土地使用权、机器设备、车船以及其他财产取得的所得。

(8) 利息、股息、红利所得，是指个人拥有债权、股权而取得的利息、股息、红利所得。利息、股息、红利所得，以每次收入额为应纳税所得额。

(9) 财产转让所得，是指个人转让有价证券、土地使用权、股权、机器设备、建筑物、车船以及其他财产取得的所得。财产转让所得，以转让财产的收入额减除财产原值和合理费用后的余额，为应纳税所得额。

(10) 偶然所得，是指个人中奖、得奖、中彩以及其他偶然性质的所得。以每次收入额为应纳税所得额。

人人都是纳税人，因此，我们人人都要学习纳税的基本知识，以便更好地维护自己的权利，履行自己的义务。

节税就是增收

个人税务筹划是指我们在纳税行为发生以前，以不违反法律、法规为前提，通过对纳税主体的经营活动或者投资行为等涉税事项做出合理安排，以达到少缴税或者递延纳税目标的系列筹划活动。

节税就是增收。纳税人总是希望尽可能地减少税赋支出。个人税务筹划是整个理财规划中的一个重要组成部分。中国的个人所得税是分项计征，而非按综合所得征税，税法本身并不复杂，个人税务规划的空间也不大。且中国的个人所得当中工资、薪金所得实行的是企业代扣代缴，很多人只关心自己到手的工资，很少去关注自己纳了多少税，因此不知自己为国家做了多少贡献。据估算，若一个人25岁开始工作，平均月工资为4000元，按照如今的税率计算，当他60岁退休时，一共要缴税20余万。可能很多纳税人都没想到自己为国家贡献了这么多。

工资、薪金的安排必须是员工与企业协商才能实行，在这方面，我们可以如何节税呢？

（1）奖金的个人所得税筹划

自2005年1月1日起，纳税人取得全年一次性奖金（包括实行年薪制的年薪、年终加薪以及绩效工资），单独作为一个月的工资计算纳税，但计算方法则具体改为用纳税人当月内取得的全年一次性奖金除以12个月，按其商数确定适用税率以及速算扣除数。雇员取得全年一次奖金以外的其他各种奖金，一律与当月工资合并纳税。

应纳税额计算公式为：应纳税额 =（年终奖×适用税率 − 速算扣除数）

譬如石小姐每月工资4500元，年终奖金每年总计36000元，年底一次性发放，费用扣除额按照北京地区标准为1600元。

奖金的发放方式不一，税负也不尽相同。可像上面年底一次性发放，也可分月发放，也可先发一部分月奖，再发一部分年终奖。我们来比较一下这三种方式的税负。

①按月发放

假设将年终奖金改为分月发放，36000元每月发放3000元。则石小姐每月奖金3000元，每月应纳税所得额为4500 + 3000 − 1600 = 5900元。5900元适用的最高税率为20%，应纳税额为5900 × 20% − 375 = 805元，每年应纳税额为805 × 12 = 9660元。

②全年一次性发放

石小姐每月应纳税所得额为4500 − 1600 = 2900元，2900元适用的最高税率为15%，每月应纳税额为2900 × 15% − 125 = 310元。年终一次性发放奖金 36000 元，适用税率和速算扣除数为 15% 与 125（根据 36000/12 = 3000 元确定），年终一次性奖金应纳税额为 36000 × 15% − 125 = 5275 元。年度纳税总额为 310 × 12 + 5275 = 8995 元。

比较结论：年终一次性发放奖金将比每月发放奖金节约税款 665 元。

③部分作为月奖，部分年终奖

假设石小姐的奖金发放分成两部分，一部分为月奖，每月 1500 元，另一部分为年终一次性发放奖金 18000 元。

则每月应纳税所得额为 4500 + 1500 − 1600 = 4400 元，每月应纳税额为 4400 × 15% − 125 = 535 元。年终一次性奖金纳税 18000 元适用的税率和速算扣除数分别为 10% 与 25（根据 18000/12 = 1500 确定），年终一次性奖金的应纳税额为 18000 × 10% − 25 = 1775 元。

这样，年度纳税总额为 535 × 12 + 1775 = 8195 元。

较之全年一次性发放奖金应纳税额以及比例结果，发放的工资与奖金总额虽然是一样的，但是第③种发放方式比第②种方式节约了税款 800 元。

通过合理分配，我们尽可能降低年终一次性奖金的适用税率。尤其在求得商数高出较低一档税率的临界值不多时，调减到该临界值，降低适用税率，节税效果就极为明显。

（2）劳务报酬分次申报纳税的筹划

一般来讲，劳务报酬收入采取何种方式取得，直接影响我们在一定时期的收入。税法规定，某项活动带来的收入在一个月以上，支付间隔超过一个月，按每次收入额计入各月进行计算，间隔时间不超过一个月的，应该合并每次的收入额计算。那么当我们在为他人提供劳务时，需要根据劳务合同书，合理安排纳税年度内每月收取劳务费的数量以及实际支付的次数，即可达到节税的目的。

（3）工资、薪金所得与劳务报酬所得转换节税

这两者在现实中我们可以进行转换。实际操作中，只需企业会计稍微变通一下即可。

①将劳务报酬转为工资薪金

秦小姐 2006 年 8 月份从单位获得工资类收入 800 元，由于单位工资太低，秦小姐同月在甲企业找到一份兼职工作，每月收入 2000 元。若秦小姐

与甲企业没有固定的雇佣关系，按照税法规定，薪金、工资所得与劳务报酬所得需分开计算征收。此时，工资薪金所得未超过基本扣除限额 1600 元，故不用纳税，而劳务报酬所得应纳税额是（2000 - 800）元 × 20% = 240 元，因而秦小姐 8 月份应纳税额为 240 元。若秦小姐与甲企业有固定的雇佣关系，则由甲企业支付的 2000 元作为工资薪金收入应该与单位支付的工资合并缴纳所得税，应纳税额是（2000 + 800 - 1600）元 × 10% - 25 元 = 95 元。在该案例中，若秦小姐与甲企业建立固定的雇佣关系，每月则可节税 145 元（240 元 - 95 元），一年可节税 1740 元。

②将工资、薪金所得转化为劳务报酬所得更有利于节省税收

刘先生是高级技师，2008 年 3 月获得某公司的工资类收入 62500 元。若刘先生和此公司存在着稳定的雇佣与被雇佣关系，应按工资、薪金所得缴税，其应该纳税所得额为 62500 元 - 1600 元 = 60900 元，其应该纳税额为 60900 元 × 35% - 6375 元 = 14940 元。若刘先生和此公司不存在雇佣与被雇佣关系，则该项所得应该按劳务报酬所得缴税，其应该纳税额为 50000 × 30% - 2000 元 = 13000 元。因此，若刘先生不存在稳定的雇佣关系，或者采取某些可能的措施，使得与该公司没有稳定的雇佣关系，他每月则可节省税收 1940 元（14940 元 - 13000 元）。

节税的方法很多，但我们一定要记住一点，税务筹划的首要目标是确保通过各种合法途径，减少或延缓税负的支出。千万不可违规逃税，节税须在不影响自己信誉的情况下有序进行。

用最好的方法合理避税

个人所得税可称为现在很多白领最大的纳税开支，虽说纳税光荣，但若能利用税收优惠政策实现避税我们又何乐而不为呢？如下是税收筹划专家为我们合理避税支出的三个招数。

1. 巧用公积金避税

据个人所得税相关规定，每月所缴纳的住房公积金将从税前扣除，就

是说住房公积金不用纳税。同时，据公积金管理办法，职工可缴纳补充公积金。

北京住房公积金管理委员会规定，2007年度住房公积金月缴存额上限调整为2166元；同时有规定，单位职工若申请突破住房公积金缴存额上限，经批准可以按照相关规定缴存住房公积金。所以我们提高公积金缴存是有较大空间的。

2. 理财选择避税品种

储蓄被许多人作为最重要的理财方式，但扣完20%的利息所得税后，本来就不高的利息收益往往所剩无几。其实也有一些很稳固的理财方式不仅收益比储蓄高，还不用纳税。譬如投资基金、购买国债、买保险、教育储蓄等。我们选择这些方式理财，不仅可以避税，而且可以合理分散资产，增加收益的稳定性和抗风险性。

（1）投资基金。基金分配中取得的收入暂不缴收个人所得税以及企业所得税，且免收分红手续费以及再投资手续费。

（2）投资国债。根据税法规定，个人投资国债和特种金融债可免征个人所得税。

（3）购买保险。居民在购买保险时可享受三大税收优惠：一是按有关规定医疗保险金不计当期工资收入，免缴个人所得税；二是由于保险赔款是为赔偿个人遭受意外不幸的损失，不属个人收入，免缴个人所得税；三是按规定缴纳的医疗保险金、基本养老保险金和失业保险基金，存入银行的个人账户所得利息收入免征个人所得税。因此，我们制订合理的保险计划，既可得到保障，又可合理避税。

（4）教育储蓄。它可享受两大优惠政策：一是利息所得可免征个人所得税；二是教育储蓄作为零存整取的储蓄，可享受整存整取的优惠利率。

3. 利用居住天数的方法节税

个人所得税的计算应该在对纳税人进行所得来源地判断以及所得性质判断的基础上进行，其步骤为：首先，计算当年居住的天数。其次，计算应该纳税所得额，从节税角度看，应纳税所得越小越好，尽可能灰色化。第三，计算扣除限额，从节税角度看，扣除限额越大，计税依据就越小；

计税依据越小，对我们节税越有利。最后，计算所得税金，从节税角度看，在计税依据一定的前提下，税率是节税的关键因素。因此，计算所得税金时，我们尽可能挂上低税率，对节税是非常有利的。

若能巧妙利用税收成本进行个人理财筹划，往往会有意想不到的收获。若不注意相关理财方式的税收规定，也难免造成投资者不必要的经济损失。因此，了解自己究竟纳了哪些税、纳了多少税、如何合理避税顺理成章地成为纳税人投资理财的必修课。

第十八章　遗产管理

导读：遗产并非只是老年人才应考虑的问题，当富裕时代不期而至之时，对遗产的处理也是年轻人的一种必要思考。现代社会对遗产的处理有许多方式与通道，只要按照相关规则，每个人都有能力按自己的意愿来处理自己的财富。

遗产的相关知识

忙忙碌碌工作，一转眼，人到中年，以前拼命赚钱，现在则应该理智地将自己的资产分配给心爱的人。为防范辛苦累积的财产落入不属之人或者其他，及早合理地进行遗产规划是非常有效的方法之一。我们首先来了解遗产的相关法规与知识。

1. 什么是遗产

遗产即被继承人死亡时遗留的个人所有财产以及法律规定可继承的其他财产权益。包括积极遗产与消极遗产。积极遗产指死者生前个人享有的财物以及可继承的其他合法权益，譬如债权和著作权中的财产权益等。消极遗产即指死者生前的债务。

我国的遗产范围主要为生活资料，也包括法律允许个人所有的生产资料。

各国民法确定遗产的范围和价值，均是从继承开始时，即被继承人死亡或者宣告死亡这一法律事实发生的时间确定的。在我国，在继承开始地点（即死亡人最后的住所或者主要财产所在地）的继承人，负责通知未在继承地点的其他继承人或者遗赠受赠人以及遗嘱执行人关于被继承人死亡的事实；负责保存遗产者应该保管好遗产，不得擅自处理、侵吞或隐匿。

2. 遗产有何特征

根据《中华人民共和国继承法》的有关规定，遗产必须同时具备以下三个条件：

（1）必须是公民死亡时遗留的财产；

（2）必须是合法财产；

（3）必须是公民个人所有的财产。

遗产包括如下几项：

（1）公民的合法收入。如，工资、从事合法经营的收入、存款利息、奖金、继承或者接受赠予所得的财产。

（2）公民的储蓄、生活用品以及房产。

（3）公民的牲畜、树木以及家禽。

（4）公民的图书资料、文物。公民的文物一般指公民自藏的古玩、艺术品、书画等。若其中有特别珍贵的文物，应按《中华人民共和国文物保护法》相关规定进行处理。

（5）法律允许的公民个人所有的生产资料。譬如农村承包专业户的拖拉机、加工机具等；城市个体经营者、华侨以及港、澳、台同胞在内地投资所拥有的生产资料。

（6）公民的专利权、著作权中的财产权利，即基于公民因发明被利用而取得的专利转让费和专利使用费或者其著作被出版而获取的稿费、奖金等。

（7）公民的其他合法财产，譬如公民的债券、国库券、股票等有价证券，转业、复员军人的转业费、复员费，公民的养老金、离退休金等。

3. 处理继承积极遗产和消极遗产

如何继承积极遗产和消极遗产，现代各国一般有两种做法。

（1）完全实行限定继承原则，偿还死者的遗留债务，一律以积极遗产的实际价值为限。譬如，1964年的《俄罗斯联邦民法典》规定："接受财产继承的人，在转归他所有的遗产的实际价值限度内，对被继承人的债务承担责任。"

（2）可由继承人在法定时间内依法定程序实行限定继承，或者放弃继承，否则，即实行无限继承。无限继承，或者称为包括继承，即无条件地继受被继承人财产上的地位，继承全部积极遗产以及接受全部消极遗产，无限制清偿死者遗留的债务。现行《法国民法典》规定："遗产得被无条件接受或以有限责任继承方式接受。"

在我国，《继承法》规定为限定继承，但不限制继承人自愿偿还超过遗产实际价值部分的税款或者债务。司法实践中一般先偿还死者遗留的债务，而后再就余额协商分割遗产。

4. 无人继承的遗产

无人继承的遗产即指无法定继承人也无遗嘱继承人，或全部继承人均放弃继承权或者被剥夺继承权的遗产。在无法定继承人的条件下，虽然有遗嘱，但遗嘱只处分了部分遗产，或者遗嘱只是部分有效，其未经处分的遗产或者遗嘱无效部分的遗产，一般也称为无人继承的遗产。

我国《继承法》规定：无人继承又无人受遗赠的遗产归国家所有；死者生前为集体所有制组织成员的，归所在集体所有制组织所有。

5. 遗产的规划

遗产规划即将个人财产从一代人转移给另一代人，以实现个人为其家庭所确定的目标而进行的一种合理财产安排。其主要目标是帮助被继承人高效率地管理遗产，并将遗产顺利地转移至继承人手中。遗产规划包含遗嘱信托，即立遗嘱人把遗产的管理、分配和给付等，写在遗嘱中。它除有最佳传承效应外，还有为子女选择监护人、避免为争夺个人财产而引起的家庭纠纷等作用。

6. 遗嘱的订立

《中华人民共和国继承法》第十七条规定：

（1）公证遗嘱由遗嘱人经公证机关办理。

（2）自书遗嘱由遗嘱人亲笔书写，签名，注明年、月、日。

（3）代书遗嘱应当有两个以上见证人在场见证，由其中一人代书，注明年、月、日，并由代书人、其他见证人和遗嘱人签名。

（4）以录音形式立的遗嘱，应当有两个以上见证人在场见证。

（5）遗嘱人在危急情况下，可以立口头遗嘱。口头遗嘱应当有两个以上见证人在场见证。危急情况解除后，遗嘱人能够用书面或者录音形式立遗嘱的，所立的口头遗嘱无效。

遗产规划是一项关于我们所有资产和负债的财务策划大蓝图。它是针对我们逝世后，如何把自己的遗产作为家人未来经济支援的一项策划，是受到国家法律保护的国民财产权利。我们了解了相关的知识，将有利于我们合理、合法地进行遗产规划。

遗产规划咨询

中国人对遗产规划的态度表现为：一、观念保守，顾虑重重，一听说做文件就头大；二、不愿意把家中具体情况讲出来，影响执行人的综合判断和分析；三、认为自己还很年轻或健朗，忌讳订立遗嘱，认为那是临终时候的事情。遗产规划真的这么麻烦吗？不妨一起来问问。

1. 如何选择合适的执行人

答：执行人是在遗嘱订立时特别委任的人员，以获取遗嘱认证和管理死者的遗产。挑选一位执行人须留意如下四项事情：

（1）信用，负责管理遗产的执行人必须是可以信赖的人。他必须负责任和公平地根据我们在遗嘱里的意愿来进行遗产的管理。

（2）愿意，必须确定所委任的遗嘱执行人愿意接受这份责任。若我们去世后，他拒绝执行，则受益人必须申请遗产管理委任书来管理遗产，而非原先的遗嘱认证。

（3）技能和知识，执行人需要与各个部门交涉，以把遗产正式转移给继承人。此外，他也必须了解关系到遗产事项的进展情况。因此身为一位遗嘱执行人，他必须拥有法律和财务方面的基本知识。

（4）年龄，执行人的年龄也是另一个重要因素。我们应尽量避免委任一些年纪太大或患病的执行人。他若比我们先逝世，那就必须重新再委任执行人。

2. **如何选择一位监护人**

答：在我们遗嘱的委任下，监护人有权力和责任去保护我们遗下的小孩。如果立遗嘱人的配偶更早去世，又或双方都逝世，在此情况下，委任监护人将变得尤其重要。挑选一位与我们有相似孩子抚养经验的监护人，是很重要的。选择一位对财务方面负责任的监护人也是我们要考虑的重要因素，以确保他不随意浪费我们的钱财资源。

3. **我还很年轻，有必要做遗产规划吗**

答：许多中国人认为订立遗嘱是老年人临终时候才需做的事情，因为老年人将会比年轻人更快死去。但是，我们不要忘了，并非只是老年人才有资格"躺卧"棺木内。事实上，健朗的老人甚至年轻人都应该要做遗产规划。普遍而言，许多老年人的孩子都已经济独立，他们在来不及规划遗产的情况下不幸逝世，其子女的生活并不会受到太大的影响。可是，若我们只有30岁，年幼的孩子必须在经济上依靠我们，所以若我们在没有规划遗产的情况下发生意外，在给孩子感情带来沉重的打击的同时，也可能使得其日常生活大受影响。

4. **富裕的家庭有很多财产留给其后人，所以不必做任何遗产规划**

答：当我们很富有的时候，当然能够为自己深爱的人留下许多财产。但巨额财产也可能带来巨大的问题，譬如：遗产管理不当、生意负债的可能性、家庭冲突、毫无节制地挥霍遗产等。这些问题，往往就发生在富裕的家庭里。因此，我们拥有的资产越多，越应该多花功夫做遗产规划，以确保我们的遗愿能实现。

遗产规划非常有必要。若有律师等专业人士帮助进行，则效果更佳。提前进行遗产规划，不但可以避免纠纷，还可使资产保值增值。

遗产规划的步骤

无论我们是否愿意，一个人总不能永远不死。如何能使我们的财产最大限度地留给自己的后人呢？若我们已经进入了重病期，又怎样来保证后续的治疗费用呢？谁来为我们的配偶和子女做好以后的安排呢……合理的遗产规划将给我们一生的财产规划画上一个圆满的句号。

有效的财产规划具备以下功能：

（1）根据我们的意愿分配所有资产，将财产顺利地传给继承人和确保每位继承人可获得多少遗产，减少纷争；

（2）为我们的小孩寻找监护人，确保幼小或智力有问题的子女得到更好的监护与照顾；

（3）在我们逝世后，为我们的生意提供管理的指示以及安排；

（4）根据我们在遗嘱里的指示，为我们委任某些人进行遗产的管理；

（5）根据我们对土葬、火葬或者遗体捐赠的选择，在我们去世后处理葬礼事务。

及早规划遗嘱，并定期进行检查遗嘱以使其符合最新的要求，是每个人对身边的人所做出的不小贡献。一个合适的遗产计划既能确保我们未来的意愿得以实现，又能继续满足目前的需要，让我们高枕无忧。若没有遗产计划，可能会为继承人留下无法预计的法律问题以及税务负担。因此，进行遗产规划刻不容缓。我们来了解一下遗产规划的具体步骤。

（1）列出个人资产以及负债

整理好我们的财产目录，以便考查，并估计个人死亡与遗产转移将带来的费用。

（2）确定遗产计划目标

遗产计划目标，将适于以下各项因素，包括：

①年龄

②家庭成员和其他受益人的年龄

③受益人的需要

④遗产的现值

⑤受益人的其他资产

⑥受益人自己处理财务的能力

（3）征询执业律师意见

在认定遗产计划目标后，就可以寻找律师为我们草拟一份最能符合自己需要的遗嘱或者信托协议书。

遗产规划的好处很多，规划好遗产可避免法律纷争，利于家庭成员之间的和睦；又可以保护隐私，防止遗产的争夺战争。我们在头脑清醒时把财产分配好，就可以避免自己在失去自理能力时的诸多痛苦和无奈。

N